令和4年分

金融商品の仕組みと税金

令和5年
3月
申告用

各種金融商品の仕組みと
譲渡益・利子・配当等の確定申告

阿部 行輝 著

税務研究会出版局

は　し　が　き

　昨今の低金利の中で、個人の方の金融商品に対する関心は高まりを見せ、金融商品も預貯金、公社債、株式、投資信託、FX、REIT、金等様々なものが販売されています。しかも国内のみならず外国の金融商品も金融業者から販売されています。

　そのような動きの中で、金融・証券税制はこれまで様々な改正が行われて来ました。ここ十年ほど振り返っただけでも、平成21年から上場株式等の譲渡損失と配当所得の通算が認められ、平成25年から一般NISAが導入され、それとともに上場株式等の譲渡益に対する税率が10％から原則の20％となり、平成28年4月からは、ジュニアNISAが導入されました。特に、平成28年1月1日以後の金融証券税制は、金融所得一体課税の観点から大幅な改正が行われ、株式譲渡損益の損益通算の取扱い、公社債や証券投資信託の課税方式等に変更がありました。さらに平成30年からは、少額からの積立・分散投資を促進するために、つみたてNISAが創設され、平成30年度の税制改正においては、一般NISAをより利用しやすくするための改正、公募投資信託等の国内外の二重課税の調整等が図られています。また、令和2年度の税制改正において、令和6年から、一般NISAに変わり新NISAが創設されることとなりました。

　本書は、国内、国外ともに多岐にわたる金融商品の税金について、筆者の実務での経験を踏まえ、できるだけ図表を用いて分かりやすく解説し、さらに最近増加している直接海外の金融業者と取引した場合の金融商品の税金や、暗号資産の税金についても取り上げました。また、確定申告で活用できるよう、実務で多く出てくる事例をもとに、確定申告書の記載例や記載に当たっての注意点を数多く取り上げました。

　平成30年にこの本が出版されて以来、読者の方や私のセミナーを受講された税理士先生から様々なご意見やご質問を頂戴しました。特に金融商品への投資の高まりの風潮から、令和3年分の確定申告期には、顧客あるいは税理士先生から多数のご質問が寄せられました。令和4年分（令和5年申告用）の執筆に当たっては、Q&Aを追加し、より読者の方のニーズに沿ったものにいたしました。

　「金融商品の仕組みと税金」が、皆様の資産運用と税金問題の解決の一助となれば幸いです。

　　令和4年10月

　　　　　　　　　　　　　　　　　　　　　　　税理士　阿　部　行　輝

目　次

序　章　令和４年度の金融・証券税制の概要

令和４年度の主な改正点……………………………………………………… 2

令和４年分の金融・証券税制の概要 ……………………………………… 10

第１章　株式にかかる税金

Q1-1　株式の譲渡益の申告分離課税 ──────────── 12

１．株式の譲渡益の計算………………………………………………… 12

２．確定申告が必要な場合 ……………………………………………… 12

３．申告分離課税にあたって注意すべき点 …………………………… 13

Q1-2　上場株式等の譲渡益に対する課税の特例 ───────── 14

１．上場株式等の譲渡益課税の特例と適用時期 ……………………… 14

２．上場株式等の譲渡益に対する軽減税率の廃止 …………………… 15

Q1-3　株式の譲渡損失の損益通算と繰越控除 ───────── 18

１．上場株式等の場合 …………………………………………………… 18

２．一般株式等の場合 …………………………………………………… 19

Q1-4　上場株式等の譲渡損失と配当・利子との損益通算及び譲渡損失の繰越控除 ── 21

１．上場株式等の譲渡損失と配当所得・利子所得との損益通算 …… 21

２．上場株式等の譲渡損失の３年間繰越控除 ………………………… 21

【事例1-1】特定口座（源泉徴収あり）の損失を翌年に繰り越す場合 ……… 23

【事例1-2】特定口座（源泉徴収あり）の損失と特定口座（源泉徴収あり）の
　　　　　利益を損益通算及び損失の繰越控除を行う場合 ……………… 33

【事例1-3】特定口座（源泉徴収あり）の損失と上場株式の配当所得の
　　　　　損益通算及び損失の繰越控除を行う場合 …………………… 42

【事例1-4】特定口座（源泉徴収あり）の損失と一般口座（上場株式）の
　　　　　利益を損益通算する場合 ……………………………………… 51

【事例1-5】特定口座（源泉徴収なし）で利益が出た場合 ………………… 58

v

【事例1-6】特定口座（源泉徴収あり）で前年及び前々年の繰越損失があり、今年の利益と損益通算する場合 ……65

【事例1-7】一般口座で利益が出た場合 ……74

Q1-5　取得価額の計算方法 ──── 81
1．取得価額の計算方法 ……81
2．取得価額の計算方法の具体例 ……82
3．取得価額が不明の場合の確認方法 ……84

Q1-6　信用取引による差益 ──── 86
1．信用取引の差益と税金 ……86
2．信用取引の差益の計算 ……86

Q1-7　特定口座と申告不要制度 ──── 87
1．仕組み（2つの特定口座） ……87
2．特定口座への受入れ ……87
3．源泉徴収選択特定口座 ……89

Q1-8　特定口座（源泉徴収あり）内の配当、利子の確定申告 ──── 91

Q1-9　確定申告で申告しなかった上場株式等の利子及び配当を修正申告で申告することの可否 ──── 92

Q1-10　確定申告で申告していなかった特定口座（源泉徴収選択口座）で生じた上場株式等の譲渡損失を、修正申告で申告することの可否 ──── 93

Q1-11　前年分の確定申告で、上場株式等の譲渡損失を申告していなかった場合、本年分の確定申告で、前年分の譲渡損失を本年分の譲渡益から控除することの可否 ──── 94

Q1-12　配当金の課税方式一覧 ──── 95
1．上場株式等の配当に対する課税方法 ……95
2．大口株主や非上場株式の配当に対する課税方法 ……96
3．支払調書について ……96

Q1-13　上場株式等の配当所得及び株式等譲渡所得と住民税 ──── 97
1．上場株式等の配当所得等及び株式等譲渡所得と住民税 ……97
2．特定配当所得及び特定株式等譲渡所得 ……97
3．特定配当所得の課税方式 ……98
4．特定株式等譲渡所得の課税方式 ……98

5．上場株式等の利子所得の課税方式 ………………………………………… 99

Q1-14　負債利子の控除と配当控除 ——————————————————— 100

1．負債利子の控除 ………………………………………………………… 100

2．配当控除 ………………………………………………………………… 100

3．配当控除額の計算例 …………………………………………………… 101

Q1-15　みなし配当 ——————————————————————————— 102

第2章　公社債・金融類似商品にかかる税金

Q2-1　公社債の課税方式 ———————————————————————— 104

1．特定公社債 ……………………………………………………………… 104

2．一般公社債 ……………………………………………………………… 105

【事例2】特定公社債（一般口座）の譲渡益と株式の譲渡損（特定口座）の

損益通算及び損失の繰越控除を行う場合 ……………………………… 106

Q2-2　利子、利息、収益分配金 ————————————————————— 115

Q2-3　マル優、特別マル優、財形貯蓄 —————————————————— 118

Q2-4　割引債と利付債 ————————————————————————— 120

1．割引債の償還差益 ……………………………………………………… 120

2．公社債の課税方式 ……………………………………………………… 120

Q2-5　経過利子 ————————————————————————————— 125

第3章　投資信託にかかる税金

Q3-1　公社債投資信託の課税方式 ———————————————————— 128

1．公募公社債投資信託 …………………………………………………… 128

2．私募公社債投資信託 …………………………………………………… 129

Q3-2　株式投資信託の課税方式 ————————————————————— 130

1．公募株式投資信託 ……………………………………………………… 130

2．私募株式投資信託 ……………………………………………………… 131

【事例3】特定口座（源泉徴収あり）の株式の損失、一般口座の特定公社債の

譲渡益、利子の損益通算及び損失の繰越控除を行う場合 ……………… 132

vii

Q3-3 証券投資信託の分類と課税関係 ———————— 141

Q3-4 公募株式投資信託の期中分配金（普通分配金）の課税 ———— 143

    1．期中分配金（普通分配金）と源泉（特別）徴収税 ············143

    2．普通分配金と元本払戻金（特別分配金） ···············143

Q3-5 買取りと解約 ———————————————— 145

Q3-6 私募投信と会社型投信 ———————————— 147

第4章 外国の株式・投資信託・預金等にかかる税金

Q4-1 外国株式の配当金、外国債券の利子〈日本国内の金融業者を通した場合〉—— 154

【事例4-1】外国上場株式の配当の申告（日本国内の金融業者と取引した場合）······156

Q4-2 外国株式、外国債券の譲渡益〈日本国内の金融業者を通した場合〉——— 162

Q4-3 外国投資信託〈日本国内の金融業者を通した場合〉———————— 164

Q4-4 海外の金融業者と直接取引した場合の課税関係 ————————— 168

    1．外国預金の利子 ····································168

    2．外国株式の配当 ····································168

    3．外国株式の譲渡益（譲渡損） ·······················169

    4．外国公社債の利子等 ·······························169

    5．外国公社債投資信託の利子等 ·······················170

    6．外国株式投資信託の利子等 ·························172

Q4-5 国内と国外（国内の金融業者を通さない）の証券口座で生じた

    上場株式等の譲渡損益、配当、利子の損益通算 ————————— 174

【事例4-2】国内と国外の証券口座で生じた上場株式等の譲渡損益と

    配当の損益通算 ·································176

Q4-6 外国預金の利子及び配当の確定申告（直接海外の金融業者と取引した場合）— 187

【事例4-3】外国預金の利子及び外国上場株式の配当の申告

    （直接海外の金融業者と取引した場合）··················188

Q4-7 海外の金融機関で生じる上場株式の配当を、修正申告において

    申告分離課税とすることの可否 ————————————— 194

Q4-8 分配時調整外国税相当額控除 —————————————— 195

    1．公募投資信託等の国内国外二重課税の調整 ···············195

viii

２．分配時調整外国税相当額の控除 ……………………………………………… 195

【事例4-4】公募投資信託等の収益分配金等

（分配時調整外国税相当額控除）の確定申告を行う場合 ……………… 198

Q4-9　為替差損益の税務上の取扱い ―――――――――――――――――― 204

Q4-10　邦貨換算レート ――――――――――――――――――――――――― 207

Q4-11　海外資産に対する課税強化 ―――――――――――――――――――― 209

１．国外送金等調書制度 ……………………………………………………………… 209

２．国外証券移管等調書制度 ……………………………………………………… 210

３．国外財産調書制度 ……………………………………………………………… 210

４．財産債務調書制度 ……………………………………………………………… 211

５．共通報告基準（CRS）による自動的情報交換制度 ……………………… 211

第5章　その他の証券税制

Q5-1　株式ミニ投資、株式累積投資 ―――――――――――――――――― 214

Q5-2　株価指数等先物取引、オプション取引 ――――――――――――― 216

Q5-3　エンジェル税制 ――――――――――――――――――――――――― 218

Q5-4　エンジェル税制（各種特例） ――――――――――――――――――― 220

Q5-5　FX取引 ――――――――――――――――――――――――――――― 221

【事例5-1】FXの申告 ……………………………………………………………… 224

Q5-6　ストック・オプション ―――――――――――――――――――――― 231

１．ストック・オプションとは ……………………………………………………… 231

２．税制適格ストック・オプションの要件 …………………………………… 231

３．税制適格・税制非適格ストック・オプションの比較 ………………… 232

Q5-7　外国親会社からの株式報酬の課税 ―――――――――――――――― 233

１．Stock Option（ストック・オプション）

「税制非適格ストック・オプション」 ………………………………………… 233

２．Restricted Stock／RS

（リストリクテッド・ストック／譲渡制限株式）………………………… 234

３．Restricted Stock Unit／RSU

（リストリクテッド・ストック・ユニット／制限株式ユニット） ………… 235

ix

4．Employee Stock Purchase Plan／ESPP
（エンプロイー・ストック・パーチェス・プラン／
従業員持株購入制度）……………236

5．Performance Share（パフォーマンス・シェア）……………237

6．Phantom Stock（ファントム・ストック）……………238

【事例5-2】外国親会社からの株式報酬（リストリクテッド・ストック／RS）………240

Q5-8　一般NISA ——————————————— 244

Q5-9　ジュニアNISA ——————————————— 246

Q5-10　つみたてNISA ——————————————— 248

Q5-11　国外転出時課税 ——————————————— 250

第6章　その他の金融商品にかかる税金

Q6-1　金売却の税金 ——————————————— 252

【事例6】金を売却し利益が出たときの申告……………253

Q6-2　暗号資産の税金 ——————————————— 258

1．暗号資産の現状と仕組み……………258

2．暗号資産の税務……………259

索　引 ……………273

序 章

令和4年度の
金融・証券税制の概要

《令和4年度の主な改正点》
(1) 一定の内国法人が支払を受ける配当等

　一定の内国法人が支払を受ける配当等で次に掲げるものについては、所得税が課されないこととされ、その配当等に係る所得税の源泉徴収は行わないこととされました。
　① 完全子法人株式等（株式等保有割合100％）に該当する株式等に係る配当等
　② 配当等の支払に係る基準日において、当該内国法人が直接に保有する他の内国法人の株式等（当該内国法人が名義人として保有するものに限る。以下同じ。）の発行済株式等の総数等に占める割合が3分の1超である場合における当該他の内国法人の株式等に係る配当等

（注）上記の「一定の内国法人」とは、内国法人のうち、一般社団法人及び一般財団法人（公益社団法人及び公益財団法人を除く。）、人格のない社団等並びに法人税法以外の法律によって公益法人等とみなされている法人以外の法人をいいます。
　令和5年10月1日以後に支払を受けるべき配当等について適用されます。

(2) 上場株式等に係る配当所得等の課税の特例
　① 大口株主基準の見直し

　　内国法人から支払を受ける上場株式等の配当等で、その支払を受ける居住者等（以下「対象者」という。）及びその対象者を判定の基礎となる株主として選定した場合に同族会社に該当する法人が保有する株式等の発行済株式等の総数等に占める割合（以下「株式等保有割合」という。）が100分の3以上となるときにおけるその対象者が支払を受けるものは、総合課税の対象とされます。

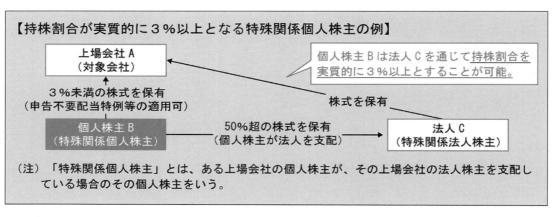

　　令和5年10月1日以後に支払を受けるべき配当等について適用されます。
　② 一定の株主の名簿提出義務

　　上場株式等の配当等の支払をする内国法人は、その配当等の支払に係る基準日において、

その株式等保有割合が100分の１以上となる対象者の氏名、個人番号及び株式等保有割合その他の事項を記載した報告書を、その支払の確定した日から１月以内に、当該内国法人の本店又は主たる事務所の所在地の所轄税務署長に提出する必要があります。

令和５年10月１日以後に支払を受けるべき配当等について適用されます。

(3) 上場株式等の配当所得等に係る課税方式の整備

個人住民税において、特定配当等及び特定株式等譲渡所得金額に係る所得の課税方式を所得税と一致させることになりました。

令和６年度分以後の個人住民税について適用されます。

(4) 財産債務調書制度の対象者の拡充

① 財産債務調書の提出義務者の見直し

現行の財産債務調書の提出義務者のほか、その年の12月31日において有する財産の価額の合計額が10億円以上である居住者が提出義務者とされました。

令和５年分以後の財産債務調書について適用されます。

② 財産債務調書等の提出期限の見直し

財産債務調書の提出期限について、その年の翌年の６月30日（現行：その年の翌年の３月15日）とされました（国外財産調書についても同様とされました。）。

令和５年分以後の財産債務調書又は国外財産調書について適用されます。

③ 提出期限後に財産債務調書等が提出された場合の宥恕措置の見直し

提出期限後に財産債務調書が提出された場合において、その提出が、調査があったことにより更正又は決定があるべきことを予知してされたものでないときは、その財産債務調書は提出期限内に提出されたものとみなす措置について、その提出が調査通知前にされたものである場合に限り適用されます（国外財産調書についても同様とされます。）。

財産債務調書又は国外財産調書が、令和６年１月１日以後に提出される場合について適用されます。

④ 財産債務調書等の記載事項の見直し

財産債務調書への記載を運用上省略できる「その他の動産の区分に該当する家庭用動産」の取得価額の基準を300万円未満（現行：100万円未満）に引き上げるほか、財産債務調書及び国外財産調書の記載事項について運用上の見直しが行われます。

令和５年分以後の財産債務調書又は国外財産調書について適用されます。

【参考】
《令和3年度の主な改正点》
(1) 総合課税の対象となる社債利子等の範囲の整備

　同族会社が発行した社債の利子で、その同族会社の判定の基礎となる株主である法人と特殊の関係のある個人及びその親族等が支払を受けるものは、総合課税の対象とされます。

　また、当該個人及びその親族等が支払を受けるその同族会社が発行した社債の償還金についても、総合課税の対象とされます。

(注)「法人と特殊の関係のある個人」とは、法人との間に発行済株式等の50％超の保有関係がある個人等をいいます。

　令和3年4月1日以後に支払を受けるべき社債利子及び償還金について適用されます。

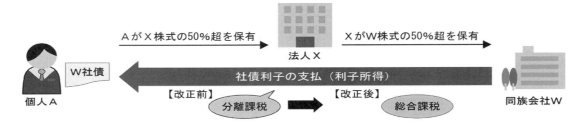

(2) 特定口座（源泉徴収選択口座）内上場株式等の譲渡に係る所得計算

　特定口座（源泉徴収選択口座）において上場株式等の譲渡等に係る事業所得金額又は雑所得金額の計算上、当該口座を開設している金融商品取引業者等に支払う投資一任契約に係る費用を必要経費に算入できます。令和4年分以後の所得税に適用されます。

(3) 個人住民税における特定配当等の手続き簡素化

　個人住民税において、特定配当等及び特定株式等譲渡所得金額に係る所得の全部について源泉分離課税（申告不要）とする場合に、原則として、確定申告書の提出のみで申告手続きが完結できるよう、確定申告書における個人住民税に係る附記事項が追加されます。令和3年分以後の確定申告書を令和4年1月1日以後に提出する場合について適用されます（P.97参照）。

《令和2年度の主な改正点》
(1) 新NISAの創設

　現行の一般NISAの投資可能期間（令和5年12月31日まで）の終了に合わせて、新NISAが

創設されます。

　新NISAは原則として、低リスクの公募等株式投資信託（特定累積投資勘定、上限：年20万円×５年間＝100万円）への積立投資を行った投資家に対して、上場株式等（特定非課税管理勘定、上限：年102万円×５年間＝510万円）への投資も認める２階建ての制度となり、現行の一般NISAと同様、非課税投資期間は最長５年間となります。

　なお、例外として、既にNISAを使って運用しているなどの投資経験のある者については、届出により、上場株式のみへの投資を行うことができます。また、現行の一般NISAと同様、つみたてNISAとは併用できず、年単位の選択制となります。

　新NISAの投資可能期間は、令和６年１月１日から令和10年12月31日までです。

(2)　つみたてNISAの延長

　つみたてNISAについては、令和19年12月31日までとされている投資可能期間が、令和24年12月31日まで５年延長されます。

(3)　ジュニアNISAの延長なし

　ジュニアNISAについては、投資可能期間の延長は行われず、令和５年12月31日で終了することとされ、その終了に合わせて、令和６年１月１日以後は、課税未成年者口座及び未成年者口座内の上場株式等及び金銭の全額について、18歳未満で払出しを行っても源泉徴収は行われないこととされます。

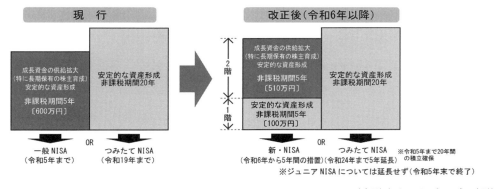

（金融庁ホームページ一部修正）

(4)　暗号資産デリバティブ取引

　先物取引に係る雑所得等の課税の特例及び先物取引の差金等決済に係る損失の繰越控除の適用対象から、暗号資産デリバティブ取引の差金等決済に係る雑所得等が除外されました。

令和２年５月１日以後に行うものに適用されます。

(5) 特定口座受入れ範囲の拡大

令和２年４月１日以後、次の上場株式等も特定口座に受け入れられます。

① 未上場の取得請求権付株式、取得条項付株式、全部取得条項付種類株式で、請求権の行使等により取得する上場株式等

② 役務の提供の対価（株式報酬）として、発行法人等から取得する一定の上場株式等

③ 非課税口座（NISA）開設届出書の提出をしたものの、非課税口座に該当しない口座とされた口座で管理されている一定の上場株式等

《令和元年度の主な改正点》

(1) NISA口座保有者の海外転勤等による一時出国に係る対応

NISA口座保有者が、海外転勤命令などやむを得ない事由により一時的に出国した場合、引き続き口座を保有できるようになりました（最長５年）。出国前に継続適用届出書、帰国時に帰国届出書の提出が必要です。非居住者期間中に取得した上場株式等は、非課税口座に受け入れることはできません。平成31年４月１日以後出国する場合に適用されます。

(2) NISA口座及びジュニアNISA口座適用年齢の引下げ

居住者等がNISA口座を開設することができる年齢が、民法における成年年齢の引下げに合わせ、その年の１月１日時点で18歳以上（現行20歳以上）に引き下げられました。また、ジュニアNISA口座を開設することができる年齢が、その年の１月１日時点で18歳未満（現行20歳未満）に引き下げられました。令和５年１月１日以後に設けられるNISA口座及びジュニアNISA口座に適用されます。

(3) 確定申告書への書類の添付義務の不要化

次の書類については、確定申告書への添付を要しないこととされました。平成31年４月１日以後に提出する確定申告書について適用されます。

① オープン型証券投資信託収益の分配の支払調書

② 配当等とみなす金額に関する支払調書

③ 上場株式配当等の支払通知書

④ 特定口座年間取引報告書

序章　令和4年度の金融・証券税制の概要

⑤　未成年者口座等につき契約不履行等事由が生じた場合の報告書

⑥　特定割引債の償還金の支払調書

⑦　相続財産に係る譲渡所得の課税の特例を適用する際の相続税額等を記載した書類

《平成30年度の主な改正点》

(1)　公募投資信託等の国内国外二重課税の調整

　公募投資信託等の収益分配金等に係る日本の源泉所得税は、当該公募投資信託等を経由して支払った外国の税を控除して計算することとされました（P.195、Q 4-8参照）。

　この見直しは、令和2年1月1日以後に支払われるものについて適用されます。

(2)　分配時調整外国税相当額の控除

　公募投資信託等の収益分配金等を確定申告する場合は、日本の源泉所得税から控除された外国税相当額を「分配時調整外国税相当額」として、その年分の所得税の額から控除することとされました（P.195、Q 4-8参照）。

　この見直しは、令和2年分の申告から適用されます。

(3)　NISAの口座開設申込時における即日買付けの実現

　改正前までは、投資家がNISA口座の開設を申し込んでも、二重口座でないことの確認が必要なため当日には買付けができませんでした。今回の改正で、NISA口座開設の当日に買付けができることとなりました。

　税務署は、事後的に二重口座の確認を行い、仮に、二重口座であった場合は、金融機関は、NISA口座で買付けていた商品を、開設当初に遡及して一般口座へ移管することとされました。

　この見直しは、平成31年1月1日以後提出する非課税口座簡易開設届出書から適用されます。

(4)　NISAにおける非課税期間終了時の対応

　改正前までは、保有から5年が経過し非課税期間が終了した後、顧客は引き続き非課税枠を使って投資を行うこと（ロールオーバー）ができますが、ロールオーバーを希望しない場合は、保有商品は課税口座へ移管されることとなっていました。

　今回の改正で、非課税期間が終了したNISA口座内で保有する商品について、同一金融機

関に特定口座が開設されている場合は、自動的に当該特定口座に移管されることとなりました。なお、別途届出を行うことにより、一般口座に移管することもできます。

《平成29年度の主な改正点》

(1) つみたてNISAの創設

　家計の安定的な資産形成を支援する観点から、少額からの積立・分散投資を促進するための「つみたてNISA」が創設されました。一般NISAと同様、口座内で生じた配当及び譲渡益が非課税とされます。平成30年1月1日以後の投資について、年間投資上限額40万円、非課税期間20年、総額上限額800万円までが非課税となります。一般NISAとは選択適用となります。

(2) NISA、ジュニアNISAの非課税期間終了後の移管（ロールオーバー）の上限額の撤廃

　NISA、ジュニアNISAの5年間の非課税期間が終了後、新たな非課税口座に移管する場合の上限額が撤廃されました。例えば、NISAで非課税期間が終了したときに時価150万円の上場株式等があった場合、非課税枠120万円ではなく150万円を移管できることとなりました。

(3) 非永住者の課税所得の範囲の見直し

　所得税法上の有価証券で外国金融市場において譲渡されるものによる所得については、次に掲げるものを除き、非永住者の課税所得の範囲から除外されます（次のものは課税されます。）。

　① 過去10年以内の非永住者期間に取得した有価証券（平成29年4月1日以後取得分に限る。）の譲渡によるもの

　② 国内において支払われ、又は国外から送金されたもの

　この見直しは、平成29年4月1日以後の有価証券の譲渡から適用されます。

《平成28年度の主な改正点》

(1) 上場株式等に係る譲渡損失の損益通算及び繰越控除の改正（平成28年分以後）

　適用対象となる上場株式等の譲渡の範囲に、国外転出時課税制度又は贈与等時課税制度の適用により行われたものとみなされた譲渡が追加されました。

(2) 先物取引に係る雑所得等の課税の特例等の改正（平成28年10月1日以後）

　適用対象となる先物取引の範囲から、次の取引が除外されました（総合雑所得になりま

す。）。

① 商品先物取引業者以外の者を相手として行う店頭商品デリバティブ取引

② 金融商品取引業者のうち第一種金融商品取引業を行う者以外の者又は登録金融機関以
外の者を相手方として行う店頭デリバティブ取引

《令和４年分の金融・証券税制の概要》

所得税にかかる令和４年分の金融・証券税制の概要は、次のとおりです。

株 式 等

上場株式等

①上場株式(上場新株予約権を含む)
②外国上場株式
③公募株式投資信託の受益権
④公募特定受益証券発行信託の受益権
⑤特定投資法人の投資口
⑥証券投資信託以外の公募投資信託の受益権
⑦公募特定目的信託の社債的受益権
⑧公募公社債投資信託の受益権

《特定公社債》
⑨国債・地方債・外国国債・外国地方債
⑩会社以外の法人が特別の法律により発行する債券（投資法人債、特定目的会社の特定社債を除く）
⑪公募公社債・上場公社債・外国公募公社債・外国上場公社債
⑫発行日前9か月以内(外国法人は12か月以内)に有価証券報告書等を提出している法人が発行する社債
⑬金融商品取引所(外国を含む)において公表された公社債情報に基づき発行する公社債
⑭国外で発行された公社債で国内において売出しがされたもの
⑮外国政府が2分の1以上出資している外国法人又は国際機関が発行する債券
⑯国内外の銀行若しくは金融商品取引業者又はその100％子会社等が発行した社債
⑰平成27年12月31日以前に発行された公社債（発行時に同族会社であった会社が発行したものを除く）

課税方式

▶上場株式等内で、譲渡損益間の通算並びに譲渡損益・償還差損益と利子・配当・収益分配金等間で損益通算ができる

▶譲渡損失の繰越控除ができる(翌年以後3年間)

▶利子所得は、20.315％源泉徴収後申告不要若しくは20.315％申告分離課税を選択できる

▶配当所得は、20.315％源泉徴収後申告不要若しくは確定申告し、20.315％申告分離課税か総合課税を選択できる

▶上場株式等の譲渡所得は、20.315％申告分離課税(源泉徴収選択特定口座は、申告不要を選択できる)

損益通算不可

一般株式等

※上場株式等に該当しないもの
　非上場株式
　外国非上場株式
　私募株式投資信託の受益権
　私募公社債投資信託の受益権
　　　　　　　　　　　　　　など

《一般公社債》
※特定公社債以外の公社債
　私募公社債

　　　　　　　　　　　　　　など

課税方式

▶上場株式等と一般株式等間での損益通算はできない

▶一般株式等内では、譲渡損益間の損益通算はできるが、譲渡損と利子・配当・収益分配金等間での損益通算はできない

▶譲渡損失の繰越控除はできない

▶利子所得は20.315％源泉分離課税

▶配当所得は20.42％源泉徴収後、総合課税
　(少額配当は申告不要選択可。ただし、住民税は総合課税)

▶一般株式等の譲渡所得は20.315％申告分離課税

※１．①～⑰を上場株式等、⑨～⑰を特定公社債といいます。
　２．上記税率20.315％の内訳は、所得税・復興特別所得税15.315％、住民税5％。
　３．上記税率20.42％の内訳は、所得税・復興特別所得税20.42％、住民税ゼロ。
　４．復興特別所得税については、P.90参照。

第1章

株式にかかる税金

Q1-1 株式の譲渡益の申告分離課税

株式の譲渡所得の課税方式はどのようになっていますか。どのようなときに確定申告が必要になるのでしょうか。また申告にあたって注意すべきことは、どのような点でしょうか。

確定申告により、申告分離課税で計算されます。源泉徴収選択特定口座の場合は、確定申告は不要です。

1．株式の譲渡益の計算

譲渡代金－（取得費＋委託手数料及びその消費税等＋借入金利子＋その他の費用）(注)1 ＝譲渡益

譲渡益×20.315%（所得税・復興特別所得税15.315%、住民税5%）

＝ 税　額 《申告分離課税》(注)2

（注）1．事業所得又は雑所得の場合、口座管理料や投資顧問料等が対象となります。
　　　2．申告分離課税とは、株式の譲渡益だけ他の所得とは分離して、税額が計算される課税方式です。

2．確定申告が必要な場合

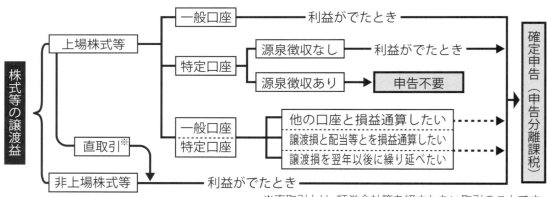

※直取引とは、証券会社等を経由しない取引のことです。

──▶ 確定申告義務があります
┈┈▶ 確定申告義務はありませんが（申告不要）、任意に申告して税金の還付等を受けることができます

（注）1．申告の結果、税金面では有利になっても、国民健康保険料等、高齢者の病院窓口負担割合のアップや健保組合における被扶養者の資格喪失等、他の面に影響が出る場合もあるので、総合的な検討が必要です。
　　　2．源泉徴収選択特定口座での取引を確定申告した場合、後になって、特定口座分について申告をし

ないこととする更正の請求はできません（P.92）。

3．申告分離課税にあたって注意すべき点

　株式等の年間譲渡益から譲渡損失を差し引いて利益が発生している投資家（源泉徴収選択特定口座〈P.89〉以外）は、すべて確定申告義務者となります。

■確定申告にあたって留意すべきこと

留意点	売却金額や取得価額を証明する書類（取引報告書、特定口座年間取引報告書等）の管理・保存。
理　　由	申告分離課税方式では、年間売買損益を合計する必要があるので、一般口座の場合、売却金額や取得価額を証明する書類（取引報告書等）が必要になります。特定口座についてはP.87参照。

Q1-2 上場株式等の譲渡益に対する課税の特例

上場株式等の譲渡益に対する10%の軽減税率は、いつまで適用されていたのですか。またその他の特例には、どのようなものがありますか。

上場株式等の譲渡益には、平成25年まで10%の軽減税率が適用されていました。平成26年から特例が廃止されて原則税率（20%）が適用されています。なお、平成25年から復興特別所得税（P.90参照）が併せて課されています。

1．上場株式等の譲渡益課税の特例と適用時期

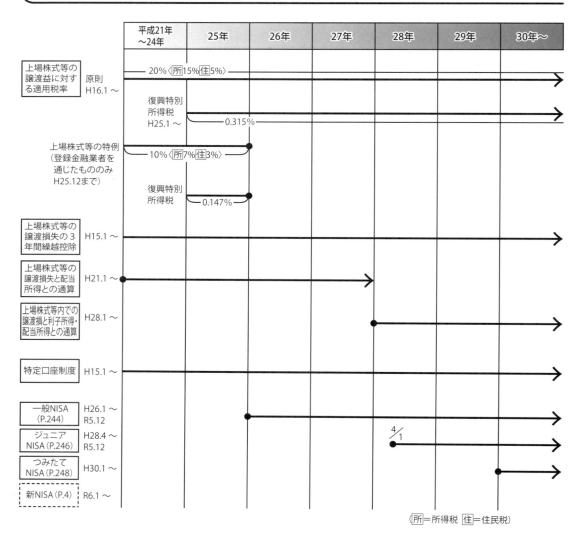

第1章　株式にかかる税金

上場株式等とは

●上場株式（上場新株予約権等を含む）

●株価指数連動型上場投信（ETF）

●上場新株予約権付社債（旧転換社債〈CB〉・新株引受権付社債〈ワラント債〉）

●信金中金等の上場優先出資証券

●上場不動産投資法人の投資口（J-REIT）

●公募公社債投資信託

●外国金融商品市場で売買されている株式等

●公募株式投資信託

●公募オープン・エンド型投資法人

●特定公社債　　　　………………等

2．上場株式等の譲渡益に対する軽減税率の廃止

　軽減税率10％が適用されたのは、上場株式等を平成25年までに、日本に登録された金融商品取引業者等（証券会社等）経由で譲渡したときだけです。

| 参考 | 平成15年〜25年の間の税率

①　上場株式等（証券会社等経由）

　　→10％（所 7 ％　住 3 ％）（平成25年合計税率10.147％　　　）〈P.90〉
　　　　　　　　　　　　　　　（平成26年〜合計税率20.315％）

②　①以外の場合

　　（非上場株式等、上場株式等で直取引の場合）

　　→20％（所15％　住 5 ％）（平成25年〜合計税率20.315％）〈P.90〉

商品の仕組み

●新株予約権

　新株予約権とは、それを付与会社に対して行使すれば、その法人の株式の交付を受けることができる権利をいう。ストック・オプションがこれにあたる。新株予約権を有する者がその権利を行使すれば、会社はその者に新株を発行するか保有する自己株式を移転しなければならない。

　権利行使の際に払い込む金額（権利行使価額）はあらかじめ決められているため、付

与会社の株価がそれより高いときに行使すれば経済的利益が得られることとなる。

●転換社債型新株予約権付社債（旧称：転換社債、CB）

　旧転換社債（CB＝Convertible Bond）は、発行後所定の期間（転換請求期間）に、所定の価格（転換価格）により、所定の数の株式に転換できる権利が付された社債である。

　株式に転換されたあとは、転換社債は消滅する。

　将来、発行会社の株価が上昇すれば、あらかじめ決められた価格（転換価格）で株式に転換して値上り益を得ることができる。反対に、株価が上昇しなければ、社債のまま保有することで償還まで一定の利子と元本が得られる。

●新株予約権付社債（旧称：非分離型ワラント債）

　発行後所定の期間（新株予約権行使請求期間）内に、所定の価格（行使価額）により、所定の数の新株の引受けを発行会社に請求できる権利（新株予約権＝旧ワラント）が付された社債である。

　社債権者が新株予約権を行使する際に現金で払い込みし、社債を償還せずに株主になることもできる。新株予約権と社債のどちらかが消滅するまでは、譲渡するときは両方を一体として行う必要がある。

第1章　株式にかかる税金

商品の仕組み

●CP・CD等

短期の金融商品です。

CP（コマーシャル・ペーパー）	法人が事業に必要な短期資金を調達するために発行する約束手形（ペーパーレスは「短期社債」）	割引方式
海外CP	外国法人が発行するCP	割引方式が大半
CD（譲渡性預金証書）	金融機関が発行する譲渡可能な預金証書。自由金利	利付方式
海外CD	外国法人の発行する譲渡性預金の証書（海外CDは金融商品取引法上の有価証券）	利付方式が中心

Q1-3 株式の譲渡損失の損益通算と繰越控除

譲渡損失の損益通算及び繰越控除について説明してください。

株式等のうち上場株式等と一般株式等で、取扱いが異なります（上場株式等及び一般株式等の定義は、P.10の図表のとおりです。）。

1．上場株式等の場合

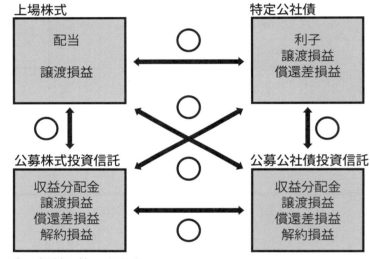

※○は損益通算できます。

▶譲渡損益、利子、配当、償還差損益、収益分配金、解約損益それぞれの間での損益通算ができます。

▶損益通算の順序は、次のとおりです（同一年での損益通算）。

　①上場株式・公募株式投資信託・公募公社債投資信託・特定公社債等の譲渡益・償還差損益等の間で通算する。

　②通算しきれなかった上場株式等の譲渡損は、申告分離課税を選択した上場株式の配当・特定公社債の利子・公募公社債投資信託の収益分配金等と損益通算する。

　③損益通算後、損失が残っている場合は、翌年以後3年間譲渡損失の繰越しができる（毎年連続して確定申告が必要です）。期限後申告でも認められますが、修正申告で

は認められません（P.92）。

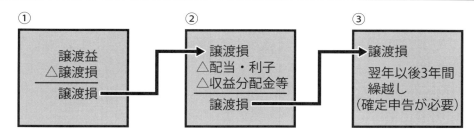

▶源泉徴収選択特定口座に、上場株式、特定公社債、公募公社債投資信託・公募株式投資信託等を受け入れている場合は、譲渡損益・利子・収益分配金等は自動的に損益通算され、源泉徴収されます。
▶上場株式等と一般株式等との間の損益通算はできません。

2．一般株式等の場合

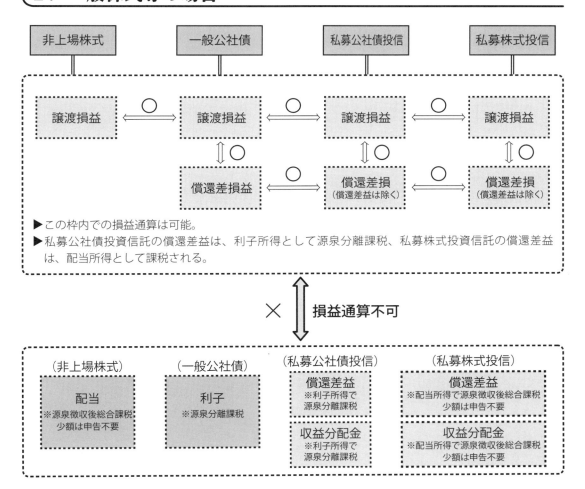

▶譲渡損益と償還差損益との間での損益通算はできます。

▶譲渡損益と利子・配当・収益分配金との間での損益通算はできません。

▶上場株式等と一般株式等との間での損益通算はできません。

▶一般株式等は、特定口座へ受け入れることはできません。

▶一般株式等内で損益通算した結果損失が生じたとしても、翌年以後にその損失を繰り越すことはできません。

第1章　株式にかかる税金

Q1-4　上場株式等の譲渡損失と配当・利子との損益通算及び譲渡損失の繰越控除

 上場株式等の譲渡損は上場株式等の配当・利子と損益通算でき、しかも、なお損失が残っていれば、翌年以後3年間にわたって繰越控除できるそうですが、どのような仕組みになっているのですか。

 まずその年分の上場株式等の譲渡損と配当・利子とを損益通算します。その際、上場株式等の配当・利子については申告分離課税を選択する必要があります。それでも譲渡損失が残れば、翌年以後3年間の株式等の譲渡益と上場株式等の配当・利子から繰越控除できます。

1．上場株式等の譲渡損失と配当所得・利子所得との損益通算

　上場株式等の譲渡損失は、申告分離課税を選択した上場株式等の配当・利子と損益通算できます。

■その年分の損益通算の順序（例）

①上場株式の譲渡損　　　　　　　　　△200
②特定公社債の償還差益　　　　　　　　70
③上場株式の配当・特定公社債の利子　　30

翌年以後に繰り越せる上場株式等の譲渡損失＝100

（ポイント）
①の損失があるときは、②の償還差益から控除します。控除しきれない上場株式等の譲渡損（△130）は③の配当・利子から控除します。
（注）源泉徴収選択特定口座内では、上場株式等の譲渡損失と配当・利子とが自動通算されます。（P.89）

2．上場株式等の譲渡損失の3年間繰越控除

　上場株式等の譲渡損失は、翌年以後3年間にわたって繰越控除が可能です。繰越損失は、その年分の株式等に係る譲渡所得等の金額のほか、上場株式等の配当所得、特定公社債の利子と損益通算ができます（給与所得、不動産所得等の他の所得との損益通算はできません）。

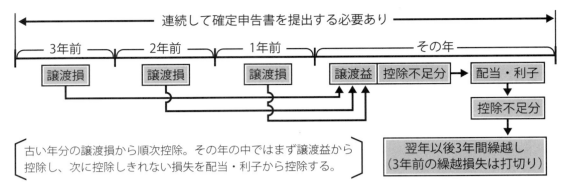

(注)1．一般株式等の譲渡損失には適用できません。
　　2．譲渡損失の繰越控除をするには、一定の書類を添付した確定申告書を年分を前後せず、連続して提出する必要があります。

第1章　株式にかかる税金

【事例1-1】特定口座（源泉徴収あり）の損失を翌年に繰り越す場合

▶会社員　税研太郎
▶X商事

		（源泉徴収税額）
給与収入	6,000,000円	129,100円
社会保険料控除	840,000円	
生命保険料控除	40,000円	
配偶者控除	380,000円	
扶養控除	380,000円	
基礎控除	480,000円	
所得控除合計	2,120,000円	

▶株式取引の内容
（単位：円）

銘柄	売却金額①	取得価額②	委託手数料③	売却損益①-②-③	売却株数	売却年月日	取得年月日
A鉄鋼	1,200,000	1,500,000	10,000	△310,000	120株	R4.10.21	R3.9.7

〈申告書の作成手順〉

① 「株式等に係る譲渡所得等の計算明細書（2面）」

② 「株式等に係る譲渡所得等の計算明細書（1面）」

③ 「確定申告書付表（1面）」

④ 「確定申告書付表（2面）」

※各事例で使用している所得税の確定申告書の様式は、執筆時点（令和4年10月1日時点）で国税庁ホームページにおいて、案として公表されているものを使用しています。株式等に係る譲渡所得等の金額の計算明細書、確定申告書付表は令和3年分以降用のものを加工して使用しています。

《特定口座年間取引報告書》

令和 **4** 年分　　特定口座年間取引報告書

神田 税務署長 殿

令和 **5** 年 **1** 月

特定口座開設者	住所（居所）	千代田区西神田X-X-X	フリガナ	ゼイケン タロウ		勘定の種類	① 保管　2 信用 ③ 配当等
			氏　名	税研 太郎			
	前回提出時の住所又は居所		生年月日	明・大・㊼ 平・令	54・10・10	口座開設年月日	・　・
			個人番号			源泉徴収の選択	① 有　2 無

（譲渡の対価の支払状況）

種類	銘柄	株（口）数又は額面金額	譲渡の対価の額	譲渡年月日	譲渡区分
株式	A鉄鋼	120	1,200,000	4・10・21	
				・　・	
				・　・	
				・　・	
				・　・	

（譲渡に係る年間取引損益及び源泉徴収税額等）　源泉徴収税額（所得税）　　千円　株式等譲渡所得割額（住民税）　　千円　外国所得税の額　　千円

譲渡区分	① 譲渡の対価の額（収入金額）	② 取得費及び譲渡に要した費用の額等	③ 差引金額（譲渡所得等の金額）（①－②）
上　場　分	1,200,000	1,510,000	－ 310,000
特定信用分			
合　計	1,200,000	1,510,000	－ 310,000

（配当等の交付状況）

種類	銘柄	株（口）数又は額面金額	配当等の額（特別分配金の額）	源泉徴収税額（所得税）	配当割額（住民税）	上場株式配当等控除額	外国所得税の額	交付年月日 支払確定又は支払年月日
		株（口）・千円	千・円	千・円	千・円	千・円	千・円	
								（　・　・　）
								（　・　・　）
								（　・　・　）
								（　・　・　）

（配当等の額及び源泉徴収税額等）

	種類	配当等の額	源泉徴収税額（所得税）	配当割額（住民税）	特別分配金の額	上場株式配当等控除額	外国所得税の額
特定上場株式等の配当等	④株式、出資又は基金	千・円	千・円	千・円		千・円	千・円
	⑤特定株式投資信託						
	⑥投資信託又は特定受益証券発行信託（⑤、⑦及び⑧以外）						
	⑦オープン型証券投資信託						
	⑧国外株式又は国外投資信託等						
	⑨合計（④＋⑤＋⑥＋⑦＋⑧）						
上記以外のもの	⑩公社債						
	⑪社債的受益権						
	⑫投資信託又は特定受益証券発行信託（⑬及び⑭以外）						
	⑬オープン型証券投資信託						
	⑭国外公社債等又は国外投資信託等						
	⑮合計（⑩＋⑪＋⑫＋⑬＋⑭）						
	⑯譲渡損失の金額				（摘要）		
	⑰差引金額（⑨＋⑮－⑯）						
	⑱納付税額						
	⑲還付税額（⑨＋⑮－⑱）						

金融商品取引業者等	所在地	
	名　称	（電話）　　　　　　　法人番号

整理欄	①	②

385

第1章　株式にかかる税金

2面（計算明細書）の
金額を転記する。

1 面

【令和 _4_ 年分】

株式等に係る譲渡所得等の金額の計算明細書

整理番号

この明細書は、「一般株式等に係る譲渡所得等の金額」又は「上場株式等に係る譲渡所得等の金額」を計算する場合に使用するものです。
なお、国税庁ホームページ【www.nta.go.jp】の「確定申告書等作成コーナー」の画面の案内に従って収入金額などの必要項目を入力することにより、この明細書や確定申告書などを作成することができます。

住　所 （前住所）	千代田区西神田X-X-X （　　　　　　　　　　　　　　）	フリガナ 氏　名	ゼイケン タロウ 税研 太郎
電話番号 （連絡先）	職業　会社員	関与税理士名 （電　話）	Z会計事務所 （　　　　　）

※　譲渡した年の1月1日以後に転居された方は、前住所も記載してください。

1　所得金額の計算

			一 般 株 式 等	上 場 株 式 等
収入金額	譲渡による収入金額	①	円	1,200,000 円
	そ の 他 の 収 入	②		
	小　　　　計（①＋②）	③	申告書第三表㋒へ	申告書第三表㋗へ　1,200,000
必要経費又は譲渡に要した費用等	取 得 費（取 得 価 額）	④		1,510,000
	譲渡のための委託手数料	⑤		
		⑥		
	小計（④から⑥までの計）	⑦		1,510,000
	特定管理株式等のみなし譲渡損失の金額（※1） （△を付けないで書いてください。）	⑧		
	差 引 金 額（③－⑦－⑧）	⑨		△ 310,000
	特定投資株式の取得に要した金額の控除（※2） （⑨欄が赤字の場合は0と書いてください。）	⑩		
	所 得 金 額（⑨－⑩） （一般株式等について赤字の場合は△を付けて書いてください。） （上場株式等について赤字の場合は△を付けて書いてください。）	⑪	申告書第三表71へ	黒字の場合は申告書第三表72へ　△ 310,000
	本年分で差し引く上場株式等に係る繰越損失の金額（※3）	⑫		申告書第三表94へ
	繰越控除後の所得金額（※4） 　　　　　（⑪－⑫）	⑬	申告書第三表80へ	申告書第三表80へ

（注）　租税特別措置法第37条の12の2第2項に規定する上場株式等の譲渡以外の上場株式等の譲渡（相対取引など）がある場合の「上場株式等」の①から⑨までの各欄については、同項に規定する上場株式等の譲渡に係る金額を括弧書（内書）により記載してください。なお、「上場株式等」の⑪欄の金額が相対取引などによる赤字のみの場合は、申告書第三表⑳欄に0を記載します。

※1　「特定管理株式等のみなし譲渡損失の金額」とは、租税特別措置法第37条の11の2第1項の規定により、同法第37条の12の2第2項に規定する上場株式等の譲渡をしたことにより生じた損失の金額とみなされるものをいいます。

※2　⑩欄の金額は、「特定（新規）中小会社が発行した株式の取得に要した金額の控除の明細書」で計算した金額に基づき、「一般株式等」、「上場株式等」の順に、⑨欄の金額を限度として控除します。

※3　⑫欄の金額は、「上場株式等」の⑪欄の金額を限度として控除し、「上場株式等」の⑪欄の金額が0又は赤字の場合には記載しません。なお、⑫欄の金額を「一般株式等」から控除することはできません。

※4　⑬欄の金額は、⑪欄の金額が0又は赤字の場合には記載しません。また、⑬欄の金額を申告書に転記するに当たって申告書第三表の㉔欄の金額が同⑫欄の金額から控除しきれない場合には、税務署にお尋ねください。

特例適用条文	措法＿＿条の＿＿＿＿ 措法＿＿条の＿＿＿＿

整理欄	

「上場株式等」の⑪欄の金額が赤字の場合で、譲渡損失の損益通算及び繰越控除の特例の適用を受ける方は、「所得税及び復興特別所得税の確定申告書付表」も記載してください。

本年分の損失額

25

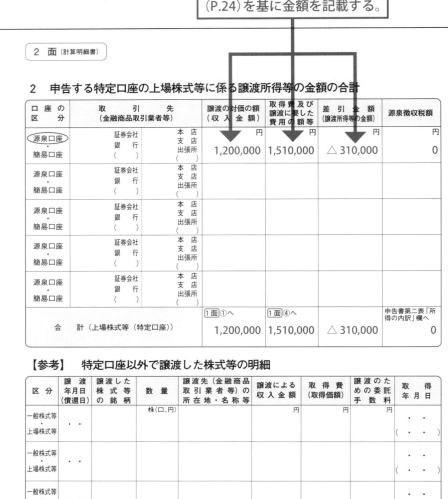

第1章　株式にかかる税金

| | 一連番号 | | 1 面 |

令和 4 年分の所得税及び復興特別所得税の確定申告書付表（上場株式等に係る譲渡損失の損益通算及び繰越控除用）

受付印

住所又は事業所事務所居所など	千代田区西神田X-X-X	フリガナ	ゼイケン タロウ
		氏 名	税研 太郎

○ この付表は、申告書と一緒に提出してください。

この付表は、租税特別措置法第37条の12の2（上場株式等に係る譲渡損失の損益通算及び繰越控除）の規定の適用を受ける方が、本年分の上場株式等に係る譲渡損失の金額を同年分の上場株式等に係る配当所得等の金額（特定上場株式等の配当等に係る配当所得に係る部分については、分離課税を選択したものに限ります。以下「分離課税配当所得等金額」といいます。）の計算上控除（損益通算）するため、又は3年前の年分以後の上場株式等に係る譲渡損失の金額を本年分の上場株式等に係る譲渡所得等の金額及び分離課税配当所得等金額の計算上控除するため、若しくは翌年以後に繰り越すために使用するものです。

○ 本年分において、「上場株式等に係る譲渡所得等の金額」がある方は、この付表を作成する前に、まず「株式等に係る譲渡所得等の金額の計算明細書」の作成をしてください。

1 本年分の上場株式等に係る譲渡損失の金額及び分離課税配当所得等金額の計算

（赤字の金額は、△を付けないで書きます。2面の2も同じです。）

○ 「①上場株式等に係る譲渡所得等の金額」が黒字の場合又は「②上場株式等に係る譲渡損失の金額」がない場合には、(1)の記載は要しません。また、「④本年分の損益通算前の分離課税配当所得等金額」がない場合には、(2)の記載は要しません。

(1) 本年分の損益通算前の上場株式等に係る譲渡損失の金額

			円
上場株式等に係る譲渡所得等の金額 （「株式等に係る譲渡所得等の金額の計算明細書」の1面の「上場株式等」の⑪欄の金額）	①	310,000	
上場株式等に係る譲渡損失の金額 （※） （「株式等に係る譲渡所得等の金額の計算明細書」の1面の「上場株式等」の⑨欄の金額）	②	310,000	
本年分の損益通算前の上場株式等に係る譲渡損失の金額 （①欄の金額と②欄の金額のうち、いずれか少ない方の金額）	③	310,000	

※ ②欄の金額は、租税特別措置法第37条の12の2第2項に規定する上場株式等の譲渡以外の上場株式等の譲渡（相対取引など）がある場合については、同項に規定する上場株式等の譲渡に係る金額（「株式等に係る譲渡所得等の金額の計算明細書」の1面の「上場株式等」の⑨欄の括弧書の金額）のみを記載します。

(2) 本年分の損益通算前の分離課税配当所得等金額

種目・所得の生ずる場所	利子等・配当等の収入金額（税込）	配当所得に係る負債の利子
	円	円
合　　　計	ⓐ　申告書第三表㋲へ	ⓑ
本年分の損益通算前の分離課税配当所得等金額 （ⓐ－ⓑ）　（赤字の場合には 0 と書いてください。）	④	

（注）利子所得に係る負債の利子は控除できません。

(3) 本年分の損益通算後の上場株式等に係る譲渡損失の金額又は分離課税配当所得等金額

本年分の損益通算後の上場株式等に係る譲渡損失の金額 （③－④） （③欄の金額≦④欄の金額の場合には 0 と書いてください。） （(2)の記載がない場合には、③欄の金額を移記してください。）	⑤	△を付けて、申告書第三表㋩へ　円 310,000	
本年分の損益通算後の分離課税配当所得等金額 （④－③） （③欄の金額≧④欄の金額の場合には 0 と書いてください。） （(1)の記載がない場合には、④欄の金額を移記してください。）	⑥	申告書第三表㋠へ	

2 面（確定申告書付表）

2 翌年以後に繰り越される上場株式等に係る譲渡損失の金額の計算

譲渡損失の生じた年分	前年から繰り越された上場株式等に係る譲渡損失の金額	本年分で差し引く上場株式等に係る譲渡損失の金額（※1）		本年分で差し引くことのできなかった上場株式等に係る譲渡損失の金額
本年の3年前分 （平成__年分 令和__年分）	Ⓐ（前年分の付表の⑦欄の金額）円	Ⓓ（上場株式等に係る譲渡所得等の金額から差し引く部分）円		本年の3年前分の譲渡損失の金額を翌年以後に繰り越すことはできません。
		Ⓔ（分離課税配当所得等金額から差し引く部分）		
本年の2年前分 （平成__年分 令和__年分）	Ⓑ（前年分の付表の⑧欄の金額）	Ⓕ（上場株式等に係る譲渡所得等の金額から差し引く部分）		⑦（Ⓑ−Ⓕ−Ⓖ）円
		Ⓖ（分離課税配当所得等金額から差し引く部分）		
本年の前年分 （平成__年分 令和__年分）	Ⓒ（前年分の付表の⑤欄の金額）	Ⓗ（上場株式等に係る譲渡所得等の金額から差し引く部分）		⑧（Ⓒ−Ⓗ−Ⓘ）
		Ⓘ（分離課税配当所得等金額から差し引く部分）		
本年分で上場株式等に係る譲渡所得等の金額から差し引く上場株式等に係る譲渡損失の金額の合計額（Ⓓ+Ⓕ+Ⓗ）		⑨ 計算明細書の「上場株式等」の⑫へ		
本年分で分離課税配当所得等金額から差し引く上場株式等に係る譲渡損失の金額の合計額（Ⓔ+Ⓖ+Ⓘ）		⑩ 申告書第三表⑭へ		
翌年以後に繰り越される上場株式等に係る譲渡損失の金額（⑤+⑦+⑧）			⑪ 申告書第三表⑬へ（※2）円	**310,000**

（注）⚊面の⑤欄及び⚋面の⑦欄、⑧欄の金額は、翌年の確定申告の際に使用します（翌年に株式等の売却がない場合でも、上場株式等に係る譲渡損失の金額をその年の翌年以後に繰り越すための申告が必要です。）。

※1 「本年分で差し引く上場株式等に係る譲渡損失の金額」は、「前年から繰り越された上場株式等に係る譲渡損失の金額」のうち最も古い年に生じた金額から順次控除します。
　また、「本年分で差し引く上場株式等に係る譲渡損失の金額」は、同一の年に生じた「前年から繰り越された上場株式等に係る譲渡損失の金額」内においては、「株式等に係る譲渡所得等の金額の計算明細書」の⚊面の「上場株式等」の⑪欄の金額（赤字の場合には、0とみなします。）及び「⑥本年分の損益通算後の分離課税配当所得等金額」の合計額を限度として、まず上場株式等に係る譲渡所得等の金額から控除し、なお控除しきれない損失の金額があるときは、分離課税配当所得等金額から控除します。
※2 本年の3年前分に生じた上場株式等に係る譲渡損失のうち、本年分で差し引くことのできなかった上場株式等に係る譲渡損失の金額を、翌年以後に繰り越して控除することはできません。

3 前年から繰り越された上場株式等に係る譲渡損失の金額を控除した後の本年分の分離課税配当所得等金額の計算

○ 「⑥本年分の損益通算後の分離課税配当所得等金額」がない場合には、この欄の記載は要しません。

前年から繰り越された上場株式等に係る譲渡損失の金額を控除した後の本年分の分離課税配当所得等金額（※）（⑥−⑩）	⑫ 申告書第三表㉛へ	円

※ ⑫欄の金額を申告書に転記するに当たって申告書第三表の㉙欄の金額が同⑫欄の金額から控除しきれない場合には、税務署にお尋ねください。

○ 特例の内容又は記載方法についての詳しいことは、税務署にお尋ねください。

翌年以後に繰り越される損失の金額

28

第1章　株式にかかる税金

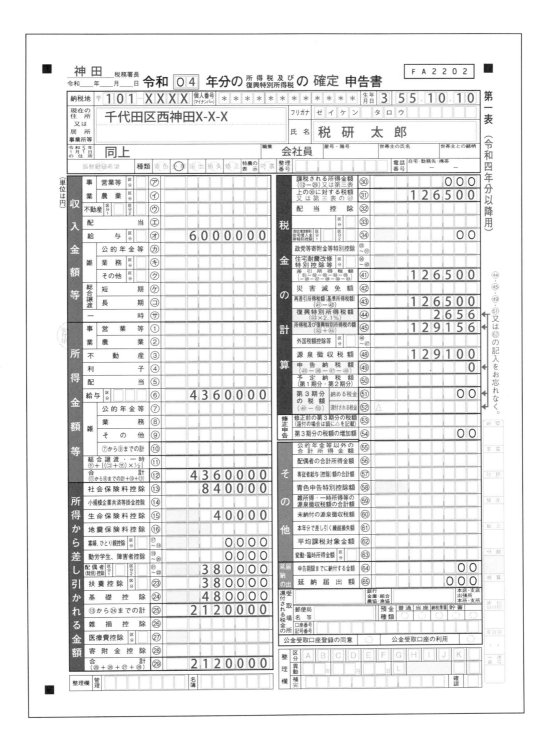

令和 04 年分の所得税及び復興特別所得税の確定申告書

整理番号 ☐☐☐☐☐☐☐☐ | FA2302

住所 千代田区西神田X-X-X
屋号
フリガナ ゼイケン タロウ
氏名 税研 太郎

○ 所得の内訳（所得税及び復興特別所得税の源泉徴収税額）

所得の種類	種目	給与などの支払者の「名称」及び「法人番号又は所在地」等	収入金額	源泉徴収税額
給与	給料	X商事	6,000,000 円	129,100 円
株式等の譲渡		計算明細書のとおり	1,200,000	0
		㊽ 源泉徴収税額の合計額		129,100

○ 総合課税の譲渡所得、一時所得に関する事項（⑪）

所得の種類	収入金額	必要経費等	差引金額
	円	円	円

特例適用
条文等

○ 配偶者や親族に関する事項（⑳～㉓）

氏名	個人番号	続柄	生年月日	障害者	国外居住	住民税	その他
税研花子	＊＊＊＊＊＊＊＊＊＊＊＊	配偶者	明・大 昭 平・令 57.12.12	障 特障	国外 年調	同一 別居	調整 特障
税研一郎	＊＊＊＊＊＊＊＊＊＊＊＊	子	明・大 昭 平・令 17. 6. 8	障 特障	国外 年調	16 別居	調整 特障
			明・大 昭・平・令 ． ．	障 特障	国外 年調	16 別居	調整 特障
			明・大 昭・平・令 ． ．	障 特障	国外 年調	16 別居	調整 特障
			明・大 昭・平・令 ． ．	障 特障	国外 年調	16 別居	調整 特障

○ 事業専従者に関する事項（㊵）

事業専従者の氏名	個人番号	続柄	生年月日	従事月数・程度・仕事の内容	専従者給与（控除）額
			明・大 昭・平 ． ．		
			明・大 昭・平 ． ．		

○ 住民税・事業税に関する事項

住民税	非上場株式の少額配当等	非居住者の特例	配当割額控除額	株式等譲渡所得割額控除額	特定配当等・特定株式等譲渡所得の全部の申告不要	給与、公的年金等以外の所得に係る住民税の徴収方法		都道府県、市区町村への寄附（特例控除対象）	共同募金、日赤その他の寄附	都道府県条例指定寄附	市区町村条例指定寄附
						特別徴収	自分で納付				

退職所得のある配偶者・親族の氏名	個人番号	続柄	生年月日	退職所得を除く所得金額	障害者	その他	寡婦・ひとり親
			明・大 昭・平 ． ．		障 特障	� 寡婦	ひとり親

事業税	非課税所得など	番号	所得金額	損益通算の特例適用前の不動産所得		前年中の開（廃）業	開始・廃止 月日
	不動産所得から差し引いた青色申告特別控除額			事業用資産の譲渡損失など		他都道府県の事務所等	

上記で控除対象配偶者・事業専従者のうち別居の者の氏名・住所 氏名 住所 所得で控除対象配偶者などとした専従者 氏名 給与 一連番号

整理欄 区分 申告年月日 所得種類 申告期限

税理士署名・電話番号
（ Z会計事務所 ）

第二表（令和四年分以降用）

（第三表は、第一表と一緒に提出してください。）

	保険料等の種類	支払保険料等の計	うち年末調整等以外
⑬⑭ 社会保険料控除 小規模企業共済等掛金控除	源泉徴収票のとおり	840,000 円	円
⑮ 生命保険料控除	新生命保険料	200,000 円	円
	旧生命保険料		
	新個人年金保険料		
	旧個人年金保険料		
	介護医療保険料		
⑯ 地震保険料控除	地震保険料	円	円
	旧長期損害保険料		

本人に関する事項（⑰～⑳）	寡婦	ひとり親	勤労学生	障害者	特別障害者
	□死別 □生死不明 □離婚 □未帰還		□年調以外かつ専修学校等		

○ 雑損控除に関する事項（㉖）

損害の原因	損害年月日	損害を受けた資産の種類など
	． ．	

損害金額	円	保険金などで補塡される金額	円	差引損失額のうち災害関連支出の金額	円

○ 寄附金控除に関する事項（㉘）

寄附先の名称等		寄附金	円

※国民年金保険料や生命保険料の支払証明書など申告書に添付しなければならない書類は添付書類台紙などに貼ってください。

住民税で全部申告不要を選択する場合は、○印を付ける

第1章　株式にかかる税金

令和 [04] 年分の 所得税及び復興特別所得税 の 確定 申告書 （分離課税用）

FA2401

第三表（令和四年分以降用）

整理番号 ☐☐☐☐☐☐☐☐　一連番号 ☐☐☐

特　例　適　用　条　文			
法	条	項	号
所法 措法 震法	条の	項	号
所法 措法 震法	条の	項	号
所法 措法 震法	条の	項	号

住所　屋号　千代田区西神田X-X-X
フリガナ　ゼイケン タロウ
氏名　税研 太郎

（単位は円）

○第三表は、申告書第一表・第二表と一緒に提出してください。

収入金額

分離課税			
短期譲渡	一般分	㋛	
	軽減分	㋨	
長期譲渡	一般分	㋣	
	特定分	㋠	
	軽課分	㋟	
一般株式等の譲渡		㋢	
上場株式等の譲渡		㋡	1200000
上場株式等の配当等		㋠	
先物取引		㋣	
山林		㋤	
退職		㋥	

所得金額

分離課税			
短期譲渡	一般分	66	
	軽減分	67	
長期譲渡	一般分	68	
	特定分	69	
	軽課分	70	
一般株式等の譲渡		71	
上場株式等の譲渡		72	△310000
上場株式等の配当等		73	
先物取引		74	
山林		75	
退職		76	

税金の計算

総合課税の合計額（申告書第一表の⑫）	12	4360000	
所得から差し引かれる金額（申告書第一表の㉙）	29	2120000	
課税される所得金額	⑫対応分	77	2240000
	6667対応分	78	000
	686970対応分	79	000
	7172対応分	80	000
	73対応分	81	000
	74対応分	82	000
	75対応分	83	000
	76対応分	84	000

税金の計算

税額			
77対応分	85	126500	
78対応分	86		
79対応分	87		
80対応分	88	0	
81対応分	89		
82対応分	90		
83対応分	91		
84対応分	92		
85から92までの合計（申告書第一表の㉛に転記）	93	126500	

その他

株式等	本年分の71,72から差し引く繰越損失額	94	
	翌年以後に繰り越される損失の金額	95	310000
配当等	本年分の73から差し引く繰越損失額	96	
先物取引	本年分の74から差し引く繰越損失額	97	
	翌年以後に繰り越される損失の金額	98	

○ 分離課税の短期・長期譲渡所得に関する事項

区分	所得の生ずる場所	必要経費	差引金額（収入金額－必要経費）	特別控除額
		円	円	円

差引金額の合計額	99	
特別控除額の合計額	100	

○ 上場株式等の譲渡所得等に関する事項

上場株式等の譲渡所得等の源泉徴収税額の合計額	101	

○ 退職所得に関する事項

区分	収入金額	退職所得控除額
	円	円
一般		
短期		
特定役員		

整理欄	A B C	申告等年月日	
	D E F 通算		
	取得期限資産	入力 申告区分	特例期間

翌年以後に繰り越される損失の金額

31

Point!

①上場株式の譲渡損失を翌年以降に繰り越す場合は、毎年連続して確定申告が必要です。

②特定口座はいったん確定申告した場合は、後になって、特定口座分について申告をしないこととする更正の請求はできません。

③税金面では有利になっても、国民健康保険料等、高齢者の病院窓口負担割合のアップなど、他の面に影響が出る場合があるので、注意が必要です。

ご注意を！

１．確定申告書に、本人及び親族のマイナンバーの記載が必要です。

２．e-Tax（電子申告）する場合は本人確認書類は必要ありませんが、書面で提出する場合は添付が必要となります。

第1章 株式にかかる税金

【事例1-2】 特定口座（源泉徴収あり）の損失と特定口座（源泉徴収あり）の利益を損益通算及び損失の繰越控除を行う場合

▶会社員　　税研太郎
▶X商事　　給与収入　　　　　6,000,000円　（源泉徴収税額 129,100円）
　　　　　　社会保険料控除　　　840,000円
　　　　　　生命保険料控除　　　 40,000円
　　　　　　配偶者控除　　　　　380,000円
　　　　　　扶養控除　　　　　　380,000円
　　　　　　基礎控除　　　　　　480,000円
　　　　　　所得控除合計　　　2,120,000円

▶株式取引の内容　　　　　　　　　　　　　　　　　　　　　　（単位：円）

銘柄	売却金額①	取得価額②	委託手数料③	売却損益①-②-③	売却株数	売却年月日	取得年月日
A鉄鋼	1,200,000	1,500,000	10,000	△310,000	120株	R4.10.21	R3.9.7
B電気	1,000,000	800,000	9,000	191,000※	100株	R4.11.30	R2.5.8
合計	2,200,000	2,300,000	19,000	△119,000	220株		

※B電気：所得税29,251円、住民税9,550円

〈申告書の作成手順〉

①「株式等に係る譲渡所得等の計算明細書（2面）」

②「株式等に係る譲渡所得等の計算明細書（1面）」

③「確定申告書付表（1面）」

④「確定申告書付表（2面）」

33

2面（計算明細書）の
金額を転記する。

1 面

【令和 4 年分】

株式等に係る譲渡所得等の金額の計算明細書

整理番号

この明細書は、「一般株式等に係る譲渡所得等の金額」又は「上場株式等に係る譲渡所得等の金額」を計算する場合に使用するものです。
なお、国税庁ホームページ【www.nta.go.jp】の「確定申告書等作成コーナー」の画面の案内に従って収入金額などの必要項目を入力することにより、この明細書や確定申告書などを作成することができます。

住　所 （前住所）	千代田区西神田X-X-X　（　　　　　　　　　　　）	フリガナ 氏　名	ゼイケン　タロウ 税研 太郎
電話番号 （連絡先）	職業　会社員	関与税理士名 （電話）	Z会計事務所 （　　　　　）

※ 譲渡した年の1月1日以後に転居された方は、前住所も記載してください。

1　所得金額の計算

			一 般 株 式 等	上 場 株 式 等
収入金額	譲渡による収入金額	①	円	2,200,000 円
	その他の収入	②		
	小　計（①＋②）	③	申告書第三表㋯へ	申告書第三表㋝へ 2,200,000
必要経費又は譲渡に要した費用等	取得費（取得価額）	④		2,319,000
	譲渡のための委託手数料	⑤		
		⑥		
	小計（④から⑥までの計）	⑦		2,319,000
	特定管理株式等のみなし譲渡損失の金額（※1） （△を付けないで書いてください。）	⑧		
	差 引 金 額（③－⑦－⑧）	⑨		△ 119,000
	特定投資株式の取得に要した金額の控除（※2） （⑨欄が赤字の場合は0と書いてください。）	⑩		
	所 得 金 額（⑨－⑩） （一般株式等について赤字の場合は0と書いてください。） （上場株式等について赤字の場合は△を付して書いてください。）	⑪	申告書第三表㋑へ	黒字の場合は申告書第三表㋒へ △ 119,000
	本年分で差し引く上場株式等に係る繰越損失の金額（※3）	⑫		申告書第三表㉞へ
	繰越控除後の所得金額（※4） （⑪－⑫）	⑬	申告書第三表㊰へ	申告書第三表㊰へ

（注）　租税特別措置法第37条の12の2第2項に規定する上場株式等の譲渡以外の上場株式等の譲渡（相対取引など）がある場合の「上場株式等」の①から⑨までの各欄については、同項に規定する上場株式等の譲渡に係る金額を括弧書（内書）により記載してください。なお、「上場株式等」の⑪欄の金額が相対取引などによる赤字のみの場合は、申告書第三表の⑳欄に0を記載します。

特例適用条文　措法　　条の
　　　　　　　　措法　　条の

※1　「特定管理株式等のみなし譲渡損失の金額」とは、租税特別措置法第37条の11の2第1項の規定により、同法第37条の12の2第2項に規定する上場株式等の譲渡をしたことにより生じた損失の金額とみなされるものをいいます。
※2　⑩欄の金額は、「特定（新規）中小会社が発行した株式の取得に要した金額の控除の明細書」で計算した金額に基づき、「一般株式等」、「上場株式等」の順に、⑨欄の金額を限度として控除します。
※3　⑫欄の金額は、「上場株式等」の⑪欄の金額を限度として控除し、「上場株式等」の⑪欄の金額が0又は赤字の場合には記載しません。なお、⑫欄の金額を「一般株式等」から控除することはできません。
※4　⑬欄の金額は、⑪欄の金額が0又は赤字の場合には記載しません。また、⑬欄の金額を申告書に転記するに当たって申告書第三表の㉖欄の金額が同⑫欄の金額から控除しきれない場合には、税務署にお尋ねください。

整理欄

株式の損失額

「上場株式等」の⑪欄の金額が赤字の場合で、譲渡損失の損益通算及び繰越控除の特例の適用を受ける方は、「所得税及び復興特別所得税の確定申告書付表」も記載してください。

34

第1章　株式にかかる税金

```
┌─────────────────────────┐
│「特定口座年間取引報告書」    │
│（P.24）を基に金額を記載する。│
└─────────────────────────┘
```

2　面（計算明細書）

2　申告する特定口座の上場株式等に係る譲渡所得等の金額の合計

口座の区分	取　引　先（金融商品取引業者等）		譲渡の対価の額（収入金額）	取得費及び譲渡に要した費用の額等	差引金額（譲渡所得等の金額）	源泉徴収税額
源泉口座・簡易口座	証券会社銀　行（　　）	本　店支　店出張所（　　）	1,200,000 円	1,510,000 円	△310,000 円	0 円
源泉口座・簡易口座	証券会社銀　行（　　）	本　店支　店出張所（　　）	1,000,000	809,000	191,000	29,251
源泉口座・簡易口座	証券会社銀　行（　　）	本　店支　店出張所（　　）				
源泉口座・簡易口座	証券会社銀　行（　　）	本　店支　店出張所（　　）				
源泉口座・簡易口座	証券会社銀　行（　　）	本　店支　店出張所（　　）				
合　計（上場株式等（特定口座））			1面①へ 2,200,000	1面④へ 2,319,000	△119,000	申告書第二表「所得の内訳」欄へ 29,251

【参考】　特定口座以外で譲渡した株式等の明細

区分	譲渡年月日（償還日）	譲渡した株式等の銘柄	数量	譲渡先（金融商品取引業者等）の所在地・名称等	譲渡による収入金額	取得費（取得価額）	譲渡のための委託手数料	取得年月日
一般株式等・上場株式等	・・		株（口、円）		円	円	円	・・（・・・）
一般株式等・上場株式等	・・							・・（・・・）
一般株式等・上場株式等	・・							・・（・・・）
一般株式等・上場株式等	・・							・・（・・・）
一般株式等・上場株式等	・・							・・（・・・）
合　計	一　般　株　式　等				1面①へ	1面④へ	1面⑤へ	
	上　場　株　式　等（一般口座）				1面①へ	1面④へ	1面⑤へ	

				一連番号		1 面

令和 4 年分の 所得税及び復興特別所得税 の確定申告書付表（上場株式等に係る譲渡損失の損益通算及び繰越控除用）

住所 又は 事業所 事務所 居所など	千代田区西神田X-X-X	フリガナ 氏 名	ゼイケン タロウ 税研 太郎

受付印

○ この付表は、申告書と一緒に提出してください。

この付表は、租税特別措置法第37条の12の2（上場株式等に係る譲渡損失の損益通算及び繰越控除）の規定の適用を受ける方が、本年分の上場株式等に係る譲渡損失の金額を同年分の上場株式等に係る配当所得等の金額（特定上場株式等の配当等に係る配当所得に係る部分については、分離課税を選択したものに限ります。以下「分離課税配当所得等金額」といいます。）の計算上控除（損益通算）するため、又は3年前の年分以後の上場株式等に係る譲渡損失の金額を本年分の上場株式等に係る譲渡所得等の金額及び分離課税配当所得等金額の計算上控除するため、若しくは翌年以後に繰り越すために使用するものです。

○ 本年分において、「上場株式等に係る譲渡所得等の金額」がある方は、この付表を作成する前に、まず「株式等に係る譲渡所得等の金額の計算明細書」の作成をしてください。

1 本年分の上場株式等に係る譲渡損失の金額及び分離課税配当所得等金額の計算

（赤字の金額は、△を付けないで書きます。2面の2も同じです。）

○ 「①上場株式等に係る譲渡所得等の金額」が黒字の場合又は「②上場株式等に係る譲渡損失の金額」がない場合には、(1)の記載は要しません。また、「④本年分の損益通算前の分離課税配当所得等金額」がない場合には、(2)の記載は要しません。

(1) 本年分の損益通算前の上場株式等に係る譲渡損失の金額

			円
上場株式等に係る譲渡所得等の金額 （「株式等に係る譲渡所得等の金額の計算明細書」の 1 面 の「上場株式等」の⑪欄の金額）	①		119,000
上場株式等に係る譲渡損失の金額（※） （「株式等に係る譲渡所得等の金額の計算明細書」の 1 面 の「上場株式等」の⑨欄の金額）	②		119,000
本年分の損益通算前の上場株式等に係る譲渡損失の金額 （①欄の金額と②欄の金額のうち、いずれか少ない方の金額）	③		119,000

※ ②欄の金額は、租税特別措置法第37条の12の2第2項に規定する上場株式等の譲渡以外の上場株式等の譲渡（相対取引など）がある場合には、同項に規定する上場株式等の譲渡に係る金額（「株式等に係る譲渡所得等の金額の計算明細書」の 1 面 の「上場株式等」の⑨欄の括弧書の金額）のみを記載します。

(2) 本年分の損益通算前の分離課税配当所得等金額

種目・所得の生ずる場所	利子等・配当等の収入金額(税込)	配当所得に係る負債の利子
	円	円
合 計	ⓐ 申告書第三表⑦へ	ⓑ
本年分の損益通算前の分離課税配当所得等金額 （ⓐ－ⓑ）（赤字の場合には0と書いてください。）	④	

（注）利子所得に係る負債の利子は控除できません。

(3) 本年分の損益通算後の上場株式等に係る譲渡損失の金額又は分離課税配当所得等金額

本年分の損益通算後の上場株式等に係る譲渡損失の金額（③－④）（③欄の金額≦④欄の金額の場合には0と書いてください。）（(2)の記載がない場合には、③欄の金額を移記してください。）	⑤	△を付けて、申告書第三表⑦へ 円 119,000
本年分の損益通算後の分離課税配当所得等金額（④－③）（③欄の金額≧④欄の金額の場合には0と書いてください。）（(1)の記載がない場合には、④欄の金額を移記してください。）	⑥	申告書第三表⑦へ

36

第1章　株式にかかる税金

2　面（確定申告書付表）

2　翌年以後に繰り越される上場株式等に係る譲渡損失の金額の計算

譲渡損失の生じた年分	前年から繰り越された上場株式等に係る譲渡損失の金額	本年分で差し引く上場株式等に係る譲渡損失の金額（※1）		本年分で差し引くことのできなかった上場株式等に係る譲渡損失の金額
本年の3年前分 （令和　　年分）	Ⓐ（前年分の付表の⑦欄の金額）　円	Ⓓ（上場株式等に係る譲渡所得等の金額から差し引く部分）		本年の3年前分の譲渡損失の金額を翌年以後に繰り越すことはできません。
		Ⓔ（分離課税配当所得等金額から差し引く部分）		
本年の2年前分 （令和　　年分）	Ⓑ（前年分の付表の⑧欄の金額）	Ⓕ（上場株式等に係る譲渡所得等の金額から差し引く部分）		⑦　（Ⓑ－Ⓕ－Ⓖ）　　　円
		Ⓖ（分離課税配当所得等金額から差し引く部分）		
本年の前年分 （令和　　年分）	Ⓒ（前年分の付表の⑤欄の金額）	Ⓗ（上場株式等に係る譲渡所得等の金額から差し引く部分）		⑧　（Ⓒ－Ⓗ－Ⓘ）
		Ⓘ（分離課税配当所得等金額から差し引く部分）		
本年分で上場株式等に係る譲渡所得等の金額から差し引く上場株式等に係る譲渡損失の金額の合計額（Ⓓ＋Ⓕ＋Ⓗ）	⑨	計算明細書の「上場株式等」の⑫へ		
本年分で分離課税配当所得等金額から差し引く上場株式等に係る譲渡損失の金額の合計額（Ⓔ＋Ⓖ＋Ⓘ）	⑩	申告書第三表⑭へ		
翌年以後に繰り越される上場株式等に係る譲渡損失の金額 （⑤＋⑦＋⑧）	⑪		申告書第三表㉛へ（※2）　円 119,000	

※1　「本年分で差し引く上場株式等に係る譲渡損失の金額」は、「前年から繰り越された上場株式等に係る譲渡損失の金額」のうち最も古い年に生じた金額から順次控除します。
　　　また、「本年分で差し引く上場株式等に係る譲渡損失の金額」内においては、「株式等に係る譲渡所得等の金額の計算明細書」の1面の「上場株式等」の⑪欄の金額（赤字の場合には、0とみなします。）及び「⑥本年分の損益通算後の分離課税配当所得等金額」の合計額を限度として、まず上場株式等に係る譲渡所得等の金額から控除し、なお控除しきれない損失の金額があるときは、分離課税配当所得等金額から控除します。

※2　本年の3年前分に生じた上場株式等に係る譲渡損失のうち、本年分で差し引くことのできなかった上場株式等に係る譲渡損失の金額を、翌年以後に繰り越して控除することはできません。

3　前年から繰り越された上場株式等に係る譲渡損失の金額を控除した後の本年分の分離課税配当所得等金額の計算

○　「⑥本年分の損益通算後の分離課税配当所得等金額」がない場合には、この欄の記載は要しません。

前年から繰り越された上場株式等に係る譲渡損失の金額を控除した後の本年分の分離課税配当所得等金額（※） （⑥－⑩）	⑫	申告書第三表㉛へ　　円

※　⑫欄の金額を申告書に転記するに当たって申告書第三表の㉙欄の金額が同⑫欄の金額から控除しきれない場合には、税務署にお尋ねください。

○　特例の内容又は記載方法についての詳しいことは、税務署にお尋ねください。

（注）1面の⑤欄及び2面の⑦欄、⑧欄の金額は、翌年の確定申告の際に使用します（翌年に株式等の売却がない場合でも、上場株式等に係る譲渡損失の金額をその年の翌年以後に繰り越すための申告が必要です）。

翌年以後に繰り越される損失の金額

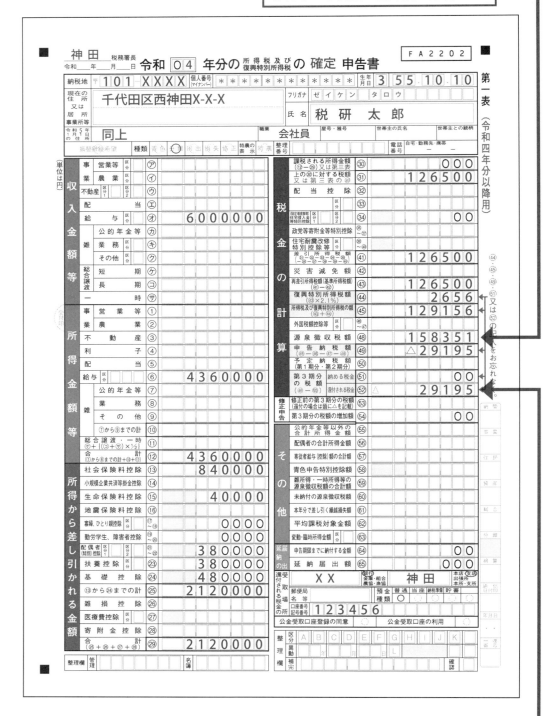

第1章　株式にかかる税金

株式譲渡益に係る源泉所得税
（株式譲渡益の15.315%）

令和 **04** 年分の 所得税及び復興特別所得税 の確定申告書

整理番号 ☐☐☐☐☐☐☐☐　　FA2302

住　所
屋　号　千代田区西神田X-X-X
フリガナ　ゼイケン　タロウ
氏　名　税研 太郎

○ 所得の内訳（所得税及び復興特別所得税の源泉徴収税額）

所得の種類	種目	給与などの支払者の「名称」及び「法人番号又は所在地」等	収入金額	源泉徴収税額
給与	給料	X商事	6,000,000	129,100
株式等の譲渡		計算明細書のとおり	2,200,000	29,251
			㊽ 源泉徴収税額の合計額	158,351

○ 総合課税の譲渡所得、一時所得に関する事項（⑪）

所得の種類	収入金額	必要経費等	差引金額
	円	円	円

特例適用条文等

○ 配偶者や親族に関する事項（⑳～㉓）

氏　名	個人番号	続柄	生年月日	障害者	国外居住	住民税	その他
税研花子	＊＊＊＊＊＊＊＊＊＊＊＊	配偶者	明・大 昭・平 57.12.12	障 特障	国外 年調	（16）別居	調整
税研一郎	＊＊＊＊＊＊＊＊＊＊＊＊	子	明・大 昭・平・令 17.6.8	障 特障	国外 年調	（16）別居	調整
			明・大 昭・平・令　.　.	障 特障	国外 年調	（16）別居	調整
			明・大 昭・平・令　.　.	障 特障	国外 年調	（16）別居	調整

○ 事業専従者に関する事項（㊾）

事業専従者の氏名	個人番号	続柄	生年月日	従事月数・程度・仕事の内容	専従者給与（控除）額
			明・大 昭・平		
			明・大 昭・平		

○ 住民税・事業税に関する事項

住民税	非上場株式の少額配当等	非居住者の特例	配当割額控除額	株式等譲渡所得割額控除額	特定配当等・特定株式等譲渡所得の全部の申告不要	給与・公的年金等以外の所得に係る住民税の徴収方法 特別徴収／自分で納付	都道府県、市区町村への寄附（特例控除対象）	共同募金、日赤その他の寄附	都道府県条例指定寄附	市区町村条例指定寄附
	円		円	9,550			円	円	円	円

退職所得のある配偶者・親族の氏名	個人番号	続柄	生年月日	退職所得を除く所得金額	障害者	その他	寡婦・ひとり親
			明・大 昭・平　.　.	円	障 特障	調整	寡婦 ひとり親

事業税	非課税所得など	番号	所得金額	損益通算の特例適用前の不動産所得	前年中の開（廃）業	開始・廃止　月日
	不動産所得から差し引いた青色申告特別控除額		円	事業用資産の譲渡損失など	他都道府県の事務所等	

上記の配偶者・親族・事業専従者のうち別居の者の氏名・住所	氏名	住所		所得税で控除対象配偶者などとした専従者	氏名		一連番号

税理士署名・電話番号
（　Z会計事務所　）

整理欄　申告区分／特例適用条文

住民税で全部申告不要を選択する場合は、○印を付ける

「年間取引報告書」から転記する（株式譲渡益の5%）

第二表（令和四年分以降用）○第二表は、第一表と一緒に提出してください。○国民年金保険料や生命保険料の支払証明書など申告書に添付しなければならない書類は添付書類台紙などに貼ってください。

	保険料等の種類	支払保険料等の計	うち年末調整等以外
⑬⑭社会保険料控除 小規模企業共済等掛金控除	源泉徴収票のとおり	840,000 円	円
⑮生命保険料控除	新生命保険料	200,000 円	円
	旧生命保険料		
	新個人年金保険料		
	旧個人年金保険料		
	介護医療保険料		
⑯地震保険料控除	地震保険料	円	円
	旧長期損害保険料		

本人に関する事項（⑰～⑳）	寡婦	ひとり親	勤労学生	障害者	特別障害者
	☐死別 ☐生死不明 ☐離婚 ☐未帰還		☐年調以外かつ 専修学校等		

○ 雑損控除に関する事項（㉖）

損害の原因	損害年月日	損害を受けた資産の種類など
	・　・	

損害金額	円	保険金などで補填される金額 円	差引損失額のうち災害関連支出の金額 円

○ 寄附金控除に関する事項（㉘）

寄附先の名称等		寄附金	円

39

令和 **04** 年分の ^{所得税及び}の 確定 申告書（分離課税用）
_{復興特別所得税}

| | F A 2 4 0 1 |

第三表（令和四年分以降用）

整理番号 □□□□□□□□ 一連番号 □

特 例 適 用 条 文				
法	条		項	号
所法 措法 震法	条の	の	項	号
所法 措法 震法	条の	の	項	号
所法 措法 震法	条の	の	項	号

住所
屋号
フリガナ ゼイケン タロウ
氏名 **税研 太郎**

千代田区西神田X-X-X

（単位は円）

収入金額	分離課税	短期譲渡	一般分	㋛	
			軽減分	㋜	
		長期譲渡	一般分	㋝	
			特定分	㋞	
			軽課分	㋟	
		一般株式等の譲渡		㋠	
		上場株式等の譲渡		㋡	2200000
		上場株式等の配当等		㋢	
		先物取引		㋣	
	山 林			㋤	
	退 職			㋥	

所得金額	分離課税	短期譲渡	一般分	66	
			軽減分	67	
		長期譲渡	一般分	68	
			特定分	69	
			軽課分	70	
		一般株式等の譲渡		71	
		上場株式等の譲渡		72	△119000
		上場株式等の配当等		73	
		先物取引		74	
	山 林			75	
	退 職			76	

税金の計算	総合課税の合計額（申告書第一表の⑫）	12	4360000
	所得から差し引かれる金額（申告書第一表の㉙）	29	2120000
	課税される所得金額	⑫対応分	77	2240000
		65〜67対応分	78	000
		68 69 70対応分	79	000
		71 72対応分	80	000
		73対応分	81	000
		74対応分	82	000
		75対応分	83	000
		76対応分	84	000

税金の計算	税額	77対応分	85	126500
		78対応分	86	
		79対応分	87	
		80対応分	88	0
		81対応分	89	
		82対応分	90	
		83対応分	91	
		84対応分	92	
	85から92までの合計（申告書第一表の㉛に転記）		93	126500

その他	株式等	本年分の71,72から差し引く繰越損失額	94	
		翌年以後に繰り越される損失の金額	95	119000
	配当等	本年分の73から差し引く繰越損失額	96	
	先物取引	本年分の74から差し引く繰越損失額	97	
		翌年以後に繰り越される損失の金額	98	

○ 分離課税の短期・長期譲渡所得に関する事項

区分	所得の生ずる場所	必要経費	差引金額（収入金額-必要経費）	特別控除額
		円	円	円
差引金額の合計額			99	
特別控除額の合計額			100	

○ 上場株式等の譲渡所得等に関する事項

上場株式等の譲渡所得等の源泉徴収税額の合計額	101	29251

○ 退職所得に関する事項

区分	収 入 金 額	退職所得控除額
	円	円
一 般		
短 期		
特定役員		

整理欄	A	B	C	申告等年月日	
	D	E	F	通算	
	取得期限資産			特例期間	
		入力		申告区分	

第三表は、申告書の第一表・第二表と一緒に提出してください。

翌年以後に繰り越される損失の金額

40

Point!

①上場株式の譲渡損失を翌年以降に繰り越す場合は、毎年連続して確定申告が必要です。

②特定口座はいったん確定申告した場合は、後になって、特定口座分について申告をしないこととする更正の請求はできません。

③税金面では有利になっても、国民健康保険料等、高齢者の病院窓口負担割合のアップなど、他の面に影響が出る場合があるので、注意が必要です。

ご注意を！

1. 確定申告書に、本人及び親族のマイナンバーの記載が必要です。

2. e-Tax（電子申告）する場合は本人確認書類は必要ありませんが、書面で提出する場合は添付が必要となります。

【事例1-3】特定口座（源泉徴収あり）の損失と上場株式の配当所得の損益通算及び損失の繰越控除を行う場合

- ▶会社員　税研太郎
- ▶X商事　給与収入　　　　6,000,000円　（源泉徴収税額 129,100円）
　　　　　社会保険料控除　　840,000円
　　　　　生命保険料控除　　 40,000円
　　　　　配偶者控除　　　　380,000円
　　　　　扶養控除　　　　　380,000円
　　　　　基礎控除　　　　　480,000円
　　　　　所得控除合計　　2,120,000円
- ▶株式取引の内容　　　　　　　　　　　　　　　　　　（単位：円）

銘柄	売却金額①	取得価額②	委託手数料③	売却損益 ①-②-③	売却株数	売却年月日	取得年月日
A鉄鋼（上場）	1,200,000	1,500,000	10,000	△310,000	120株	R4.10.21	R3.9.7

- ▶配当所得（A鉄鋼）30,000円（所得税4,594円、住民税1,500円）
　⇒総合課税ではなく、申告分離課税で申告する。

〈申告書の作成手順〉

① 「株式等に係る譲渡所得等の計算明細書（2面）」

② 「株式等に係る譲渡所得等の計算明細書（1面）」

③ 「確定申告書付表（1面）」

④ 「確定申告書付表（2面）」

第1章　株式にかかる税金

2面（計算明細書）の金額を転記する。

---

1 面

【令和　4　年分】

株式等に係る譲渡所得等の金額の計算明細書

整理番号

　この明細書は、「一般株式等に係る譲渡所得等の金額」又は「上場株式等に係る譲渡所得等の金額」を計算する場合に使用するものです。
　なお、国税庁ホームページ【www.nta.go.jp】の「確定申告書等作成コーナー」の画面の案内に従って収入金額などの必要項目を入力することにより、この明細書や確定申告書などを作成することができます。

住　所 （前住所）	千代田区西神田X-X-X （　　　　　　　　　　　）	フリガナ 氏　名	ゼイケン　タロウ 税研 太郎
電話番号 （連絡先）	職業　会社員	関与税理士名 （電話）	Z会計事務所 （　　　　　　）

※　譲渡した年の1月1日以後に転居された方は、前住所も記載してください。

1　所得金額の計算

			一　般　株　式　等	上　場　株　式　等
収入金額	譲渡による収入金額	①	円	1,200,000 円
	その他の収入	②		
	小　計（①+②）	③	申告書第三表⑦へ	申告書第三表⑦へ　1,200,000
必要経費又は譲渡に要した費用等	取得費（取得価額）	④		1,510,000
	譲渡のための委託手数料	⑤		
		⑥		
	小計（④から⑥までの計）	⑦		1,510,000
	特定管理株式等のみなし譲渡損失の金額（※1） （△を付けないで書いてください。）	⑧		
	差引金額（③-⑦-⑧）	⑨		△ 310,000
	特定投資株式の取得に要した金額の控除（※2） （⑨欄が赤字の場合は0と書いてください。）	⑩		
	所得金額（⑨-⑩） （一般株式等について赤字の場合は0と書いてください。） （上場株式等について赤字の場合は△を付して書いてください。）	⑪	申告書第三表⑦へ	黒字の場合は申告書第三表⑦へ　△ 310,000
	本年分で差し引く上場株式等に係る繰越損失の金額（※3）	⑫		申告書第三表⑭へ
	繰越控除後の所得金額（※4） （⑪-⑫）	⑬	申告書第三表⑳へ	申告書第三表⑳へ

（注）　租税特別措置法第37条の12の2第2項に規定する上場株式等の譲渡以外の上場株式等の譲渡（相対取引など）がある場合の「上場株式等」の①から⑨までの各欄については、同項に規定する上場株式等の譲渡に係る金額を括弧書（内書）により記載してください。なお、「上場株式等」の⑪欄の金額が相対取引などによる赤字のみの場合には、申告書第三表⑦欄に0を記載します。

※1　「特定管理株式等のみなし譲渡損失の金額」とは、租税特別措置法第37条の11の2第1項の規定により、同法第37条の12の2第2項に規定する上場株式等の譲渡をしたことにより生じた損失の金額とみなされるものをいいます。
※2　⑩欄の金額は、「特定（新規）中小会社が発行した株式の取得に要した金額の控除の明細書」で計算した金額に基づき、「一般株式等」、「上場株式等」の順に、⑨欄の金額を限度として控除します。
※3　⑫欄の金額は、「上場株式等」の⑪欄の金額を限度として控除し、「上場株式等」の⑪欄の金額が0又は赤字の場合には記載しません。なお、⑫欄の金額を「一般株式等」から控除することはできません。
※4　⑬欄の金額は、⑪欄の金額が0又は赤字の場合には記載しません。また、⑬欄の金額を申告書に転記するに当たって申告書第三表の㉔欄の金額が同⑫欄の金額から控除しきれない場合には、税務署にお尋ねください。

特例適用条文	措法＿＿条の＿＿ 措法＿＿条の＿＿

整理欄

本年分の損失額

「上場株式等」の⑪欄の金額が赤字の場合で、譲渡損失の損益通算及び繰越控除の特例の適用を受ける方は、「所得税及び復興特別所得税の確定申告書付表」も記載してください。

43

> 「特定口座年間取引報告書」
> (P.24)を基に金額を記載する。

2 面 (計算明細書)

2 申告する特定口座の上場株式等に係る譲渡所得等の金額の合計

口 座 の区 分	取 引 先(金融商品取引業者等)		譲渡の対価の額(収 入 金 額)	取得費及び譲渡に要した費用の額等	差 引 金 額(譲渡所得等の金額)	源泉徴収税額
源泉口座・簡易口座	証券会社銀 行（　　）	本　店支　店出張所（　　）	円1,200,000	円1,510,000	円△ 310,000	円0
源泉口座・簡易口座	証券会社銀 行（　　）	本　店支　店出張所（　　）				
源泉口座・簡易口座	証券会社銀 行（　　）	本　店支　店出張所（　　）				
源泉口座・簡易口座	証券会社銀 行（　　）	本　店支　店出張所（　　）				
源泉口座・簡易口座	証券会社銀 行（　　）	本　店支　店出張所（　　）				
合　計（上場株式等（特定口座））			1面①へ1,200,000	1面④へ1,510,000	△ 310,000	申告書第二表「所得の内訳」欄へ0

【参考】　特定口座以外で譲渡した株式等の明細

区 分	譲 渡年 月 日（償還日）	譲渡した株 式 等の 銘 柄	数 量	譲渡先（金融商品取引業者等）の所在地・名称等	譲渡による収入金額	取 得 費（取得価額）	譲渡のための委託手 数 料	取 得年 月 日
一般株式等・上場株式等	・・		株(口、円)		円	円	円	・・（　・・　）
一般株式等・上場株式等	・・							・・（　・・　）
一般株式等・上場株式等	・・							・・（　・・　）
一般株式等・上場株式等	・・							・・（　・・　）
一般株式等・上場株式等	・・							・・（　・・　）
合　計	一　般　株　式　等				1面①へ	1面④へ	1面⑤へ	
	上 場 株 式 等 （ 一 般 口 座 ）				1面①へ	1面④へ	1面⑤へ	

第1章　株式にかかる税金

配当所得の金額

一連番号 ☐ ☐ ☐ ☐ ☐ ☐ ☐ ☐ ☐ ☐ ☐ ☐ ☐ ☐ ☐ 1 面

令和 4 年分の 所 得 税 及 び 復興特別所得税 の確定申告書付表（上場株式等に係る譲渡損失の損益通算及び繰越控除用）

受付印 住所 又は事業所事務所居所など	千代田区西神田X-X-X	フリガナ氏　名	ゼイケン　タロウ 税研 太郎

○ この付表は、申告書と一緒に提出してください。

　　この付表は、租税特別措置法第37条の12の2（上場株式等に係る譲渡損失の損益通算及び繰越控除）の規定の適用を受ける方が、本年分の上場株式等に係る譲渡損失の金額を同年分の上場株式等に係る配当所得等の金額（特定上場株式等の配当等に係る配当所得に係る部分については、分離課税を選択したものに限ります。以下「分離課税配当所得等金額」といいます。）の計算上控除（損益通算）するため、又は3年前の年分以後の上場株式等に係る譲渡損失の金額を本年分の上場株式等に係る譲渡所得等の金額及び分離課税配当所得等金額の計算上控除するため、若しくは翌年以後に繰り越すために使用するものです。

○ 本年分において、「上場株式等に係る譲渡所得等の金額」がある方は、この付表を作成する前に、まず「株式等に係る譲渡所得等の金額の計算明細書」の作成をしてください。

1　本年分の上場株式等に係る譲渡損失の金額及び分離課税配当所得等金額の計算
（赤字の金額は、△を付けないで書きます。2面の2も同じです。）

○ 「①上場株式等に係る譲渡所得等の金額」が黒字の場合又は「②上場株式等に係る譲渡損失の金額」がない場合には、(1)の記載は要しません。また、「④本年分の損益通算前の分離課税配当所得等金額」がない場合には、(2)の記載は要しません。

(1)　本年分の損益通算前の上場株式等に係る譲渡損失の金額

上場株式等に係る譲渡所得等の金額（「株式等に係る譲渡所得等の金額の計算明細書」の1面の「上場株式等」の⑪欄の金額）	①	310,000 円
上場株式等に係る譲渡損失の金額　（※）（「株式等に係る譲渡所得等の金額の計算明細書」の1面の「上場株式等」の⑨欄の金額）	②	310,000
本年分の損益通算前の上場株式等に係る譲渡損失の金額（①欄の金額と②欄の金額のうち、いずれか少ない方の金額）	③	310,000

※　②欄の金額は、租税特別措置法第37条の12の2第2項に規定する上場株式等の譲渡以外の上場株式等の譲渡（相対取引など）がある場合については、同項に規定する上場株式等の譲渡に係る金額（「株式等に係る譲渡所得等の金額の計算明細書」の1面の「上場株式等」の⑨欄の括弧書の金額）のみを記載します。

(2)　本年分の損益通算前の分離課税配当所得等金額

種目・所得の生ずる場所	利子等・配当等の収入金額（税込）	配当所得に係る負債の利子
配当・A鉄鋼	30,000 円	0 円
合　　　計	ⓐ 申告書第三表⑦へ 30,000	ⓑ 0
本年分の損益通算前の分離課税配当所得等金額（ⓐ－ⓑ）（赤字の場合には0と書いてください。）	④	30,000

（注）利子所得に係る負債の利子は控除できません。

(3)　本年分の損益通算後の上場株式等に係る譲渡損失の金額又は分離課税配当所得等金額

本年分の損益通算後の上場株式等に係る譲渡損失の金額　（③－④）（③欄の金額≦④欄の金額の場合には0と書いてください。）（(2)の記載がない場合には、③欄の金額を移記してください。）	⑤	△を付けて、申告書第三表⑦へ 円 280,000
本年分の損益通算後の分離課税配当所得等金額　（④－③）（③欄の金額≧④欄の金額の場合には0と書いてください。）（(1)の記載がない場合には、④欄の金額を移記してください。）	⑥	申告書第三表⑦へ 0

配当所得を差し引いた後の金額

45

2 面（確定申告書付表）

2　翌年以後に繰り越される上場株式等に係る譲渡損失の金額の計算

譲渡損失の生じた年分	前年から繰り越された上場株式等に係る譲渡損失の金額	本年分で差し引く上場株式等に係る譲渡損失の金額（※1）		本年分で差し引くことのできなかった上場株式等に係る譲渡損失の金額
本年の3年前分（令和　　年分）	Ⓐ（前年分の付表の⑦欄の金額）円	Ⓓ（上場株式等に係る譲渡所得等の金額から差し引く部分）円		本年の3年前分の譲渡損失の金額を翌年以後に繰り越すことはできません。
		Ⓔ（分離課税配当所得等金額から差し引く部分）		
本年の2年前分（令和　　年分）	Ⓑ（前年分の付表の⑧欄の金額）	Ⓕ（上場株式等に係る譲渡所得等の金額から差し引く部分）		⑦（Ⓑ－Ⓕ－Ⓖ）円
		Ⓖ（分離課税配当所得等金額から差し引く部分）		
本年の前年分（令和　　年分）	Ⓒ（前年分の付表の⑤欄の金額）	Ⓗ（上場株式等に係る譲渡所得等の金額から差し引く部分）		⑧（Ⓒ－Ⓗ－Ⓘ）
		Ⓘ（分離課税配当所得等金額から差し引く部分）		
本年分で上場株式等に係る譲渡所得等の金額から差し引く上場株式等に係る譲渡損失の金額の合計額（Ⓓ＋Ⓕ＋Ⓗ）	⑨	計算明細書の「上場株式等」の⑫へ		
本年分で分離課税配当所得等金額から差し引く上場株式等に係る譲渡損失の金額の合計額（Ⓔ＋Ⓖ＋Ⓘ）	⑩	申告書第三表㉔へ		
翌年以後に繰り越される上場株式等に係る譲渡損失の金額（⑤＋⑦＋⑧）		⑪ 申告書第三表へ（※2）　　　　　円　　　　　**280,000**		

※1　「本年分で差し引く上場株式等に係る譲渡損失の金額」は、「前年から繰り越された上場株式等に係る譲渡損失の金額」のうち最も古い年に生じた金額から順次控除します。
　　　また、「本年分で差し引く上場株式等に係る譲渡損失の金額」は、同一の年に生じた「前年から繰り越された上場株式等に係る譲渡損失の金額」内においては、「株式等に係る譲渡所得等の金額の計算明細書」の1面の「上場株式等」の⑪欄の金額（赤字の場合には、0とみなします。）及び「⑥本年分の損益通算後の分離課税配当所得等金額」の合計額を限度として、まず上場株式等に係る譲渡所得等の金額から控除し、なお控除しきれない損失の金額があるときは、分離課税配当所得等金額から控除します。
※2　本年の3年前分に生じた上場株式等に係る譲渡損失のうち、本年分で差し引くことのできなかった上場株式等に係る譲渡損失の金額を、翌年以後に繰り越して控除することはできません。

3　前年から繰り越された上場株式等に係る譲渡損失の金額を控除した後の本年分の分離課税配当所得等金額の計算

○　「⑥本年分の損益通算後の分離課税配当所得等金額」がない場合には、この欄の記載は要しません。

前年から繰り越された上場株式等に係る譲渡損失の金額を控除した後の本年分の分離課税配当所得等金額（※）（⑥－⑩）	⑫	申告書第三表⑤へ　　　円　　**0**

※　⑫欄の金額を申告書に転記するに当たって申告書第三表の㉔欄の金額が同⑫欄の金額から控除しきれない場合には、税務署にお尋ねください。

○　特例の内容又は記載方法についての詳しいことは、税務署にお尋ねください。

（注）その年の翌年以後に繰り越すための申告が必要です）。

1面の⑤欄及び2面の⑦欄、⑧欄の金額は、翌年の確定申告の際に使用します（翌年に株式等の売却がない場合でも、上場株式等に係る譲渡損失の金額を

翌年以後に繰り越される損失の金額

第1章 株式にかかる税金

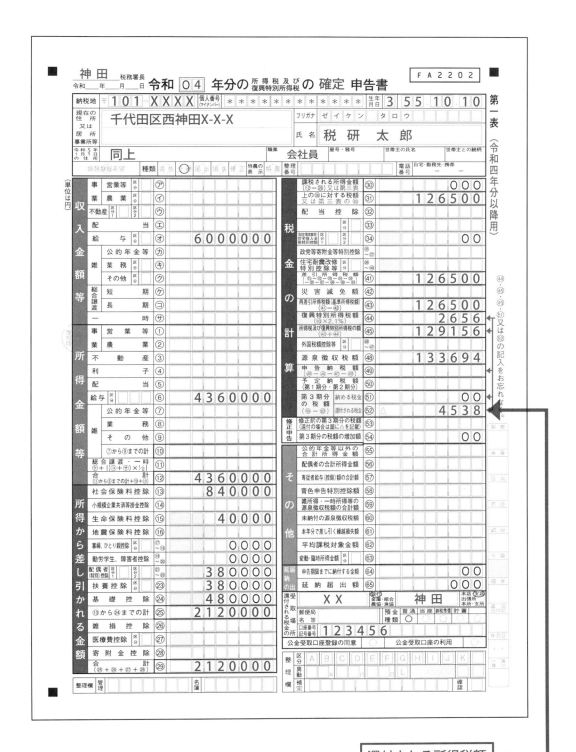

還付される所得税額

令和 **04** 年分の 所得税及び 復興特別所得税 の確定申告書

整理番号 ☐☐☐☐☐☐☐☐　　FA2302

第二表（令和四年分以降用）

保険料等の種類	支払保険料等の計	うち年末調整等以外
⑬⑭ 社会保険料控除 小規模企業共済等掛金控除	源泉徴収票のとおり	840,000 円	円
⑮ 生命保険料控除	新生命保険料	200,000 円	円
	旧生命保険料		
	新個人年金保険料		
	旧個人年金保険料		
	介護医療保険料		
⑯ 地震保険料控除	地震保険料	円	円
	旧長期損害保険料		

○ 第二表は、第一表と一緒に提出してください。○ 国民年金保険料や生命保険料の支払証明書など申告書に添付しなければならない書類は添付書類台紙などに貼ってください。

住所　千代田区西神田X-X-X
屋号
フリガナ　ゼイケン タロウ
氏名　税研 太郎

○ 所得の内訳（所得税及び復興特別所得税の源泉徴収税額）

所得の種類	種目	給与などの支払者の「名称」及び「法人番号又は所在地」等	収入金額	源泉徴収税額
（配当）			30,000 円	4,594 円
給与	給料	X商事	6,000,000	129,100
株式等の譲渡		計算明細書のとおり	1,200,000	0
		㊽ 源泉徴収税額の合計額		133,694 円

○ 総合課税の譲渡所得、一時所得に関する事項（⑪）

所得の種類	収入金額	必要経費等	差引金額
	円	円	円

特例適用条文等

本人に関する事項（⑰～⑳）

寡婦	ひとり親	勤労学生	障害者	特別障害者
□死別 □生死不明 □離婚 □未帰還		□年調以外かつ専修学校等		

○ 雑損控除に関する事項（㉖）

損害の原因	損害年月日	損害を受けた資産の種類など

損害金額	円	保険金などで補填される金額	円	差引損失額のうち災害関連支出の金額	円

○ 寄附金控除に関する事項（㉘）

寄附先の名称等		寄附金	円

○ 配偶者や親族に関する事項（⑳～㉓）

氏名	個人番号	続柄	生年月日	障害者	国外居住	住民税	その他
税研花子	＊＊＊＊＊＊＊＊＊＊＊＊	配偶者	明・大・昭・平 57.12.12	障 特障	国外 年調	(16)別居	調整
税研一郎	＊＊＊＊＊＊＊＊＊＊＊＊	子	明・大・昭・令 17.6.8	障 特障	国外 年調	(16)別居	調整
			明・大・昭・平・令	障 特障	国外 年調	(16)別居	調整
			明・大・昭・平・令	障 特障	国外 年調	(16)別居	調整

○ 事業専従者に関する事項（�57）

事業専従者の氏名	個人番号	続柄	生年月日	従事月数・程度・仕事の内容	専従者給与（控除）額
			明・大・昭・平 ・・		
			明・大・昭・平 ・・		

○ 住民税・事業税に関する事項

住民税	非上場株式の少額配当等	非居住者の特例	配当割額控除額	株式等譲渡所得割額控除額	特定配当等・特定株式等譲渡所得の全部の申告不要	給与、公的年金等以外の所得に係る住民税の徴収方法 特別徴収 / 自分で納付	都道府県、市区町村への寄附（特例控除対象）	共同募金、日赤その他の寄附	都道府県条例指定寄附	市区町村条例指定寄附
			1,500							

退職所得のある配偶者・親族の氏名	個人番号	続柄	生年月日	退職所得を除く所得金額	障害者	その他	寡婦・ひとり親
			明・大・昭・平 ・・		障 特障	頁障	寡婦 ひとり

事業税	非課税所得など	番号	所得金額	損益通算の特例適用前の不動産所得	前年中の開（廃）業	開始・廃止 月日
	不動産所得から差し引いた青色申告特別控除額		事業用資産の譲渡損失など		他都道府県の事務所等	

上記の配偶者・親族・事業専従者のうち別居の者の氏名・住所	氏名	住所	所得税で控除対象配偶者などとした専従者	氏名	給与	一連番号

整理欄	申告区分	申告等年月日	法	所得種類 申告期限	税理士法書面提出 30条 33条の2	税理士署名・電話番号 Z会計事務所（　　　　　）

第1章　株式にかかる税金

令和 ［04］ 年分の 所得税及び復興特別所得税 の 確定 申告書 （分離課税用）

FA2401

第三表（令和四年分以降用）

整理番号 □□□□□□□□　一連番号 □□□□

特　　例　　適　　用　　条　　文				
法	条	項	号	
所法 措法 震法	条の　の	項	号	
所法 措法 震法	条の　の	項	号	
所法 措法 震法	条の　の	項	号	

住所
屋号
千代田区西神田X-X-X

フリガナ　ゼイケン タロウ
氏名　税研 太郎

（単位は円）

○第三表は、申告書の第一表・第二表と一緒に提出してください。

収入金額

分離課税	短期譲渡	一般分	㋛	
		軽減分	㋜	
	長期譲渡	一般分	㋝	
		特定分	㋞	
		軽課分	㋟	
	一般株式等の譲渡		㋠	
	上場株式等の譲渡		㋡	1200000
	上場株式等の配当等		㋢	30000
	先物取引		㋣	
山　林			㋤	
退　職			㋥	

所得金額

分離課税	短期譲渡	一般分	66	
		軽減分	67	
	長期譲渡	一般分	68	
		特定分	69	
		軽課分	70	
	一般株式等の譲渡		71	
	上場株式等の譲渡		72	△280000
	上場株式等の配当等		73	0
	先物取引		74	
山　林			75	
退　職			76	

税金の計算

総合課税の合計額（申告書第一表の⑫）	12	4360000
所得から差し引かれる金額（申告書第一表の㉙）	29	2120000
課税される所得金額	⑫ 対応分	77	2240000
	69⑰ 対応分	78	000
	68 69 70 対応分	79	000
	㋑⑫ 対応分	80	000
	73 対応分	81	000
	74 対応分	82	000
	75 対応分	83	000
	76 対応分	84	000

税金の計算（税額）

	⑰ 対応分	85	126500
	78 対応分	86	
	79 対応分	87	
	80 対応分	88	0
	81 対応分	89	0
	82 対応分	90	
	83 対応分	91	
	84 対応分	92	
85から92までの合計（申告書第一表の㉚に転記）	93	126500

その他

株式等	本年分の㋡・㋣から差し引く繰越損失額	94	
	翌年以後に繰り越される損失の金額	95	280000
配当等	本年分の㋢から差し引く繰越損失額	96	
先物取引	本年分の㋣から差し引く繰越損失額	97	
	翌年以後に繰り越される損失の金額	98	

○ 分離課税の短期・長期譲渡所得に関する事項

区分	所得の生ずる場所	必要経費	差引金額（収入金額－必要経費）	特別控除額
		円	円	円
差引金額の合計額	99			
特別控除額の合計額	100			

○ 上場株式等の譲渡所得等に関する事項

| 上場株式等の譲渡所得等の源泉徴収税額の合計額 | 101 | |

○ 退職所得に関する事項

区分	収入金額	退職所得控除額
一般	円	円
短期		
特定役員		

整理欄	A	B	C	申告等年月日	
	D	E	F	通算	
	取得期限			特例期間	
	資産	入力	申告区分		

翌年以後に繰り越される損失の金額

49

Point!

①上場株式の譲渡損と上場株式の配当所得を損益通算する場合は、配当所得は申告分離課税を選択する必要があります。

②上場株式の譲渡損失を翌年以降に繰り越す場合は、毎年連続して確定申告が必要です。

③特定口座はいったん確定申告した場合は、後になって、特定口座分について申告をしないこととする更正の請求はできません。

④税金面では有利になっても、国民健康保険料等、高齢者の病院窓口負担割合のアップなど、他の面に影響が出る場合があるので、注意が必要です。

ご注意を！

1．確定申告書に、本人及び親族のマイナンバーの記載が必要です。

2．e-Tax（電子申告）する場合は本人確認書類は必要ありませんが、書面で提出する場合は添付が必要となります。

第1章　株式にかかる税金

【事例1-4】特定口座（源泉徴収あり）の損失と一般口座（上場株式）の利益を損益通算する場合

- ▶会社員　　税研太郎
- ▶X商事　　給与収入　　　　　　6,000,000円　　（源泉徴収税額 129,100円）
　　　　　　社会保険料控除　　　　840,000円
　　　　　　生命保険料控除　　　　 40,000円
　　　　　　配偶者控除　　　　　　380,000円
　　　　　　扶養控除　　　　　　　380,000円
　　　　　　基礎控除　　　　　　　480,000円
　　　　　　所得控除合計　　　　2,120,000円

▶株式取引の内容　　　　　　　　　　　　　　　　　　　　　　　　（単位：円）

銘柄	売却金額①	取得価額②	委託手数料③	売却損益 ①-②-③	売却株数	売却年月日	取得年月日
A 鉄鋼（特定口座）	1,200,000	1,500,000	10,000	△310,000	120株	R4.10.21	R3.9.7
C 販売（一般口座）	2,000,000	1,000,000	15,000	985,000	200株	R4.12.23	R元.5.7
合計	3,200,000	2,500,000	25,000	675,000	320株		

〈申告書の作成手順〉

① 「株式等に係る譲渡所得等の計算明細書（2面）」

② 「株式等に係る譲渡所得等の計算明細書（1面）」

2面（計算明細書）の金額を転記する。

1 面

【令和 4 年分】

株式等に係る譲渡所得等の金額の計算明細書

整理番号

（この明細書は、「一般株式等に係る譲渡所得等の金額」又は「上場株式等に係る譲渡所得等の金額」を計算する場合に使用するものです。
なお、国税庁ホームページ【www.nta.go.jp】の「確定申告書等作成コーナー」の画面の案内に従って収入金額などの必要項目を入力することにより、この明細書や確定申告書などを作成することができます。）

住所（前住所）	千代田区西神田X-X-X （　　）	フリガナ 氏名	ゼイケン タロウ 税研 太郎
電話番号（連絡先）	職業　会社員	関与税理士名（電話）	Z会計事務所 （　　）

※ 譲渡した年の1月1日以後に転居された方は、前住所も記載してください。

1 所得金額の計算

			一般株式等	上場株式等
収入金額	譲渡による収入金額	①	円	円 3,200,000
	その他の収入	②		
	小計（①＋②）	③	申告書第三表㋠へ	申告書第三表㋡へ 3,200,000
必要経費又は譲渡に要した費用等	取得費（取得価額）	④		2,510,000
	譲渡のための委託手数料	⑤		15,000
		⑥		
	小計（④から⑥までの計）	⑦		2,525,000
特定管理株式等のみなし譲渡損失の金額（※1）（△を付けないで書いてください。）		⑧		
差引金額（③－⑦－⑧）		⑨		675,000
特定投資株式の取得に要した金額の控除（※2）（⑨欄が赤字の場合は0と書いてください。）		⑩		
所得金額（⑨－⑩）（一般株式等について赤字の場合は0と書いてください。）（上場株式等について赤字の場合は△を付して書いてください。）		⑪	申告書第三表(71)へ	黒字の場合は申告書第三表(72)へ 675,000
本年分で差し引く上場株式等に係る繰越損失の金額（※3）		⑫		申告書第三表(94)へ
繰越控除後の所得金額（※4）（⑪－⑫）		⑬	申告書第三表(80)へ	申告書第三表(80)へ 675,000

（注） 租税特別措置法第37条の12の2第2項に規定する上場株式等の譲渡以外の上場株式等の譲渡（相対取引など）がある場合の「上場株式等」の①から⑨までの各欄については、同項に規定する上場株式等の譲渡に係る金額を括弧書（内書）により記載してください。なお、「上場株式等」の⑪欄の金額が相対取引などによる赤字のみの場合は、申告書第三表の(70)欄に0を記載します。

特例適用条文	措法＿条の＿＿ 措法＿条の＿＿

※1 「特定管理株式等のみなし譲渡損失の金額」とは、租税特別措置法第37条の11の2第1項の規定により、同法第37条の12の2第2項に規定する上場株式等の譲渡をしたことにより生じた損失の金額とみなされるものをいいます。
※2 ⑩欄の金額は、「特定（新規）中小会社が発行した株式の取得に要した金額の控除の明細書」で計算した金額に基づき、「一般株式等」、「上場株式等」の順に、⑨欄の金額を限度として控除します。
※3 ⑫欄の金額は、「上場株式等」の⑪欄の金額を限度として控除し、「上場株式等」の⑪欄の金額が0又は赤字の場合には記載しません。なお、⑫欄の金額を「一般株式等」から控除することはできません。
※4 ⑬欄の金額は、⑪欄の金額が0又は赤字の場合には記載しません。また、⑬欄の金額を申告書に転記するに当たって申告書第三表の㉙欄の金額が同⑫欄の金額から控除しきれない場合には、税務署にお尋ねください。

整理欄

「上場株式等」の⑪欄の金額が赤字の場合で、譲渡損失の損益通算及び繰越控除の特例の適用を受ける方は、「所得税及び復興特別所得税の確定申告書付表」も記載してください。

第1章　株式にかかる税金

合計した金額を1面（計算明細書）に転記する。

2　面（計算明細書）

2　申告する特定口座の上場株式等に係る譲渡所得等の金額の合計

口座の区分	取　引　先（金融商品取引業者等）		譲渡の対価の額（収入金額）	取得費及び譲渡に要した費用の額等	差引金額（譲渡所得等の金額）	源泉徴収税額
源泉口座・簡易口座	証券会社　銀　行（　　）	本店支店出張所（　　）	円　1,200,000	円　1,510,000	円　△310,000	円
源泉口座・簡易口座	証券会社　銀　行（　　）	本店支店出張所（　　）				
源泉口座・簡易口座	証券会社　銀　行（　　）	本店支店出張所（　　）				
源泉口座・簡易口座	証券会社　銀　行（　　）	本店支店出張所（　　）				
源泉口座・簡易口座	証券会社　銀　行（　　）	本店支店出張所（　　）				
合　計（上場株式等（特定口座））			1面①へ　1,200,000	1面④へ　1,510,000	△310,000	申告書第二表「所得の内訳」欄へ

【参考】　特定口座以外で譲渡した株式等の明細

区分	譲渡年月日（償還日）	譲渡した株式等の銘柄	数量	譲渡先（金融商品取引業者等）の所在地・名称等	譲渡による収入金額	取得費（取得価額）	譲渡のための委託手数料	取得年月日
一般株式等・上場株式等	4・12・23	C販売	株(口、円)　200株		円　2,000,000	円　1,000,000	円　15,000	1・5・7（　・　・　）
一般株式等・上場株式等	・　・				円	円	円	・　・（　・　・　）
一般株式等・上場株式等	・　・							・　・（　・　・　）
一般株式等・上場株式等	・　・							・　・（　・　・　）
一般株式等・上場株式等	・　・							・　・（　・　・　）
合　計	一　般　株　式　等				1面①へ	1面④へ	1面⑤へ	
	上場株式等（一般口座）				1面①へ　2,000,000	1面④へ　1,000,000	1面⑤へ　15,000	

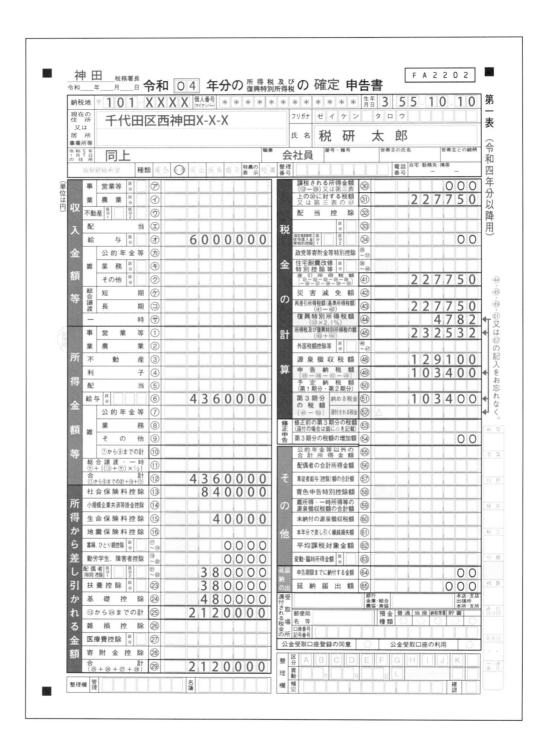

第1章　株式にかかる税金

令和 [04] 年分の所得税及び復興特別所得税 の確定申告書

整理番号 [　　　　　　]　　FA2302

住　所　千代田区西神田X-X-X
屋　号
フリガナ　ゼイケン　タロウ
氏　名　税研 太郎

第二表（令和四年分以降用）

	保険料等の種類	支払保険料等の計	うち年末調整等以外
⑬⑭ 社会保険料控除 小規模企業共済等掛金控除	源泉徴収票のとおり	840,000 円	円
⑮ 生命保険料控除	新生命保険料	200,000 円	
	旧生命保険料		
	新個人年金保険料		
	旧個人年金保険料		
	介護医療保険料		
⑯ 地震保険料控除	地震保険料	円	円
	旧長期損害保険料		

本人に関する事項（⑰～⑳）
寡婦・ひとり親　□死別　□生死不明　□離婚　□未帰還
勤労学生　□年調以外かつ専修学校等
障害者　特別障害者

○ 所得の内訳（所得税及び復興特別所得税の源泉徴収税額）

所得の種類	種目	給与などの支払者の「名称」及び「法人番号又は所在地」等	収入金額	源泉徴収税額
給与	給料	X商事	6,000,000 円	129,100 円
株式等の譲渡		計算明細書のとおり	3,200,000	0
		㊽ 源泉徴収税額の合計額		129,100 円

○ 雑損控除に関する事項（㉖）

損害の原因	損害年月日	損害を受けた資産の種類など
	・　・	

損害金額　円　　保険金などで補塡される金額　円　　差引損失額のうち災害関連支出の金額　円

○ 総合課税の譲渡所得、一時所得に関する事項（⑪）

所得の種類	収入金額	必要経費等	差引金額
	円	円	円

○ 寄附金控除に関する事項（㉘）
寄附先の名称等　　　　　　寄附金　円

特例適用条文等

○ 配偶者や親族に関する事項（⑳～㉓）

氏名	個人番号	続柄	生年月日	障害者	国外居住	住民税	その他
税研花子	＊＊＊＊＊＊＊＊＊＊＊＊	配偶者	明・大・昭・平・令 57.12.12	障害 特障	国外 年調	同一 別居	調整
税研一郎	＊＊＊＊＊＊＊＊＊＊＊＊	子	明・大・昭・平・令 17.6.8	障害 特障	国外 年調	(16) 別居	調整
			明・大・昭・平・令 ・　・	障害 特障	国外 年調	(16) 別居	調整
			明・大・昭・平・令 ・　・	障害 特障	国外 年調	(16) 別居	調整

○ 事業専従者に関する事項（㊿）

事業専従者の氏名	個人番号	続柄	生年月日	従事月数・程度・仕事の内容	専従者給与（控除）額
			明・大・平・令 ・　・		
			明・大・平・令 ・　・		

○ 住民税・事業税に関する事項

住民税	非上場株式の少額配当等	非居住者の特例	配当割額控除額	株式等譲渡所得割額控除額	特定配当等・特定株式等譲渡所得の全部の申告不要	給与、公的年金等以外の所得に係る住民税の徴収方法 特別徴収 自分で納付	都道府県、市区町村への寄附（特例控除対象）	共同募金、日赤その他の寄附	都道府県条例指定寄附	市区町村条例指定寄附

退職所得のある配偶者・親族の氏名	個人番号	続柄	生年月日	退職所得を除く所得金額	障害者	その他	寡婦・ひとり親
			明・大・平 ・　・		障 特障	調整	寡婦 ひとり親

事業税	非課税所得など	番号	所得金額	損益通算の特例適用前の不動産所得		前年中の開（廃）業 開始・廃止 月日
	不動産所得から差し引いた青色申告特別控除額		事業用資産の譲渡損失など			他都道府県の事務所等

上記の配偶者・親族・事業専従者のうち別居の者の氏名・住所　氏名　　住所　　所得税で控除対象配偶者などとした専従者　氏名　　給与　　一連番号

整理欄　申告区分　特例適用条文　法　申告等年月日　　所得の種類　　申告期限

税理士署名・電話番号　税理士法書面提出 30条 33条の2　（ Z会計事務所 ）

住民税で全部申告不要を選択する場合は、○印を付ける

55

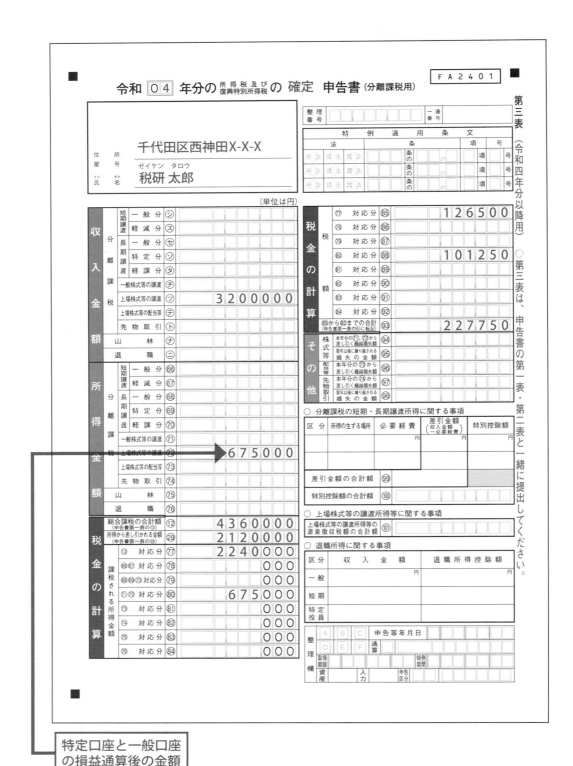

第1章　株式にかかる税金

Point!

①特定口座の株式譲渡損と一般口座（上場株式）の株式譲渡益を損益通算する場合は、確定申告により行う必要があります。

②特定口座はいったん確定申告した場合は、後になって、特定口座分について申告をしないこととする更正の請求はできません。

③税金面では有利になっても、国民健康保険料等、高齢者の病院窓口負担割合のアップなど、他の面に影響が出る場合があるので、注意が必要です。

ご注意を！

1．確定申告書に、本人及び親族のマイナンバーの記載が必要です。

2．e-Tax（電子申告）する場合は本人確認書類は必要ありませんが、書面で提出する場合は添付が必要となります。

57

【事例1-5】特定口座（源泉徴収なし）で利益が出た場合

- ▶会社員　税研太郎
- ▶X商事

給与収入	6,000,000円	（源泉徴収税額 129,100円）
社会保険料控除	840,000円	
生命保険料控除	40,000円	
配偶者控除	380,000円	
扶養控除	380,000円	
基礎控除	480,000円	
所得控除合計	2,120,000円	

▶株式取引の内容

（単位：円）

銘柄	売却金額①	取得価額②	委託手数料③	売却損益 ①-②-③	売却株数	売却年月日	取得年月日
D重機	3,000,000	1,500,000	24,000	1,476,000	200株	R4.11.18	R元.9.9

〈申告書の作成手順〉

① 「株式等に係る譲渡所得等の計算明細書（2面）」

② 「株式等に係る譲渡所得等の計算明細書（1面）」

第1章　株式にかかる税金

> 2面（計算明細書）の金額を転記する。

1 面

【令和 4 年分】

株式等に係る譲渡所得等の金額の計算明細書

整理番号 _____

　この明細書は、「一般株式等に係る譲渡所得等の金額」又は「上場株式等に係る譲渡所得等の金額」を計算する場合に使用するものです。
　なお、国税庁ホームページ【www.nta.go.jp】の「確定申告書等作成コーナー」の画面の案内に従って収入金額などの必要項目を入力することにより、この明細書や確定申告書などを作成することができます。

住　所 （前住所）	千代田区西神田X-X-X （　　　　　　　　　　　　　）	フリガナ 氏　名	セイケン　タロウ 税研 太郎
電話番号 （連絡先）		職業　会社員	関与税理士名 （電　話）	Z会計事務所 （　　　　　　　）

※　譲渡した年の1月1日以後に転居された方は、前住所も記載してください。

1　所得金額の計算

			一 般 株 式 等	上 場 株 式 等
収入金額	譲渡による収入金額	①	円	3,000,000 円
	その他の収入	②		
	小　　計（①＋②）	③	申告書第三表㋕へ	申告書第三表㋥へ　3,000,000
必要経費又は譲渡に要した費用等	取得費（取得価額）	④		1,524,000
	譲渡のための委託手数料	⑤		
		⑥		
	小計（④から⑥までの計）	⑦		1,524,000
特定管理株式等のみなし譲渡損失の金額（※1） （△を付けないで書いてください。）		⑧		
差　引　金　額（③－⑦－⑧）		⑨		1,476,000
特定投資株式の取得に要した金額の控除（※2） （⑨欄が赤字の場合は0と書いてください。）		⑩		
所　得　金　額（⑨－⑩） （一般株式等について赤字の場合は0と書いてください。） （上場株式等について赤字の場合は△を付して書いてください。）		⑪	申告書第三表㋒へ	黒字の場合は申告書第三表㋔へ 1,476,000
本年分で差し引く上場株式等に係る繰越損失の金額（※3）		⑫		申告書第三表㋞へ
繰越控除後の所得金額（※4） （⑪－⑫）		⑬	申告書第三表㋘へ	申告書第三表㋘へ 1,476,000

特例適用条文	措法___条の___ 措法___条の___

(注)　租税特別措置法第37条の12の2第2項に規定する上場株式等の譲渡以外の上場株式等の譲渡（相対取引など）がある場合の「上場株式等」の①から⑨までの各欄については、同項に規定する上場株式等の譲渡に係る金額を括弧書（内書）により記載してください。なお、「上場株式等」の⑪欄の金額が相対取引などによる赤字のみの場合は、申告書第三表㋘欄に0を記載します。

※1　「特定管理株式等のみなし譲渡損失の金額」とは、租税特別措置法第37条の11の2第1項の規定により、同法第37条の12の2第2項に規定する上場株式等の譲渡をしたことにより生じた損失の金額とみなされるものをいいます。

※2　⑩欄の金額は、「特定（新規）中小会社が発行した株式の取得に要した金額の控除の明細書」で計算した金額に基づき、「一般株式等」、「上場株式等」の順に、⑨欄の金額を限度として控除します。

※3　⑫欄の金額は、「上場株式等」の⑪欄の金額を限度として控除し、「上場株式等」の⑪欄の金額が0又は赤字の場合には記載しません。なお、⑫欄の金額を「一般株式等」から控除することはできません。

※4　⑬欄の金額は、⑪欄の金額が0又は赤字の場合には記載しません。また、⑬欄の金額を申告書に転記するに当たって申告書第三表㉔欄の金額が同⑫欄の金額から控除しきれない場合には、税務署にお尋ねください。

整理欄 _____

（縦書き右側）「上場株式等」の⑪欄の金額が赤字の場合で、譲渡損失の損益通算及び繰越控除の特例の適用を受ける方は、「所得税及び復興特別所得税の確定申告書付表」も記載してください。

59

> 「特定口座年間取引報告書」
> を基に金額を記載する。

2 面（計算明細書）

2　申告する特定口座の上場株式等に係る譲渡所得等の金額の合計

口座の区分	取　引　先（金融商品取引業者等）		譲渡の対価の額（収入金額）	取得費及び譲渡に要した費用の額等	差引金額（譲渡所得等の金額）	源泉徴収税額
源泉口座・⦅簡易口座⦆	証券会社　銀　行（　　　）	本店　支店　出張所	円 3,000,000	円 1,524,000	円 1,476,000	円 0
源泉口座・簡易口座	証券会社　銀　行（　　　）	本店　支店　出張所				
源泉口座・簡易口座	証券会社　銀　行（　　　）	本店　支店　出張所				
源泉口座・簡易口座	証券会社　銀　行（　　　）	本店　支店　出張所				
源泉口座・簡易口座	証券会社　銀　行（　　　）	本店　支店　出張所				
合　　計（上場株式等（特定口座））			1面①へ 3,000,000	1面④へ 1,524,000	1,476,000	申告書第二表「所得の内訳」欄へ 0

【参考】　特定口座以外で譲渡した株式等の明細

区分	譲渡年月日（償還日）	譲渡した株式等の銘柄	数量	譲渡先（金融商品取引業者等）の所在地・名称等	譲渡による収入金額	取得費（取得価額）	譲渡のための委託手数料	取得年月日
一般株式等・上場株式等	・・		株(口、円)		円	円	円	・・（　・・　）
一般株式等・上場株式等	・・							・・（　・・　）
一般株式等・上場株式等	・・							・・（　・・　）
一般株式等・上場株式等	・・							・・（　・・　）
一般株式等・上場株式等	・・							・・（　・・　）
合　　計	一　般　株　式　等				1面①へ	1面④へ	1面⑤へ	
	上場株式等（一般口座）				1面①へ	1面④へ	1面⑤へ	

第1章 株式にかかる税金

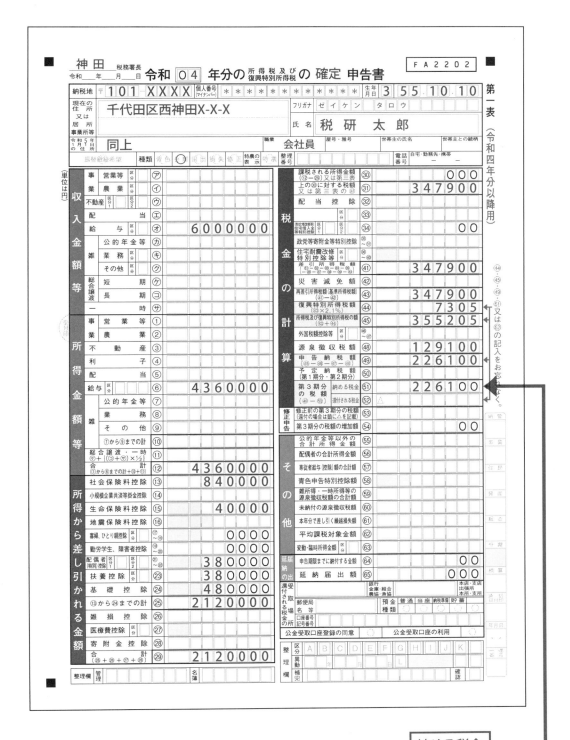

納める税金

令和 ０４ 年分の 所得税及び復興特別所得税 の確定申告書

整理番号 [　　　　　　　] FA2302

第二表 （令和四年分以降用） ○第二表は、第一表と一緒に提出してください。 ○国民年金保険料や生命保険料の支払証明書など申告書に添付しなければならない書類は添付書類台紙などに貼ってください。

住　所	千代田区西神田X-X-X
屋　号 フリガナ	ゼイケン タロウ
氏　名	税研 太郎

○ 所得の内訳（所得税及び復興特別所得税の源泉徴収税額）

所得の種類	種　目	給与などの支払者の「名称」及び「法人番号又は所在地」等	収入金額	源泉徴収税額
給与	給料	X商事	6,000,000 円	129,100 円
株式等の譲渡		計算明細書のとおり	3,000,000	0
		48 源泉徴収税額の合計額		129,100

○ 総合課税の譲渡所得、一時所得に関する事項 (11)

所得の種類	収入金額	必要経費等	差引金額
	円	円	円

特例適用条文等

○ 配偶者や親族に関する事項 (20〜23)

氏　名	個人番号	続柄	生年月日	障害者	国外居住	住民税	その他
税研花子	＊＊＊＊＊＊＊＊＊＊＊＊	配偶者	明·大(昭)平·令 57.12.12	障 特障	国外 年調	16 別居	調整
税研一郎	＊＊＊＊＊＊＊＊＊＊＊＊	子	明·大昭(平)令 17.6.8	障 特障	国外 年調	16 別居	調整
			明·大昭·平·令 . .	障 特障	国外 年調	16 別居	調整
			明·大昭·平·令 . .	障 特障	国外 年調	16 別居	調整

○ 事業専従者に関する事項 (57)

事業専従者の氏名	個人番号	続柄	生年月日	従事月数・程度・仕事の内容	専従者給与(控除)額
			明·大平 . .		円
			明·大平 . .		

○ 住民税・事業税に関する事項

住民税	非上場株式の少額配当等	非居住者の特例	配当割額控除額	株式等譲渡所得割額控除額	特定配当等・特定株式等譲渡所得の全部の申告不要	給与、公的年金等以外の所得に係る住民税の徴収方法		都道府県、市区町村への寄附(特例控除対象)	共同募金、日赤その他の寄附	都道府県条例指定寄附	市区町村条例指定寄附
							特別徴収	自分で納付			
	円	円	円	円				円	円	円	円

退職所得のある配偶者・親族の氏名	個人番号	続柄	生年月日	退職所得を除く所得金額	障害者	その他	寡婦·ひとり親
			明·大昭·平 . .	円	障 特障	調整	寡婦 ひとり親

事業税	非課税所得など	番号	所得金額	損益通算の特例適用前の不動産所得		前年中の開(廃)業	開始・廃止 月 日	他都道府県の事務所等	
			円	事業用資産の譲渡損失など					
	不動産所得から差し引いた青色申告特別控除額		円						

上記の配偶者・親族・事業専従者のうち別居の者の氏名・住所	氏名		住所		所得税で控除対象配偶者などとした専従者	氏名		給与		一連番号

整理欄	区分	申告等年月日	所得種類	特例適用条文	法	申告区分	申告期限

税理士署名・電話番号

Z会計事務所

保険料等の種類	支払保険料等の計	うち年末調整等以外
13〜14 社会保険料控除 小規模企業共済等掛金控除 源泉徴収票のとおり	840,000 円	円
15 生命保険料控除 新生命保険料	200,000 円	円
旧生命保険料		
新個人年金保険料		
旧個人年金保険料		
介護医療保険料		
16 地震保険料控除 地震保険料	円	円
旧長期損害保険料		

本人に関する事項 (17〜20)

寡婦		ひとり親	勤労学生	障害者	特別障害者
□死別 □離婚	□生死不明 □未帰還	ひとり親	□年調以外かつ専修学校等		

○ 雑損控除に関する事項 (26)

損害の原因	損害年月日	損害を受けた資産の種類など
	. .	

損害金額 円	保険金などで補塡される金額 円	差引損失額のうち災害関連支出の金額 円

○ 寄附金控除に関する事項 (28)

寄附先の名称等		寄附金 円

第1章 株式にかかる税金

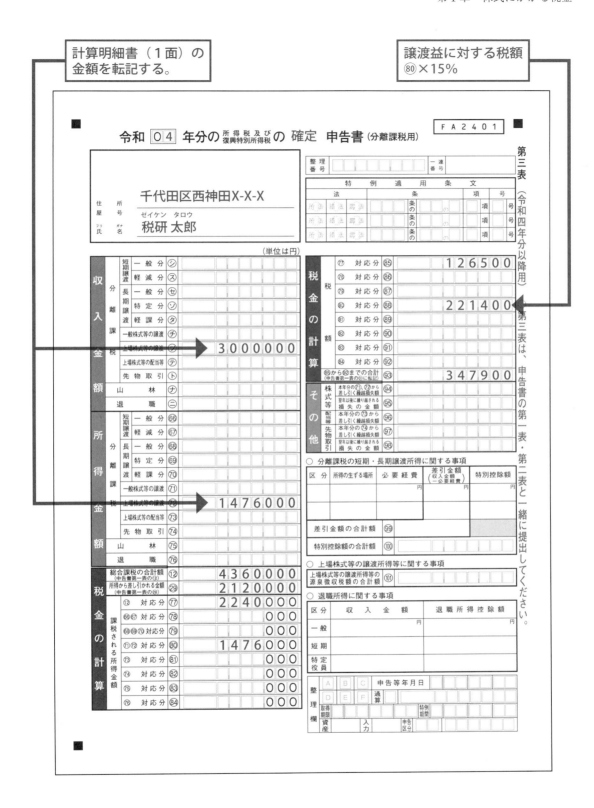

Point!

源泉徴収なし特定口座の株式譲渡益に係る税金は、確定申告を行い税額計算して税金を納める必要があります。

ご注意を！

1. 確定申告書に、本人及び親族のマイナンバーの記載が必要です。
2. e-Tax（電子申告）する場合は本人確認書類は必要ありませんが、書面で提出する場合は添付が必要となります。

第1章　株式にかかる税金

【事例1-6】特定口座（源泉徴収あり）で前年及び前々年の繰越損失があり、今年の利益と損益通算する場合

▶会社員　税研太郎
▶X商事

給与収入	6,000,000円
社会保険料控除	840,000円
生命保険料控除	40,000円
配偶者控除	380,000円
扶養控除	380,000円
基礎控除	480,000円
所得控除合計	2,120,000円

（源泉徴収税額　129,100円）

▶株式取引の内容
① 令和元年分の損失　100,000円 ⎫
② 令和2年分の損失　800,000円　⎬ 合計1,400,000円
③ 令和3年分の損失　500,000円 ⎭
④ 令和4年分の利益（下表）

（単位：円）

銘柄	売却金額①	取得価額②	委託手数料③	売却損益①-②-③	売却株数	売却年月日	取得年月日
E建築	3,000,000	1,000,000	24,000	1,976,000※	300株	R4.10.7	R元.5.7

※所得税302,624円、住民税98,800円

〈申告書の作成手順〉
① 「株式等に係る譲渡所得等の計算明細書（2面）」

② 「株式等に係る譲渡所得等の計算明細書（1面）」

前年以前3年間の譲渡損失の合計額
（確定申告書付表２面⑨より）

2面（計算明細書）の
金額を転記する。

【令和＿4＿年分】

1 面

株式等に係る譲渡所得等の金額の計算明細書

整理番号

この明細書は、「一般株式等に係る譲渡所得等の金額」又は「上場株式等に係る譲渡所得等の金額」を計算する場合に使用するものです。
なお、国税庁ホームページ【www.nta.go.jp】の「確定申告書等作成コーナー」の画面の案内に従って収入金額などの必要項目を入力することにより、この明細書や確定申告書などを作成することができます。

住 所 （前住所）	千代田区西神田X-X-X （　　　　　　　　　　　　　　　）	フリガナ 氏 名	ゼイケン タロウ 税研 太郎
電話番号 （連絡先）		職業	会社員	関与税理士名 （電話）	Z会計事務所 （　　　　　　）

※ 譲渡した年の１月１日以後に転居された方は、前住所も記載してください。

1 所得金額の計算

			一 般 株 式 等	上 場 株 式 等
収入金額	譲渡による収入金額	①	円	3,000,000 円
	その他の収入	②		
	小 計（①＋②）	③	申告書第三表㋑へ	申告書第三表㋠へ　3,000,000
必要経費又は譲渡に要した費用等	取得費（取得価額）	④		1,024,000
	譲渡のための委託手数料	⑤		
		⑥		
	小計（④から⑥までの計）	⑦		1,024,000
特定管理株式等のみなし 譲渡損失の金額（※1） （△を付けないで書いてください。）		⑧		
差 引 金 額（③－⑦－⑧）		⑨		1,976,000
特定投資株式の取得に 要した金額の控除（※2） （⑨欄が赤字の場合は0と書いてください。）		⑩		
所 得 金 額（⑨－⑩） （一般株式等について赤字の場合は0と書いてください。 上場株式等について赤字の場合は△を付けて書いてください。）		⑪	申告書第三表㋑へ	黒字の場合は申告書第三表㋒へ 1,976,000
本年分で差し引く上場株式等に 係る繰越損失の金額（※3）		⑫		申告書第三表㉞へ 1,400,000
繰越控除後の所得金額（※4） （⑪－⑫）		⑬	申告書第三表㋑へ	申告書第三表㋑へ 576,000

（注） 租税特別措置法第37条の12の２第２項に規定する上場株式等の譲渡以外の上場株式等の譲渡（相対取引など）がある場合の「上場株式等」の①から⑨までの各欄については、同項に規定する上場株式等の譲渡に係る金額を括弧書（内書）により記載してください。なお、「上場株式等」の⑪欄の金額が相対取引などによる赤字のみの場合は、申告書第三表㋒欄に0と記載します。

特例適用条文	措法＿＿条の＿＿＿＿ 措法＿＿条の＿＿＿＿

※1 「特定管理株式等のみなし譲渡損失の金額」とは、租税特別措置法第37条の11の２第１項の規定により、同法第37条の12の２第２項に規定する上場株式等の譲渡をしたことにより生じた損失の金額とみなされるものをいいます。
※2 ⑩欄の金額は、「特定（新規）中小会社が発行した株式の取得に要した金額の控除の明細書」で計算した金額に基づき、「一般株式等」、「上場株式等」の順に、⑨欄の金額を限度として控除します。
※3 ⑫欄の金額は、「上場株式等」の⑪欄の金額を限度として控除し、「上場株式等」の⑪欄の金額が０又は赤字の場合には記載しません。なお、⑫欄の金額を「一般株式等」から控除することはできません。
※4 ⑬欄の金額は、⑪欄の金額が０又は赤字の場合には記載しません。また、⑬欄の金額を申告書に転記するに当たって申告書第三表の㉙欄の金額が同⑫欄の金額から控除しきれない場合には、税務署にお尋ねください。

整理欄

「上場株式等」の⑪欄の金額が赤字の場合で、譲渡損失の損益通算及び繰越控除の特例の適用を受ける方は、「所得税及び復興特別所得税の確定申告書付表」も記載してください。

本年分の譲渡益 1,976,000 円から前年以前３年間の譲渡損失の額を差し引いた金額（古い年分の金額から順に差し引く）。この金額を基に税額を計算する。

66

第1章 株式にかかる税金

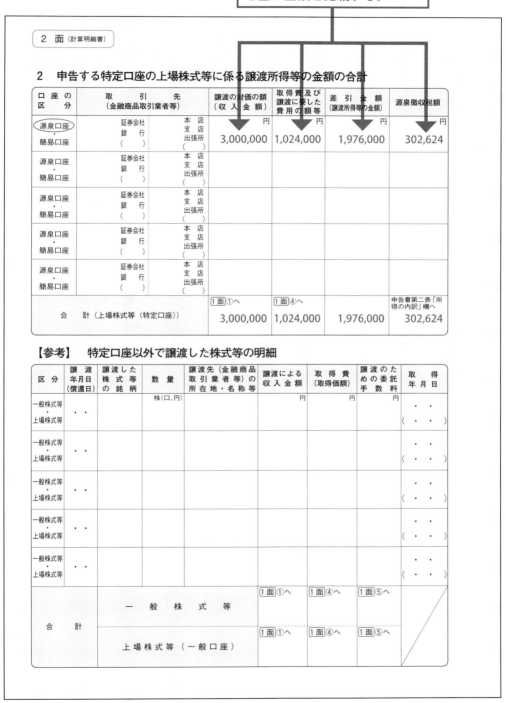

	一連番号	1 面

令和 4 年分の所得税及び復興特別所得税の確定申告書付表（上場株式等に係る譲渡損失の損益通算及び繰越控除用）

受付印

住所 又は 事業所 事務所 居所など	千代田区西神田X-X-X	フリガナ 氏名	ゼイケン タロウ 税研 太郎

○ この付表は、申告書と一緒に提出してください。

この付表は、租税特別措置法第37条の12の2（上場株式等に係る譲渡損失の損益通算及び繰越控除）の規定の適用を受ける方が、本年分の上場株式等に係る譲渡損失の金額を同年分の上場株式等に係る配当所得等の金額（特定上場株式等の配当等に係る配当所得に係る部分については、分離課税を選択したものに限ります。以下「分離課税配当所得等金額」といいます。）の計算上控除（損益通算）するため、又は3年前の年分以後の上場株式等に係る譲渡損失の金額を本年分の上場株式等に係る譲渡所得等の金額及び分離課税配当所得等金額の計算上控除するため、若しくは翌年以後に繰り越すために使用するものです。

○ 本年分において、「上場株式等に係る譲渡所得等の金額」がある方は、この付表を作成する前に、まず「株式等に係る譲渡所得等の金額の計算明細書」の作成をしてください。

1 本年分の上場株式等に係る譲渡損失の金額及び分離課税配当所得等金額の計算

（赤字の金額は、△を付けないで書きます。2面の2も同じです。）

○ 「①上場株式等に係る譲渡所得等の金額」が黒字の場合又は「②上場株式等に係る譲渡損失の金額」がない場合には、(1)の記載は要しません。また、「④本年分の損益通算前の分離課税配当所得等金額」がない場合には、(2)の記載は要しません。

(1) 本年分の損益通算前の上場株式等に係る譲渡損失の金額

上場株式等に係る譲渡所得等の金額 （「株式等に係る譲渡所得等の金額の計算明細書」の1面の「上場株式等」の①欄の金額）	①	円
上場株式等に係る譲渡損失の金額 （※） （「株式等に係る譲渡所得等の金額の計算明細書」の1面の「上場株式等」の⑨欄の金額）	②	
本年分の損益通算前の上場株式等に係る譲渡損失の金額 （①欄の金額と②欄の金額のうち、いずれか少ない方の金額）	③	

※ ②欄の金額は、租税特別措置法第37条の12の2第2項に規定する上場株式等の譲渡以外の上場株式等の譲渡（相対取引など）がある場合については、同項に規定する上場株式等の譲渡に係る金額（「株式等に係る譲渡所得等の金額の計算明細書」の1面の「上場株式等」の⑨欄の括弧書の金額）のみを記載します。

(2) 本年分の損益通算前の分離課税配当所得等金額

種目・所得の生ずる場所	利子等・配当等の収入金額（税込）	配当所得に係る負債の利子
	円	円
合　　計	申告書第三表⑦へ ⓐ	ⓑ
本年分の損益通算前の分離課税配当所得等金額 （ⓐ－ⓑ）　（赤字の場合には0と書いてください。）	④	

（注）利子所得に係る負債の利子は控除できません。

(3) 本年分の損益通算後の上場株式等に係る譲渡損失の金額又は分離課税配当所得等金額

本年分の損益通算後の上場株式等に係る譲渡損失の金額　（③－④） （③欄の金額≦④欄の金額の場合には0と書いてください。） （(2)の記載がない場合には、③欄の金額を移記してください。）	⑤	△を付けて、申告書第三表⑫へ 円
本年分の損益通算後の分離課税配当所得等金額　（④－③） （③欄の金額≧④欄の金額の場合には0と書いてください。） （(1)の記載がない場合には、④欄の金額を移記してください。）	⑥	申告書第三表へ

第1章　株式にかかる税金

古い年分から順番に本年分の譲渡益 1,976,000 円から差し引いていく。

2 面 (確定申告書付表)

2　翌年以後に繰り越される上場株式等に係る譲渡損失の金額の計算

譲渡損失の生じた年分	前年から繰り越された上場株式等に係る譲渡損失の金額	本年分で差し引く上場株式等に係る譲渡損失の金額（※1）		本年分で差し引くことのできなかった上場株式等に係る譲渡損失の金額
本年の3年前分（令和1年分__）	Ⓐ(前年分の付表の⑦欄の金額) 円 100,000	Ⓓ(上場株式等に係る譲渡所得等の金額から差し引く部分) 円 100,000		本年の3年前分の譲渡損失の金額を翌年以後に繰り越すことはできません。
		Ⓔ(分離課税配当所得等金額から差し引く部分) 0		
本年の2年前分（令和2年分__）	Ⓑ(前年分の付表の⑧欄の金額) 800,000	Ⓕ(上場株式等に係る譲渡所得等の金額から差し引く部分) 800,000		⑦（Ⓑ－Ⓕ－Ⓖ） 円 0
		Ⓖ(分離課税配当所得等金額から差し引く部分) 0		
本年の前年分（令和3年分__）	Ⓒ(前年分の付表の⑤欄の金額) 500,000	Ⓗ(上場株式等に係る譲渡所得等の金額から差し引く部分) 500,000		⑧（Ⓒ－Ⓗ－Ⓘ） 円 0
		Ⓘ(分離課税配当所得等金額から差し引く部分) 0		
本年分で上場株式等に係る譲渡所得等の金額から差し引く上場株式等に係る譲渡損失の金額の合計額（Ⓓ＋Ⓕ＋Ⓗ）	⑨	計算明細書の「上場株式等」の⑫へ 1,400,000		
本年分で分離課税配当所得等金額から差し引く上場株式等に係る譲渡損失の金額の合計額（Ⓔ＋Ⓖ＋Ⓘ）	⑩	申告書第三表⑭へ 0		
翌年以後に繰り越される上場株式等に係る譲渡損失の金額（⑤＋⑦＋⑧）	⑪	申告書第三表⑯へ（※2） 円 0		

(注) 1面の⑤欄及び2面の⑦欄、⑧欄の金額は、翌年の確定申告の際に使用します（翌年に株式等の売却がない場合でも、上場株式等に係る譲渡損失の金額を その年の翌年以後に繰り越すための申告が必要です）。

前年以前から繰り越された損失の金額を前年以前の確定申告書等を基に記載する。

計算明細書（1面）⑫に転記する。

※1　「本年分で差し引く上場株式等に係る譲渡損失の金額」は、「前年から繰り越された上場株式等に係る譲渡損失の金額」のうち最も古い年に生じた金額から順次控除します。
　　また、「本年分で差し引く上場株式等に係る譲渡損失の金額」は、同一の年に生じた「前年から繰り越された上場株式等に係る譲渡損失の金額」内においては、「株式等に係る譲渡所得等の金額の計算明細書」の1面の「上場株式等」の⑪欄の金額（赤字の場合には、0とみなします。）及び「⑥本年分の損益通算後の分離課税配当所得等金額」の合計額を限度として、まず上場株式等に係る譲渡所得等の金額から控除し、なお控除しきれない損失の金額があるときは、分離課税配当所得等金額から控除します。
※2　本年の3年前分に生じた上場株式等に係る譲渡損失のうち、本年分で差し引くことのできなかった上場株式等に係る譲渡損失の金額を、翌年以後に繰り越して控除することはできません。

3　前年から繰り越された上場株式等に係る譲渡損失の金額を控除した後の本年分の分離課税配当所得等金額の計算

○　「⑥本年分の損益通算後の分離課税配当所得等金額」がない場合には、この欄の記載は要しません。

前年から繰り越された上場株式等に係る譲渡損失の金額を控除した後の本年分の分離課税配当所得等金額（※）（⑥－⑩）	⑫	申告書第三表㊽へ 円

※　⑫欄の金額を申告書に転記するに当たって申告書第三表の㉔欄の金額が同⑫欄の金額から控除しきれない場合には、税務署にお尋ねください。

○　特例の内容又は記載方法についての詳しいことは、税務署にお尋ねください。

69

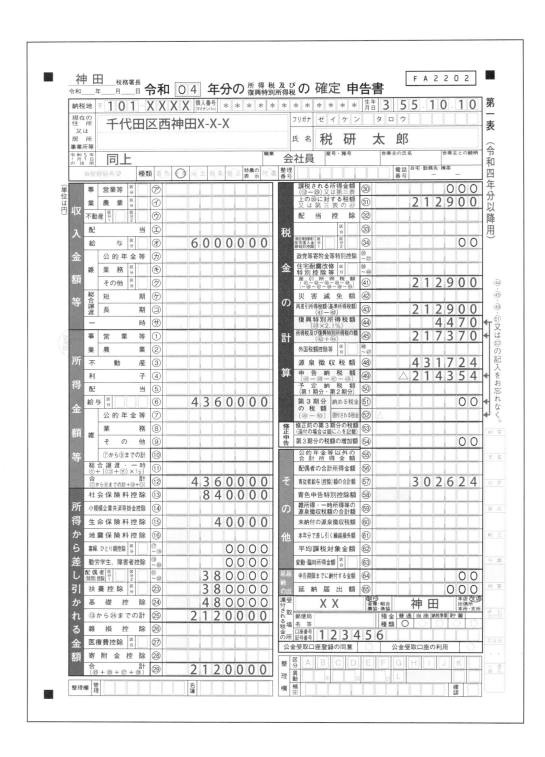

第1章　株式にかかる税金

令和 [04] 年分の 所得税及び復興特別所得税 の確定申告書

整理番号 　　　　　　　　　　FA2302

第二表　（令和四年分以降用）

	住　所	千代田区西神田X-X-X
	屋　号	
	フリガナ	ゼイケン　タロウ
	氏　名	税研 太郎

○ 所得の内訳（所得税及び復興特別所得税の源泉徴収税額）

所得の種類	種目	給与などの支払者の「名称」及び「法人番号又は所在地」等	収入金額	源泉徴収税額
給与	給料	X商事	6,000,000	129,100
株式等の譲渡		計算明細書のとおり	3,000,000	302,624
		㊽源泉徴収税額の合計額		431,724

○ 総合課税の譲渡所得、一時所得に関する事項（⑪）

所得の種類	収入金額	必要経費等	差引金額

特例適用条文等

○ 配偶者や親族に関する事項（⑳〜㉓）

氏　名	個人番号	続柄	生年月日	障害者	国外居住	住民税	その他
税研花子	＊＊＊＊＊＊＊＊＊＊＊＊	配偶者	明・大 昭・平 57.12.12	障 特障	国外 年調	同一 別居	調整
税研一郎	＊＊＊＊＊＊＊＊＊＊＊＊	子	明・大 昭㉗平 17. 6. 8	障 特障	国外 年調	(16) 別居	調整
			明・大 昭・平・令 ・ ・	障 特障	国外 年調	(16) 別居	調整
			明・大 昭・平・令 ・ ・	障 特障	国外 年調	(16) 別居	調整

○ 事業専従者に関する事項（㊼）

事業専従者の氏名	個人番号	続柄	生年月日	従事月数・程度・仕事の内容	専従者給与（控除）額
			明・大 昭・平		
			明・大 昭・平		

○ 住民税・事業税に関する事項

住民税	非上場株式の少額配当等	非居住者の特例	配当割額控除額	株式等譲渡所得割額控除額	特定配当等・特定株式等譲渡所得の全部の申告不要	給与、公的年金等以外の所得に係る住民税の徴収方法	都道府県、市区町村への寄附（特例控除対象）	共同募金、日赤その他の寄附	都道府県条例指定寄附	市区町村条例指定寄附
				98,800	○	特別徴収 / 自分で納付				

退職所得のある配偶者・親族の氏名	個人番号	続柄	生年月日	退職所得を除く所得金額	障害者	その他	寡婦・ひとり親
			明・大 昭・平 ・ ・		障 特障	調整	寡婦 ひとり親

事業税	非課税所得など	番号	所得金額	損益通算の特例適用前の不動産所得		前年中の開（廃）業	開始・廃止 月日
	不動産所得から差し引いた青色申告特別控除額			事業用資産の譲渡損失など		他都道府県の事務所等	

| 上記の配偶者・親族・事業専従者のうち別居の者の氏名・住所 | 氏名 | 住所 | | 所得税で控除対象配偶者などとした専従者 | 氏名 | 給与 | 一連番号 |

税理士署名・電話番号
（ Z会計事務所 ）

○ 社会保険料控除⑬⑭

	保険料等の種類	支払保険料等の計	うち年末調整等以外
⑬⑭ 社会保険料・小規模企業共済等掛金控除	源泉徴収票のとおり	840,000	

⑮ 生命保険料控除	新生命保険料	200,000	
	旧生命保険料		
	新個人年金保険料		
	旧個人年金保険料		
	介護医療保険料		

⑯ 地震保険料控除	地震保険料		
	旧長期損害保険料		

本人に関する事項（⑰〜⑳）

寡婦　ひとり親　勤労学生
□ 死別　□ 生死不明
□ 離婚　□ 未帰還
□ 年調以外かつ専修学校等
障害者　特別障害者

○ 雑損控除に関する事項（㉖）

損害の原因	損害年月日	損害を受けた資産の種類など
	・ ・	

損害金額	保険金などで補塡される金額	差引損失額のうち災害関連支出の金額

○ 寄附金控除に関する事項（㉘）

| 寄附先の名称等 | | 寄附金 | |

──

住民税で全部申告不要を選択する場合は、○印を付ける

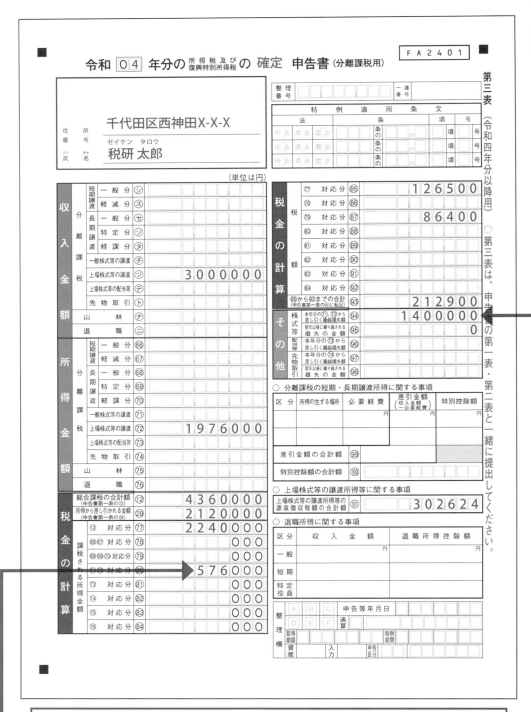

Point!

①前3年以内の譲渡損失を本年分の譲渡益と損益通算する場合は、確定申告が必要です。

②毎年連続して確定申告書を提出していることが必要です。

③本年分の譲渡益から控除する順番は、古い年分から順に行っていきます。

④税金面では有利になっても、国民健康保険料等、高齢者の病院窓口負担割合のアップなど、他の面に影響が出る場合があるので、注意が必要です。

ご注意を！

1．確定申告書に、本人及び親族のマイナンバーの記載が必要です。

2．e-Tax（電子申告）する場合は本人確認書類は必要ありませんが、書面で提出する場合は添付が必要となります。

【事例1-7】一般口座で利益が出た場合

- ▶会社員　税研太郎
- ▶X商事

項目	金額
給与収入	6,000,000円
社会保険料控除	840,000円
生命保険料控除	40,000円
配偶者控除	380,000円
扶養控除	380,000円
基礎控除	480,000円
所得控除合計	2,120,000円

（源泉徴収税額 129,100円）

▶株式取引の内容　　　　　　　　　　　　　　　　（単位：円）

銘柄	売却金額①	取得価額②	委託手数料③	売却損益①-②-③	売却株数	売却年月日	取得年月日
F製菓（一般口座）	2,500,000	2,000,000	20,000	480,000	150株	R4.10.14	R2.8.3

〈申告書の作成手順〉

① 「株式等に係る譲渡所得等の計算明細書（2面）」

② 「株式等に係る譲渡所得等の計算明細書（1面）」

2面（計算明細書）の
金額を転記する。

1　面

【令和　4　年分】

株式等に係る譲渡所得等の金額の計算明細書

整理番号

　この明細書は、「一般株式等に係る譲渡所得等の金額」又は「上場株式等に係る譲渡所得等の金額」を計算する場合に使用するものです。
　なお、国税庁ホームページ【www.nta.go.jp】の「確定申告書等作成コーナー」の画面の案内に従って収入金額などの必要項目を入力することにより、この明細書や確定申告書などを作成することができます。

住　　所 （前住所）	千代田区西神田X-X-X （　　　　　　　　　　　　　）	フリガナ 氏　名	ゼイケン　タロウ 税研 太郎
電話番号 （連絡先）		職業 会社員	関与税理士名 （電話）	Z会計事務所 （　　　　　　　）

※　譲渡した年の1月1日以後に転居された方は、前住所も記載してください。

1　所得金額の計算

			一 般 株 式 等	上 場 株 式 等
収入金額	譲渡による収入金額	①	円	2,500,000 円
	その他の収入	②		
	小　　　計（①＋②）	③	申告書第三表㋑へ	申告書第三表㋙へ 2,500,000
必要経費又は譲渡に要した費用等	取得費（取得価額）	④		2,000,000
	譲渡のための委託手数料	⑤		20,000
		⑥		
	小計（④から⑥までの計）	⑦		2,020,000
特定管理株式等のみなし譲渡損失の金額（※1） （△を付けないで書いてください。）		⑧		
差 引 金 額（③－⑦－⑧）		⑨		480,000
特定投資株式の取得に要した金額の控除（※2） （⑨欄が赤字の場合は0と書いてください。）		⑩		
所 得 金 額（⑨－⑩） （一般株式等について赤字の場合は△を書いてください。） （上場株式等について赤字の場合は△を付して書いてください。）		⑪	申告書第三表㉛へ	黒字の場合は申告書第三表㉜へ 480,000
本年分で差し引く上場株式等に係る繰越損失の金額（※3）		⑫		申告書第三表㉙へ
繰越控除後の所得金額（※4） （⑪－⑫）		⑬	申告書第三表㊿へ	申告書第三表㊿へ 480,000

（注）　租税特別措置法第37条の12の2第2項に規定する上場株式等の譲渡以外の上場株式等の譲渡（相対取引など）がある場合の「上場株式等」の①から⑨までの各欄については、同項に規定する上場株式等の譲渡に係る金額を括弧書（内書）により記載してください。なお、「上場株式等」の⑪欄の金額が相対取引などによる赤字のみの場合は、申告書第三表㉘欄に0を記載します。

特例適用条文	措法＿＿条の＿＿＿ 措法＿＿条の＿＿＿

※1　「特定管理株式等のみなし譲渡損失の金額」とは、租税特別措置法第37条の11の2第1項の規定により、同法第37条の12の2第2項に規定する上場株式等の譲渡をしたことにより生じた損失の金額とみなされるものをいいます。
※2　⑩欄の金額は、「特定（新規）中小会社が発行した株式の取得に要した金額の控除の明細書」で計算した金額に基づき、「一般株式等」、「上場株式等」の順に、⑨の金額を限度として控除します。
※3　⑫欄の金額は、「上場株式等」の⑪欄の金額を限度として控除し、「上場株式等」の⑪欄の金額が0又は赤字の場合には記載しません。なお、⑫欄の金額を「一般株式等」から控除することはできません。
※4　⑬欄の金額は、⑪欄の金額が0又は赤字の場合には記載しません。また、⑬欄の金額を申告書に転記するに当たって申告書第三表の㉔欄の金額が同⑫欄の金額から控除しきれない場合には、税務署にお尋ねください。

整理欄	

「上場株式等」の⑪欄の金額が赤字の場合で、譲渡損失の損益通算及び繰越控除の特例の適用を受ける方は、「所得税及び復興特別所得税の確定申告書付表」も記載してください。

```
2  面（計算明細書）
```

2　申告する特定口座の上場株式等に係る譲渡所得等の金額の合計

口座の区分	取　引　先 （金融商品取引業者等）		譲渡の対価の額 （収入金額）	取得費及び 譲渡に要した 費用の額等	差引金額 （譲渡所得等の金額）	源泉徴収税額
源泉口座 ・ 簡易口座	証券会社 銀　行 （　　　）	本　店 支　店 出張所 （　　　）	円	円	円	円
源泉口座 ・ 簡易口座	証券会社 銀　行 （　　　）	本　店 支　店 出張所 （　　　）				
源泉口座 ・ 簡易口座	証券会社 銀　行 （　　　）	本　店 支　店 出張所 （　　　）				
源泉口座 ・ 簡易口座	証券会社 銀　行 （　　　）	本　店 支　店 出張所 （　　　）				
源泉口座 ・ 簡易口座	証券会社 銀　行 （　　　）	本　店 支　店 出張所 （　　　）				
合　　計（上場株式等（特定口座））			1面①へ	1面④へ		申告書第二表「所得の内訳」欄へ

【参考】　特定口座以外で譲渡した株式等の明細

区分	譲渡 年月日 （償還日）	譲渡した 株式等 の銘柄	数量	譲渡先（金融商品 取引業者等）の 所在地・名称等	譲渡による 収入金額	取得費 （取得価額）	譲渡のた めの委託 手数料	取　得 年月日
一般株式等 ・ 上場株式等	4・10・14	Ｆ製菓	株（口、円） 150株		円 2,500,000	円 2,000,000	円 20,000	2・8・3 （　・　・　）
一般株式等 ・ 上場株式等	・・							（　・　・　）
一般株式等 ・ 上場株式等	・・							（　・　・　）
一般株式等 ・ 上場株式等	・・							（　・　・　）
一般株式等 ・ 上場株式等	・・							（　・　・　）
合　計	一　般　株　式　等				1面①へ	1面④へ	1面⑤へ	
	上場株式等（一般口座）				1面①へ 2,500,000	1面④へ 2,000,000	1面⑤へ 20,000	

76

第1章　株式にかかる税金

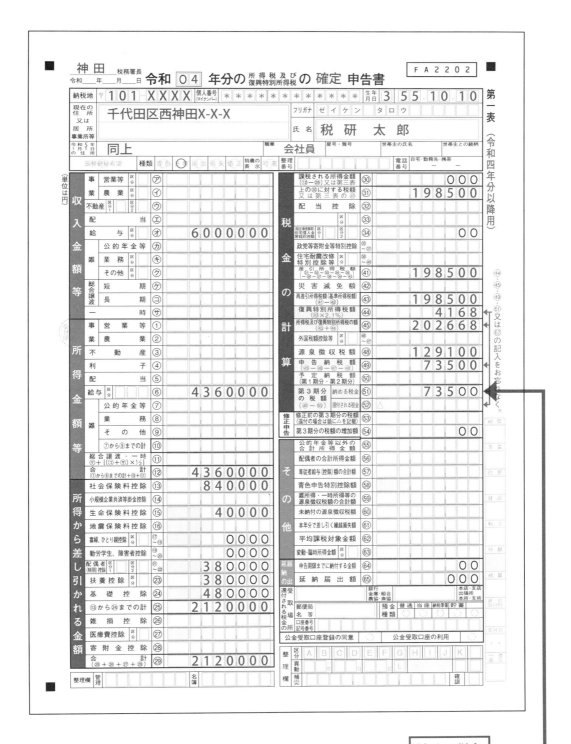

納める税金

令和 04 年分の 所得税及び 復興特別所得税 の確定申告書　　　整理番号 [　　　　　] FA2302

第二表

（令和四年分以降用）○第二表は、第一表と一緒に提出してください。○国民年金保険料や生命保険料の支払証明書など申告書に添付しなければならない書類は添付書類台紙などに貼ってください。

住　所 千代田区西神田X-X-X
屋　号
フリガナ ゼイケン　タロウ
氏　名 税研 太郎

○ 所得の内訳（所得税及び復興特別所得税の源泉徴収税額）

所得の種類	種目	給与などの支払者の「名称」及び「法人番号又は所在地」等	収入金額	源泉徴収税額
給与	給料	X商事	6,000,000	129,100
株式等の譲渡		計算明細書のとおり	2,500,000	0
		48 源泉徴収税額の合計額		129,100

○ 総合課税の譲渡所得、一時所得に関する事項 (11)

所得の種類	収入金額	必要経費等	差引金額

特例適用
条文等

○ 配偶者や親族に関する事項 (20～23)

氏　名	個人番号	続柄	生年月日	障害者	国外居住	住民税	その他
税研花子	＊＊＊＊＊＊＊＊＊＊＊＊	配偶者	57.12.12	障・特障	国外・年調	同一・別居	調整
税研一郎	＊＊＊＊＊＊＊＊＊＊＊＊	子	17.6.8	障・特障	国外・年調	(16)・別居	調整
				障・特障	国外・年調	(16)・別居	調整
				障・特障	国外・年調	(16)・別居	調整

○ 事業専従者に関する事項 (57)

事業専従者の氏名	個人番号	続柄	生年月日	従事月数・程度・仕事の内容	専従者給与（控除）額

○ 住民税・事業税に関する事項

	非上場株式の少額配当等	非居住者の特例	配当割額控除額	株式等譲渡所得割額控除額	特定配当等・特定株式等譲渡所得等の全部の申告不要	給与、公的年金等以外の所得に係る住民税の徴収方法		都道府県、市区町村への寄附（特例控除対象）	共同募金、日赤その他の寄附	都道府県条例指定寄附	市区町村条例指定寄附
住民税						特別徴収	自分で納付				

退職所得のある配偶者・親族の氏名	個人番号	続柄	生年月日	退職所得を除く所得金額	障害者	その他	寡婦・ひとり親
					障・特障	調整	寡婦・ひとり親

事業税	非課税所得など	番号	所得金額	損益通算の特例適用前の不動産所得		前年中の開（廃）業	開始・廃止 月日
	不動産所得から差し引いた青色申告特別控除額			事業用資産の譲渡損失など		他都道府県の事務所等	

上記の配偶者・親族・事業専従者のうち別居の者の氏名・住所

税理士署名・電話番号
Z会計事務所

第1章　株式にかかる税金

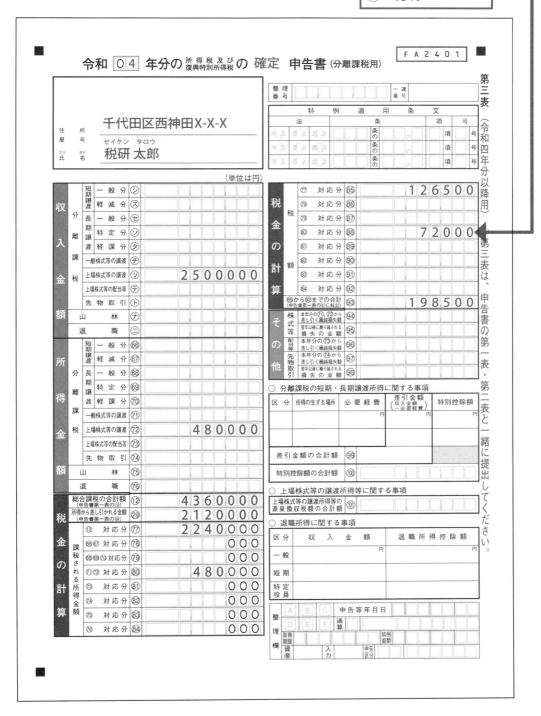

Point!

確定申告を行うことにより、税額を計算し所得税・復興特別所得税を納めます。

ご注意を！

1．確定申告書に、本人及び親族のマイナンバーの記載が必要です。

2．e-Tax（電子申告）する場合は本人確認書類は必要ありませんが、書面で提出する場合は添付が必要となります。

Q1-5 取得価額の計算方法

同一銘柄で購入時期が異なる場合の株式の取得価額は、どのように計算するのでしょうか。また、株式分割等で取得した新株の取得価額はどうなりますか。

同じ銘柄を2回以上にわたって購入した場合の取得価額は、総平均法に準ずる方法によって加重平均されます。株式分割等によって取得した新株も一定の計算によって旧株と平均化され、新旧同一の価額となります。

1．取得価額の計算方法

購入した株式	購入対価＋委託手数料及びその消費税等＋借入金利子＋その他の費用
2回以上にわたって取得した株式	雑所得・譲渡所得となる場合→総平均法に準ずる方法による（その譲渡ごとに加重平均単価を計算する方法）（事業所得→総平均法）
相続・贈与により取得した株式	○原則として被相続人・贈与者の取得価額を引き継ぐ ○相続人が相続税の申告期限の翌日から3年以内に譲渡した場合は、被相続人の取得価額に相続税額のうち譲渡した株式に対応する相続税額を加算した額
転換社債型新株予約権付社債（CB）の権利行使によって取得した株式	〈端数に係る金銭を一切交付しない方法〉 $\dfrac{\text{転換社債型新株予約権付社債（CB）の取得価額}}{\text{権利行使によって取得した株数}^{※}}$　　※取得した株数＝$\dfrac{\text{額面}}{\text{権利行使価額}}$〈端数切捨て〉
新株予約権付社債の権利行使によって取得した株式（現金払込型）	株式1株につき払い込むべき金額＋$\dfrac{\text{新株予約権付社債の取得価額が額面金額を超える場合のその超える部分の金額}}{\text{権利行使によって取得した株数}}$
株主割当て／有償増資（新旧株式）	$\dfrac{\text{旧株1株の取得価額}+\left(\begin{array}{c}\text{1株当たりの払込金額}\\\text{（払込費用があれば加算）}\end{array}\times\begin{array}{c}\text{旧株1株当たり}\\\text{の取得株数}\end{array}\right)}{\text{旧株1株当たりの取得株数}+1}$
株主割当て／株式無償割当て（同一種類の株式を取得した場合）／株式分割（新旧株式）	$\dfrac{\text{旧株1株の取得価額×所有株数}}{\text{株式無償割当て（株式分割）後の所有株数}}$ （注）異なる種類の株式の無償割当てを受けた場合の取得価額はゼロ
合併により取得した株式（合併により合併法人の株式のみを取得した場合）〈非適格合併〉	$\left(\begin{array}{c}\text{旧株1株の}\\\text{取得価額}\end{array}+\begin{array}{c}\text{旧株1株当たり}\\\text{のみなし配当額}\end{array}+\begin{array}{c}\text{旧株1株当たり}\\\text{の取得費用}\end{array}\right)\times\dfrac{\text{旧株数}}{\text{取得した合併法人株数}}$

分割型分割により取得した分割承継法人の株式（分割承継法人の株式のみを取得した場合）〈非適格分割型分割〉	$\left(\begin{array}{l}\text{旧株1株の}\\\text{取得価額}\end{array} \times \begin{array}{l}\text{純資産移}\\\text{転割合}^{※}\end{array}\right) \times \dfrac{\text{分割法人の所有株数}}{\text{取得した分割承継法人の株数}} + \begin{array}{l}\text{分割承継法}\\\text{人株式1株}\\\text{当たりのみ}\\\text{なし配当}\end{array} + \begin{array}{l}\text{分割承継法人}\\\text{株式1株当た}\\\text{りの取得費用}\end{array}$ $※$純資産移転割合 $= \dfrac{\begin{array}{l}\text{分割法人から分割承継法人}\\\text{に移転した資産の帳簿価額}\end{array} - \begin{array}{l}\text{分割法人から分割承継法人}\\\text{に移転した負債の帳簿価額}\end{array}}{\text{分割法人の資産の帳簿価額} - \text{分割法人の負債の帳簿価額}}$
資本の払戻しがあった場合の株式	$\begin{array}{l}\text{旧株1株の}\\\text{取得価額}\end{array} - \left(\begin{array}{l}\text{旧株1株の}\\\text{取得価額}\end{array} \times \text{純資産減少割合}^{※}\right)$ $※$純資産減少割合 $= \dfrac{\text{その法人が払戻しにより減少した資本剰余金の額}}{\text{その法人の資産の帳簿価額} - \text{その法人の負債の帳簿価額}}$
株式交換・移転により取得した株式（親法人等の株式のみ交付された場合）	その株式の取得価額＝旧株の取得価額（＋その株式の取得費用） （譲渡はなかったものとみなされる）
取得請求権付株式等の権利行使により取得した株式（株式のみ交付された場合）	

2．取得価額の計算方法の具体例

＊計算の便宜上手数料・消費税等は考慮していません

同じ銘柄を2回以上にわたって買った場合	雑所得・譲渡所得となる場合→総平均法に準ずる方法（事業所得→総平均法） ―計算例（雑所得・譲渡所得となる場合）― <table><tr><th>年月日</th><th>買い株数 （株）</th><th>単価（円）</th><th>買入価額 （円）</th><th>売り株数 （株）</th><th>単価（円）</th><th>売却価額 （円）</th></tr><tr><td>25.10.15</td><td>20,000</td><td>1,500</td><td>30,000,000</td><td></td><td></td><td></td></tr><tr><td>26.11.20</td><td>30,000</td><td>1,200</td><td>36,000,000</td><td></td><td></td><td></td></tr><tr><td>31.1.23</td><td>10,000</td><td>1,000</td><td>10,000,000</td><td></td><td></td><td></td></tr><tr><td>2.3.18</td><td></td><td></td><td></td><td>①30,000</td><td>1,600</td><td>48,000,000</td></tr><tr><td>3.6.10</td><td>20,000</td><td>1,800</td><td>36,000,000</td><td></td><td></td><td></td></tr><tr><td>4.12.7</td><td></td><td></td><td></td><td>②50,000</td><td>2,000</td><td>100,000,000</td></tr></table> ① 2年3月18日売却分 $\dfrac{30{,}000\text{千円}+36{,}000\text{千円}+10{,}000\text{千円}}{20{,}000\text{株}+30{,}000\text{株}+10{,}000\text{株}} = 1{,}267\text{円}$（1円未満端数切上げ） ② 4年12月7日売却分 $\dfrac{1{,}267\text{円}\times30{,}000\text{株}+36{,}000\text{千円}}{30{,}000\text{株}+20{,}000\text{株}} = 1{,}481\text{円}$（1円未満端数切上げ）
相続により取得した株式	①原則として被相続人の取得価額を引き継ぐ ②相続税の申告期限の翌日から3年以内に売却した場合は、被相続人の取得価額に売却した株式に対応する相続税額を加算した額 〈相続により取得した株式等を相続人が売却した場合〉 　売却益＝相続人の売却価額－被相続人の取得価額(注) （注）相続時の相続税評価額ではありません。取得価額不明の場合は譲渡価額の5％が概算取得費として認められます。

第1章　株式にかかる税金

	―計算例― ←―10か月―→←―――3年―――→ 被相続人取得価額　相続開始日　相続税評価額　相続税申告期限　相続人売却価額 400円×5,000株＝2,000,000円…Ⓐ　　　1,000円　　　　　　　1,200円×5,000株＝6,000,000円…Ⓒ 相続した財産の相続税評価額　　　　　　100,000,000円 支払相続税額　　　　　　　　　　　　　　8,000,000円 売却した株式の相続税評価額　1,000円×5,000株＝5,000,000円 取得価額＝Ⓐ2,000,000円＋Ⓑ400,000円＝2,400,000円 　＊Ⓑは相続税申告期限から3年以内に売却したため加算される金額 $$8,000,000円 \times \frac{5,000,000円}{100,000,000円} = 400,000円 \cdots Ⓑ$$ 売却益＝Ⓒ6,000,000円－2,400,000円＝3,600,000円
新株予約権付社債の権利行使によって取得した株式（現金払込型）	株式1株につき払い込むべき金額 ＋ $\frac{新株予約権付社債の取得価額－額面金額}{権利行使によって取得した株数}$ ―計算例― 権利行使価額　　970円 取得価額　　　　108円 額面　　　　　500万円 権利行使によって受け取る株数 ＝ $\frac{5,000,000円}{970円}$ ＝ 5,154株　余り620円（返戻） 株式1株当たりの取得価額 ＝ 970円 ＋ $\frac{5,400,000円－5,000,000円}{5,154株}$ ＝ 1,048円 　　　　　　　　　　　　　　　　　　　　　　　　　　　　　（1円未満端数切上げ）
有償増資によって取得した株式	旧株1株当たりの取得価額 ＋ (1株当たりの払込金額（その払込による取得のために要した費用を加算）× 旧株1株当たりの取得株数) ―――――――――――――――――――――――――――――― 　　　　　　旧株1株当たりの取得株数＋1 ―計算例― 旧株1株当たりの取得価額　　600円 株主割当有償増資　　　　　　1：1（倍額）払込1株当たり50円 新旧株式1株当たりの取得価額 ＝ $\frac{600円＋50円}{1＋1}$ ＝ 325円
株式分割によって取得した株式	$\frac{旧株1株当たりの取得価額 \times 所有株数}{株式分割後の所有株数}$ ―計算例― 旧株1株当たりの取得価額　　　　　　　　　　　　　　　　1,200円 株主割当株式分割（資本準備金の資本組入れに伴うもの）　1：0.2 旧株所有株数　　　　　　　　　　　　　　　　　　　　10,000株 新旧株式1株当たりの取得価額 ＝ $\frac{1,200円\times10,000株}{12,000株}$ ＝ 1,000円

3．取得価額が不明の場合の確認方法

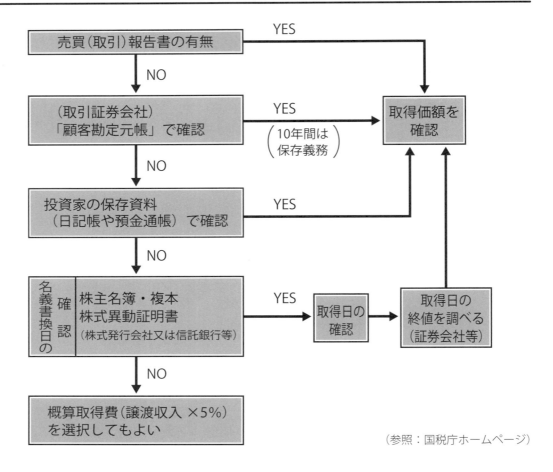

（参照：国税庁ホームページ）

参考

分割型分割………会社分割の一形態。会社分割によって分割対価資産（分割承継法人〈分割法人から資産の移転を受けた法人〉の株式その他の資産）のすべてが、その分割の日においてその分割法人の株主に交付される場合をいう。これに対するものが分社型分割。

(注) 分割対価資産が交付されない分割で一定の場合も分割型分割とされる（無対価分割型分割）。

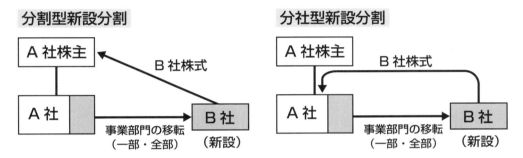

株式交換………発行済株式の全部を他の株式会社等に取得させ、従前の株主には対価として親会社となる当該他の法人（株式交換完全親法人）の株式を取得させる組織再編の方法

株式移転………発行済株式の全部を新設する株式会社に取得させ、従前の株主には対価として当該新設する会社（株式移転完全親法人）の株式を取得させる組織再編の方法

取得請求権付株式…株主が会社に対して株式の取得を請求できる権利が付された種類株式。取得の対価は現金のほか、社債、新株予約権付社債、その他の種類株式等

Q1-6 信用取引による差益

信用取引による利益には、どのような税金がかかりますか。

現物株式の譲渡益と同様に、申告分離課税が適用されますが、信用取引の決済は反対売買によるほか、現物決済（現引き、現渡し）によることもできます。

1．信用取引の差益と税金

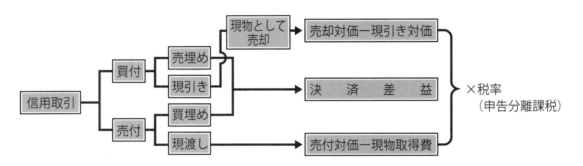

2．信用取引の差益の計算

〈転売〉

譲渡収入	買い方	売却価額＋逆日歩（品貸料）
	売り方	売却価額＋金利（日歩）－（配当落調整額 権利処理価額）(注)2

〈売付〉

－

〈買付〉

必要経費	買い方	取得費：取得価額＋買付手数料（消費税等込）＋支払金利（日歩）－（配当落調整額 権利処理価額）(注)2
		その他：売却手数料（消費税等込）＋信用取引管理費＋雑費等
	売り方	取得費：取得価額＋買付手数料（消費税等込）
		その他：売却手数料（消費税等込）＋信用取引管理費＋雑費等＋逆日歩（品貸料）＋貸株料

〈買戻〉

(注) 1．発行日決済取引の取扱いも、基本的には信用取引と同様です。
　　 2．配当落調整額（信用取引建玉中に発生した配当）は配当所得とならず、売買損益として扱われます。
　　　　配当落調整額は、次のように計算されます。
　　　　配当金相当額－（配当金相当額×15.315％）

第1章　株式にかかる税金

Q1-7　特定口座と申告不要制度

投資家は、株式等の譲渡益を自ら計算して確定申告する必要がありますが、特定口座に預け入れておけば簡易に申告できたり、確定申告が不要になったりすると聞きました。詳しく説明してください。

投資家は、1つの証券会社等につき1口座の「特定口座」を開くことができます。そして、その口座内で売買した上場株式等については、証券会社等から「年間取引報告書」が翌年1月末までに投資家に交付されますので、その合計金額（譲渡による収入金額の総額、年間純損益）をもとに比較的容易に確定申告することができます（簡易申告）。さらに、源泉徴収選択特定口座を選べば、譲渡のたびに証券会社等が年初からの通算純損益の増減額に対して一定の税率による所得税等と住民税の源泉（特別）徴収又は還付を行い、年末で区切って納付します。したがって、投資家は確定申告をする必要がありません（申告不要制度）。

1．仕組み（2つの特定口座）

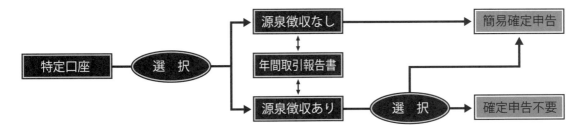

2．特定口座への受入れ

・特定口座において購入した上場株式等、特定口座における信用取引により買い付けた上場株式等を現引きし（P.86）、その特定口座への振替により受け入れるもの
・特定口座に他の証券会社等の特定口座から保管振替機構を通じて移管された上場株式等
・相続や贈与によって取得した株式（特定口座間・一般口座→特定口座〈一定条件あり〉）、EB債（他社株転換可能債券）の償還や株券オプションの権利行使により取得した株式等について特定口座に受け入れたもの

■上記以外で特定口座に受け入れることができる主なケース

○持株会を通じて取得した上場株式等（事業委託を受ける証券業者の特定口座）

○上場前から所有している株式（従業員・創業者等）で上場の際に一定の方式により特定口座に受け入れたもの

○株式分割・併合、株式無償割当・新株予約権無償割当により取得する上場株式等で、その割当ての際に特定口座に受け入れられるもの

○新株予約権等（有利発行のものに限り、ストック・オプション税制の適用があるものを除く）の行使により取得した上場株式等で、その行使により取得した上場株式等のすべてを特定口座に受け入れられるもの

○特定口座以外の口座で管理されていた被相続人等の上場株式等で、当該口座の開設取引業者以外の取引業者の相続人等の特定口座に移管されるもの

○一般NISA口座（P.244）、ジュニアNISA口座（P.246）から移管により受け入れる上場株式等

○特定公社債・公募公社債投資信託

（平成27年12月31日以前に取得したものについては、一定の要件を備えている場合に受け入れることができる。）

○令和２年４月１日以後、次の上場株式等も特定口座に受け入れることができます。

　①　未上場の取得請求権付株式、取得条項付株式、全部取得条項付種類株式で、請求権の行使等により取得する上場株式等

　②　役務の提供の対価（株式報酬）として、発行法人等から取得する一定の上場株式等

　③　非課税口座（NISA）開設届出書の提出をしたものの、非課税口座に該当しない口座とされた口座で管理されている一定の上場株式等

3．源泉徴収選択特定口座

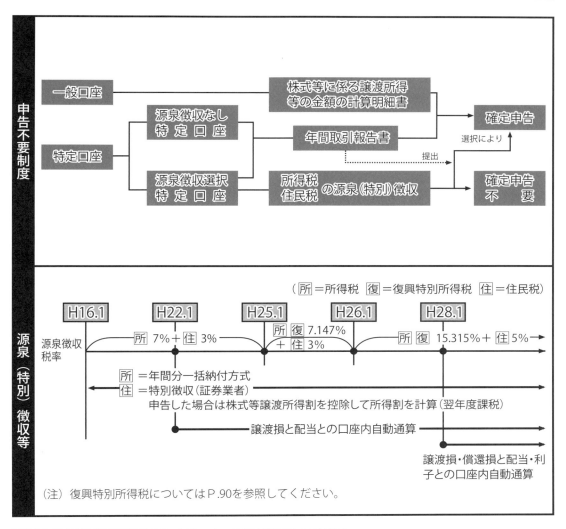

(注) 復興特別所得税についてはP.90を参照してください。

■源泉徴収選択特定口座のメリット（⑤は特定口座共通）

①源泉（特別）徴収のみで確定申告不要（還付のための確定申告もできます）。

②住民税も特別徴収されます。

③所得税、住民税とも配偶者控除の適否を判定する際の配偶者の合計所得に算入されません。ただし、確定申告すると合計所得に含まれます。

④「株式数比例配分方式」（上場株式等の配当金をその証券会社の取引口座の株数に応じて口座内に受け入れる方法）の申込みをすれば、上場株式等の配当が受け入れられ、譲渡損と口座内で自動通算されます。また、特定公社債の利子も口座内で自動通算されます。

⑤取得費の改訂（株式分割や会社分割があったとき等）を自動的にフォローしてくれます。

復興特別所得税

　平成25年1月1日〜令和19年12月31日までの間、基準所得税額×2.1％の復興特別所得税が通常の所得税とともに課税されます。したがって、平成25年以後は次のような合計税率となります。

	平成25年				平成26年〜			
	所得税	復興特別所得税	住民税	合　計	所得税	復興特別所得税	住民税	合　計
上場株式等の譲渡益	7％	0.147％	3％	10.147％	15％	0.315％	5％	20.315％
上場株式等の配当所得	（計7.147％）				（計15.315％）			
非上場株式等の譲渡益	15％	0.315％	5％	20.315％	15％	0.315％	5％	20.315％
	（計15.315％）				（計15.315％）			
非上場株式等の配当所得	20％	0.42％	—（総合課税）	—（総合課税）	20％	0.42％	—（総合課税）	—（総合課税）
	（計20.42％）				（計20.42％）			
利子所得（源泉分離）	15％	0.315％	5％	20.315％	15％	0.315％	5％	20.315％
	（計15.315％）				（計15.315％）			

（注）源泉徴収が行われる際は、所得税と復興特別所得税の合計税率を課税対象に乗じて税額を算出します。住民税は別途、課税対象に5％を乗じて算出します。確定申告を行う場合は、復興特別所得税は基準所得税額に2.1％を乗じた額となります。
　　　なお、本書では、復興特別所得税の略称として復興税を用いている箇所があります。

第 1 章　株式にかかる税金

Q1-8　特定口座（源泉徴収あり）内の配当、利子の確定申告

特定口座（源泉徴収あり）内の配当及び利子を確定申告する場合、注意すべき点はありますでしょうか。

次の点に注意する必要があります。

1. 特定口座（源泉徴収あり）の売却益、償還差益、配当、利子は、口座ごと、かつ、その売却益、償還差益、配当・利子ごとに確定申告するしないを選択できます（配当と利子がある場合、配当と利子の合計額ごとに行うこととされています。すなわち、同一口座内で配当と利子がある場合、配当と利子で異なる選択はできません。）。
　なお、その口座内の1回の売却、償還、配当、利子ごとに確定申告するしないの選択はできません。例えば、利払いが2回ある利子で、一つは申告し、もう一つは申告しないということはできません。

2. 特定口座（源泉徴収あり）の配当を確定申告する場合、そのすべてについて、総合課税か申告分離課税のいずれかを選択する必要があります。一部を総合課税、一部を申告分離課税にすることはできません。なお、特定公社債の利子は、源泉徴収後確定申告不要か申告分離課税の選択であり、総合課税はできません。申告する場合は、特定公社債の利子を申告分離課税、株式の配当を総合課税とすることはできます。

3. 特定口座（源泉徴収あり）が2つ以上あり、配当等を申告する場合、申告分離課税又は総合課税のどちらかに統一する必要があります。

4. 特定口座（源泉徴収あり）以外の配当、利子は、各銘柄の1回ごとの受取りについて、確定申告するしないを選択できます。

5. 特定口座（源泉徴収あり）の株式譲渡損を他の口座の株式譲渡益と損益通算する場合、株式譲渡損がある口座の株式配当、特定公社債利子は、必ず確定申告する必要があります。

《例》　特定口座A（源泉徴収あり）　　　特定口座B（源泉徴収あり）

①株式譲渡益　②株式配当　③特定公社債利子	④株式譲渡損　⑤株式配当　⑥特定公社債利子

※①と④を損益通算する場合　・①④⑤⑥は、必ず確定申告が必要です。
　　　　　　　　　　　　　　・②③は、確定申告してもしなくても構いません。

91

Q1-9 確定申告で申告しなかった上場株式等の利子及び配当を修正申告で申告することの可否

私は今年の確定申告のときに、上場株式等の利子及び配当（以下「配当等」という。）を含めないで申告しました。この度、修正申告するのですが、そのときに確定申告に含めなかった配当等を修正申告に含めることはできるのでしょうか。

修正申告で配当等を含めることはできません。

1. 上場株式等の配当等の金額は、総所得金額及び配当控除の額等の計算上、除外したところで確定申告できることとされており（措法8条の5①）、課税庁が決定又は更正・再更正をする場合は、その利子所得及び配当所得（以下「配当所得等」という。）の金額に係る総所得金額及び配当控除の額は、課税標準及び税額控除に含めないこととされています（措法8条の5②）。つまり、当初申告により選択等した上場株式等の配当等の処理方法は、その後変更できないものと解されます。

2. また、上場株式等の配当等の金額を総所得金額に算入して確定申告した場合、更正の請求又は修正申告にあたり、その配当所得等を総所得金額から除外できないこととされています（措置法通達8の5-1）。

   これは、上場株式等の配当等については、確定申告（期限後申告を含む。）をする時点で、総所得金額に含めるか除外して確定申告するかの選択を、申告する者の意思にゆだねられており、その配当所得等を確定申告した後では、配当所得等の申告不要制度の適用を受けることができないことを留意的に明らかにしたものとされています。

（参照：国税庁ホームページ質疑応答事例）

第1章　株式にかかる税金

Q1-10　確定申告で申告していなかった特定口座（源泉徴収選択口座）で生じた上場株式等の譲渡損失を、修正申告で申告することの可否

私は今年の確定申告のときに、特定口座（源泉徴収選択口座）で生じた上場株式等の譲渡損失を含めないで申告しました。この度、修正申告するのですが、そのときに確定申告に含めなかった上場株式等の譲渡損失を修正申告に含めることはできるのでしょうか。

また逆に、確定申告に含めて申告した特定口座（源泉徴収選択口座）で生じた上場株式等の譲渡所得又は譲渡損失を修正申告で除外できるのでしょうか。

修正申告で上場株式等の譲渡損失を含めることはできません。
また、修正申告で上場株式等の譲渡所得又は譲渡損失を除外することはできません。

1. 源泉徴収選択口座における上場株式等の譲渡所得若しくは譲渡損失は、除外したところで確定申告できるとされており（措法37の11の5①）、課税庁が決定又は更正・再更正をする場合は、その譲渡所得若しくは譲渡損失の金額は、課税標準等に含めないこととされています（措法37条の11の5②）。つまり、当初申告により選択等した上場株式等の譲渡所得若しくは譲渡損失の処理方法は、その後変更できないものと解されます。

2. また、源泉徴収選択口座において生じた譲渡所得又は譲渡損失の金額を上場株式等の譲渡所得等の金額に算入し確定申告した場合は、更正の請求又は修正申告において、その譲渡所得又は譲渡損失を上場株式等の譲渡所得から除外できないとされています（措置法通達37の11の5-4）。

93

Q 1-11 前年分の確定申告で、上場株式等の譲渡損失を申告していなかった場合、本年分の確定申告で、前年分の譲渡損失を本年分の譲渡益から控除することの可否

私は前年分の確定申告で、特定口座（源泉徴収選択口座）で上場株式等の譲渡損失を申告していませんでした。本年分の確定申告で、前年分の譲渡損失を繰り越して、本年分の譲渡益から控除することはできるでしょうか。

本年分の確定申告で、前年分の譲渡損失を繰り越して、本年分の譲渡益から控除することはできません。

　上場株式等の譲渡損失繰越控除の特例は、譲渡損失が生じた年分で譲渡損失に係る計算明細書等の添付がある確定申告書を提出し、かつ、その後において連続して確定申告書を提出している場合で、この繰越控除を受けようとする年分の確定申告書に計算明細書等の添付がある場合に限り適用されます（措法37の12の2⑦⑧⑪）。

第1章 株式にかかる税金

Q1-12 配当金の課税方式一覧

株式の配当金についての課税はどうなっていますか。

上場株式等の配当金は、所得税、住民税とも原則申告不要とされており（大口株主を除く）、源泉（特別）徴収税率は20.315％となっています。

1．上場株式等の配当に対する課税方法

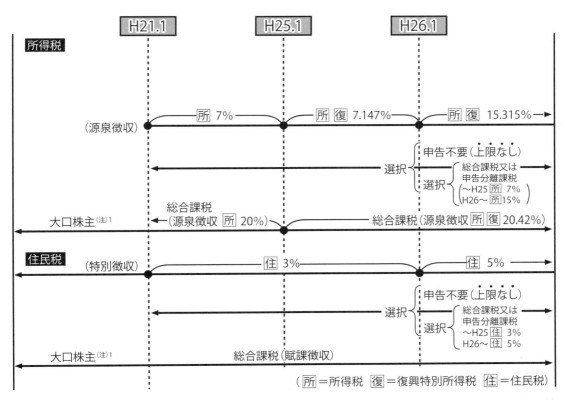

（注）1．大口株主とは、配当支払基準日において内国法人の発行済株式総数の3％以上を所有する個人株主のことです。大口株主の判定上の発行済株式総数には、自己株式が含まれます。詳しい課税関係はP.96参照のこと。なお、令和4年度税制改正で、大口株主基準の見直しが行われ、個人株主と同族会社の保有株数を合算して持株割合が3％以上かどうかで判定することとされました。令和5年10月1日以後に支払を受けるべき配当等について適用されます（P.2参照）。
2．復興特別所得税についてはP.90を参照してください。

2．大口株主や非上場株式の配当に対する課税方法

上場株式等の配当金課税と異なり、所得税は少額配当のみ申告不要とされます。

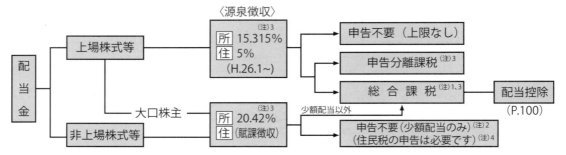

（注）1．住民税は賦課徴収（特別徴収5％〈原則〉は精算）されます。
　　　2．「少額配当」とは、10万円×（配当の計算期間月数÷12）以下の金額の配当のことです。
　　　3．復興特別所得税についてはP.90を参照してください。
　　　4．住民税は少額配当申告不要制度はないので、住民税の申告は必要です。

3．支払調書について

　上場株式の配当については、金額いかんにかかわらず支払調書が証券会社から税務署に提出されますが、非上場株式の配当については、1回の支払が（10万円×配当計算期間月数）÷12で求めた金額を超える場合のみ提出されます。

第1章　株式にかかる税金

Q1-13　上場株式等の配当所得及び株式等譲渡所得と住民税

上場株式等の配当所得及び株式等譲渡所得は、住民税はどのように課税されるのでしょうか。

所得税と住民税で異なる課税方式を選択することができます。

1．上場株式等の配当所得等及び株式等譲渡所得と住民税

(1)　上場株式等の特定配当所得等及び特定株式等譲渡所得については、所得税と住民税で異なる課税方式を選択することができます。所得税と住民税で異なる課税方式を選択する場合や一部の配当所得等に申告不要を選択した場合は、個人住民税の申告が必要になります。

　　所得税の確定申告書のほか、住民税の申告書も市区町村に提出する必要があります。

　　提出期限は、市区民税・都民税の納税通知書が送達される日までです。

(2)　個人住民税において、特定配当等及び特定株式等譲渡所得金額に係る所得の全部について源泉分離課税（申告不要）とする場合は、所得税の確定申告書第二表「住民税・事業税に関する事項」欄の「特定配当等・特定株式等譲渡所得の全部の申告不要」欄に、○印をつけます。住民税において一部だけ申告する場合は、住民税の申告書を市区町村に提出する必要があります。

　　特定配当等は配当及び利子をいいます。

　　なお、令和4年度税制改正で、個人住民税において、特定配当等及び特定上場株式等譲渡所得金額に係る所得の課税方式を所得税と一致させることとされました。令和6年分以後の個人住民税について適用されます。

2．特定配当所得及び特定株式等譲渡所得

　特定配当所得とは、上場株式等の配当のうち大口株主等が支払を受けるものを除く配当で、所得税と個人住民税が20.315％（所得税及び復興特別所得税15.315％、個人住民税配当割5％）の税率で源泉徴収（特別徴収）されているものをいいます。

　特定株式等譲渡所得とは、源泉徴収選択特定口座に受け入れた上場株式等の譲渡所得等で、所得税と個人住民税が20.315％（所得税及び復興特別所得税15.315％、個人住民税株式等譲

97

渡所得割5%）の税率で源泉徴収（特別徴収）されているものをいいます。

3．特定配当所得の課税方式

所得税と住民税で、異なる課税方式を選択することができます。

所得税	申告不要（源泉徴収） 総合課税 申告分離課税
住民税	申告不要（源泉徴収）^{(注)1} 総合課税^{(注)2 (注)3} 申告分離課税^{(注)3 (注)4}

（注）1．申告不要を選択した場合、個人住民税配当割が源泉徴収され課税関係が終了します。
　　　2．総合課税を選択した場合、配当控除の適用があります。
　　　3．総合課税又は申告分離課税を選択した場合、源泉徴収された個人住民税配当割が住民税から控除されます。
　　　4．申告分離課税を選択した場合、上場株式等に係る譲渡損失と損益通算及び繰越控除ができます。

4．特定株式等譲渡所得の課税方式

所得税と住民税で、異なる課税方式を選択することができます。

所得税	申告不要（源泉徴収） 申告分離課税
住民税	申告不要（源泉徴収）^{(注)1} 申告分離課税^{(注)2}

（注）1．申告不要を選択した場合、個人住民税株式等譲渡所得割が源泉徴収され課税関係が終了します。
　　　2．申告分離課税を選択した場合、源泉徴収された個人住民税株式等譲渡割が住民税から控除されます。

5．上場株式等の利子所得の課税方式

所得税と住民税で、異なる課税方式を選択することができます。

所得税	申告不要（源泉徴収） 申告分離課税
住民税	申告不要（源泉徴収） 申告分離課税

《コラム》

特定管理口座とみなし譲渡損

　特定口座に預入れされている株式・公社債等の発行会社が上場廃止を経て無価値化の事実が発生（清算結了等）した場合には、その損失が上場株式等の譲渡損失とみなされて、他の株式・特定公社債等の譲渡益と通算することができます。3年間の譲渡損失の繰越控除も可能です（一般口座での損失は救済されません）。

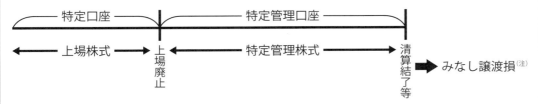

（注）確定申告書に、特例の適用を受けようとする旨を記載し、金融機関から交付を受けた清算結了等の確認をした旨を証する書類及び上場株式等に係る譲渡所得の金額に関する計算明細書の添付が必要です。

Q1-14 負債利子の控除と配当控除

株式の配当金を確定申告すると、その株式を取得するための借入金の利子を配当金から控除できたり、配当控除が適用できるとのことですが、どのような仕組みになっているのでしょうか。

株式の配当金から負債利子を控除できます。確定申告すると負債利子控除後の金額に対して10％（課税所得1,000万円超の部分は5％）相当の配当控除の適用がある上、源泉徴収された所得税等は精算されます。

1．負債利子の控除

その年中に譲渡しなかった株式を取得するために要した負債利子（その年の所有期間対応部分） →配当金から控除できる

配当金の収入金額−負債利子＝配当所得の金額

その年中に譲渡した株式を取得するために要した負債利子（その年の所有期間対応部分） →株式等の譲渡益から控除

（注）その負債利子が、その年に譲渡した株式等に係るものかどうか明らかでない場合には、一定の算式により按分計算します。

2．配当控除

区　　分		所得税	住民税
配当所得を含めた課税総所得金額等が1,000万円以下の場合		10％	2.8％
配当所得を含めた課税総所得金額等が1,000万円超の場合	1,000万円以下の部分	10％	2.8％
	1,000万円超の部分	5％	1.4％

（注）1．課税総所得金額等には、分離課税短期・長期譲渡所得金額、上場・一般株式等に係る課税譲渡所得等の金額、分離課税の上場株式等に係る課税配当所得の金額及び先物取引に係る雑所得等の金額が含まれます。
　　　2．株式投資信託の収益分配金に対する配当控除率は、上記の半分とされていますが、約款上、外貨

建資産割合等が50％超75％以下となる株式投資信託は、さらにその半分とされ、約款に規定のないものや75％超となるものは、配当控除はありません。

3．配当控除額の計算例

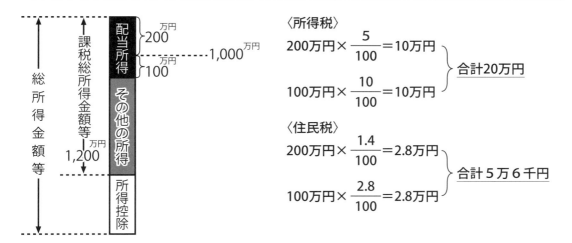

Q1-15 みなし配当

Q みなし配当とは、どのようなものですか。

A 株主に支払われる金銭等のうち、実質的に留保利益からの配当と変わらないものは「みなし配当」とされ、税務上は配当所得として課税されます。実際に金銭等の交付がある場合で、資本の払戻しとされる部分以外の金額がみなし配当とされます。

その法人の株主に金銭その他の資産の交付があった場合	みなし配当とされる部分
(イ)その法人の合併（適格合併を除く） (ロ)その法人の分割型分割（適格分割型分割を除く） (ハ)その法人の資本の払戻し又は解散による残余財産の分配 (ニ)その法人の自己の株式又は出資の取得（証券取引所の開設する市場における購入による取得等を除く） (ホ)その法人の出資の消却（取得した出資について行うものを除く）、払戻し、社員等の退社・脱退による持分の払戻し (ヘ)その法人の組織変更	交付を受けた金銭その他の資産の合計額が、資本金等の額のうち、その交付の基因となった株式に対応する部分を超える部分の金額

例 資本剰余金を原資とする剰余金の配当（従前の1株当たりの取得価額5,000円、純資産減少割合〈P.82〉0.1）

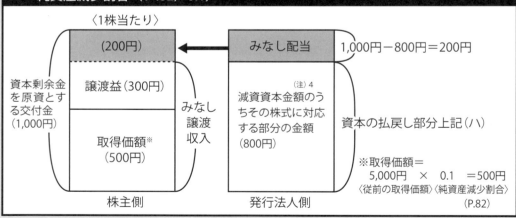

(注)1．資本の払戻し後の1株当たりの取得価額＝5,000円－（5,000円×0.1）＝4,500円（P.82）
　　2．利益剰余金を原資とする交付金は、配当そのものとされます。
　　3．譲渡益は申告分離課税の対象とされます。
　　4．減資資本金額＝資本の払戻し直前の資本金等の額×純資産減少割合
　　5．「みなし配当」部分は、源泉徴収の対象になります。

第2章

公社債・金融類似商品にかかる税金

Q2-1 公社債の課税方式

 公社債の課税方式について教えてください。

 特定公社債と一般公社債で課税方式が異なります（特定公社債と一般公社債の定義は、P.10の図表のとおりです。）。

1．特定公社債

①利子は、20.315％源泉徴収され確定申告不要とするか、20.315％の申告分離課税とするか選択できます。

②譲渡益は、20.315％申告分離課税。

③償還差益は、20.315％申告分離課税。

④譲渡損・償還差損は、特定公社債等の利子・償還差益・収益分配金、上場株式の譲渡益・配当と損益通算できます（P.18）。

⑤④の通算後、損失が残っている場合は、翌年以後3年間繰越控除ができます（毎年連続して確定申告が必要です。）。

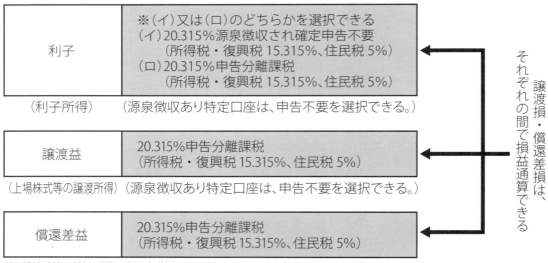

（注）平成27年12月31日以前は、利子は20.315％源泉分離課税（所得税・復興税15.315％、住民税5％）、譲渡益は非課税、償還差益は雑所得（総合課税）でした。

2．一般公社債

①利子は、20.315％源泉分離課税。

②譲渡益は、20.315％申告分離課税。

③償還差益は、20.315％申告分離課税。

④同族会社発行の社債利子で、その同族会社の株主等（同族会社判定の基礎となった株主・その親族・使用人等）が支払を受けるものは、総合課税（利子所得）となり確定申告が必要。また、同族会社発行の社債利子で、その同族会社の判定の基礎となる株主である法人と特殊の関係のある個人(注)及びその親族等が支払を受けるものは、総合課税の対象とされます（P.122参照）。

⑤同族会社発行の社債償還差益で、その同族会社の株主等（同族会社判定の基礎となった株主・その親族・使用人等）が支払を受けるものは、総合課税（雑所得）となり確定申告が必要。また、同族会社発行の社債償還差益で、その同族会社の判定の基礎となる株主である法人と特殊の関係のある個人(注)及びその親族等が支払を受けるものは、総合課税の対象とされます（P.122参照）。

(注)「法人と特殊の関係のある個人」とは、法人との間に発行済株式等の50％超の保有関係がある個人等をいいます。令和3年4月1日以後に支払を受けるべき社債利子及び償還金について適用されます。

⑥譲渡損・償還差損は、非上場株式の譲渡益、私募公社債投資信託・私募株式投資信託の譲渡益（償還差益は除く。）と損益通算できますが、非上場株式の配当、一般公社債の利子とは損益通算はできません（P.19）。

⑦⑥の通算後、損失が残っている場合でも、損失を繰り越すことはできません。

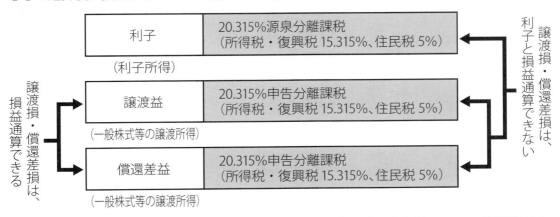

（注）平成27年12月31日以前は、利子は20.315％源泉分離課税（所得税・復興税15.315％、住民税5％）、譲渡益は非課税、償還差益は雑所得（総合課税）でした。

【事例2】特定公社債（一般口座）の譲渡益と株式の譲渡損（特定口座）の損益通算及び損失の繰越控除を行う場合

▶会社員　税研太郎
▶X商事

給与収入	6,000,000円
社会保険料控除	840,000円
生命保険料控除	40,000円
配偶者控除	380,000円
扶養控除	380,000円
基礎控除	480,000円
所得控除合計	2,120,000円

（源泉徴収税額 129,100円）

▶特定公社債取引の内容（一般口座）　　　　　　　　　　　　　　　　（単位：円）

銘柄	売却金額①	取得価額②	委託手数料③	売却損益①-②-③	売却株数	売却年月日	取得年月日
G商船	1,000,000	950,000	10,000	40,000	1口	R4.10.26	R3.10.26

▶株式取引の内容（特定口座）　　　　　　　　　　　　　　　　　　　（単位：円）

銘柄	売却金額①	取得価額②	委託手数料③	売却損益①-②-③	売却株数	売却年月日	取得年月日
A鉄鋼	1,200,000	1,500,000	10,000	△310,000	120株	R4.10.21	R3.9.7

〈申告書の作成手順〉

① 「株式等に係る譲渡所得等の計算明細書（2面）」

② 「株式等に係る譲渡所得等の計算明細書（1面）」

③ 「確定申告書付表（1面）」

④ 「確定申告書付表（2面）」

第2章　公社債・金融類似商品にかかる税金

2面（計算明細書）の
金額を転記する。

1　面

【令和 __4__ 年分】

株式等に係る譲渡所得等の金額の計算明細書

整理番号 □□□□□□□□□

　この明細書は、「一般株式等に係る譲渡所得等の金額」又は「上場株式等に係る譲渡所得等の金額」を計算する場合に使用するものです。
　なお、国税庁ホームページ【www.nta.go.jp】の「確定申告書等作成コーナー」の画面の案内に従って収入金額などの必要項目を入力することにより、この明細書や確定申告書などを作成することができます。

住　所 （前住所）	千代田区西神田X-X-X （　　　　　　　　　　　）	フリガナ 氏　名	ゼイケン　タロウ 税研 太郎
電話番号 （連絡先）		職業 会社員	関与税理士名 （電　話） Z会計事務所 （　　　　　　）

※　譲渡した年の1月1日以後に転居された方は、前住所も記載してください。

1　所得金額の計算

			一 般 株 式 等	上 場 株 式 等
収入金額	譲渡による収入金額	①	円	2,200,000 円
	その他の収入	②		
	小　計（①＋②）	③	申告書第三表㋐へ	申告書第三表㋒へ　2,200,000
必要経費又は譲渡に要した費用等	取得費（取得価額）	④		2,460,000
	譲渡のための委託手数料	⑤		10,000
		⑥		
	小計（④から⑥までの計）	⑦		2,470,000
	特定管理株式等のみなし譲渡損失の金額（※1） （△を付けないで書いてください。）	⑧		
	差 引 金 額（③－⑦－⑧）	⑨		△ 270,000
	特定投資株式の取得に要した金額の控除（※2） （⑨欄が赤字の場合は0と書いてください。）	⑩		0
	所 得 金 額（⑨－⑩） （一般株式等について赤字の場合は0と書いてください。） （上場株式等について赤字の場合は△を付して書いてください。）	⑪	申告書第三表㋑へ	黒字の場合は申告書第三表㋒へ △ 270,000
	本年分で差し引く上場株式等に係る繰越損失の金額（※3）	⑫		申告書第三表㉚へ
	繰越控除後の所得金額（※4） （⑪－⑫）	⑬	申告書第三表㋘へ	申告書第三表㋘へ

（注）　租税特別措置法第37条の12の2第2項に規定する上場株式等の譲渡以外の上場株式等の譲渡（相対取引など）がある場合の「上場株式等」の①から⑨までの各欄については、同項に規定する上場株式等の譲渡に係る金額を括弧書（内書）により記載してください。なお、「上場株式等」の⑪欄の金額が相対取引などによる赤字のみの場合は、申告書第三表の⑦欄に0を記載します。

特例適用条文	措法___条の_____ 措法___条の_____

※1　「特定管理株式等のみなし譲渡損失の金額」とは、租税特別措置法第37条の11の2第1項の規定により、同法第37条の12の2第2項に規定する上場株式等の譲渡をしたことにより生じた損失の金額とみなされるものをいいます。
※2　⑩欄の金額は、「（特定（新規）中小会社が発行した株式の取得に要した金額の控除の明細書」で計算した金額に基づき、「一般株式等」、「上場株式等」の順に、⑨欄の金額を限度として控除します。
※3　⑫欄の金額は、「上場株式等」の⑪欄の金額を限度として控除し、「上場株式等」の⑪欄の金額が0又は赤字の場合には記載しません。なお、⑫欄の金額を「一般株式等」から控除することはできません。
※4　⑬欄の金額は、⑪欄の金額が0又は赤字の場合には記載しません。また、⑬欄の金額を申告書第三表に転記するに当たって申告書第三表の㉙欄の金額が同⑫欄の金額から控除しきれない場合には、税務署にお尋ねください。

整理欄 □□□□

本年分の損失額

「上場株式等」の⑪欄の金額が赤字の場合で、譲渡損失の損益通算及び繰越控除の特例の適用を受ける方は、「所得税及び復興特別所得税の確定申告書付表」も記載してください。

107

「特定口座年間取引報告書」
（P.24）を基に金額を記載する。

2　面（計算明細書）

2　申告する特定口座の上場株式等に係る譲渡所得等の金額の合計

口座の区分	取引先（金融商品取引業者等）		譲渡の対価の額（収入金額）	取得費及び譲渡に要した費用の額等	差引金額（譲渡所得等の金額）	源泉徴収税額
源泉口座・簡易口座	証券会社　銀　行（　　　）	本　店支　店出張所	1,200,000 円	1,510,000 円	△ 310,000 円	0 円
源泉口座・簡易口座	証券会社　銀　行（　　　）	本　店支　店出張所				
源泉口座・簡易口座	証券会社　銀　行（　　　）	本　店支　店出張所				
源泉口座・簡易口座	証券会社　銀　行（　　　）	本　店支　店出張所				
源泉口座・簡易口座	証券会社　銀　行（　　　）	本　店支　店出張所				
合　計（上場株式等（特定口座））			1面①へ 1,200,000	1面④へ 1,510,000	△ 310,000	申告書第二表「所得の内訳」欄へ 0

【参考】　特定口座以外で譲渡した株式等の明細

区分	譲渡年月日（償還日）	譲渡した株式等の銘柄	数量	譲渡先（金融商品取引業者等）の所在地・名称等	譲渡による収入金額	取得費（取得価額）	譲渡のための委託手数料	取得年月日
一般株式等・上場株式等	4・10・26	G商船	株(口,円) 1口		1,000,000 円	950,000 円	10,000 円	3・10・26（　・　・　）
一般株式等・上場株式等	・・							（　・　・　）
一般株式等・上場株式等	・・							（　・　・　）
一般株式等・上場株式等	・・							（　・　・　）
一般株式等・上場株式等	・・							（　・　・　）
合　計	一　般　株　式　等				1面①へ	1面④へ	1面⑤へ	
	上場株式等（一般口座）				1面①へ 1,000,000	1面④へ 950,000	1面⑤へ 10,000	

合計した金額を1面（計算明細書）に転記する。

108

第２章　公社債・金融類似商品にかかる税金

| | | | 一連番号 | 1 面 |

令和 4 年分の 所得税及び 復興特別所得税 の確定申告書付表（上場株式等に係る 譲渡損失の損益通 算及び繰越控除用）

受付印

| 住所
又は
事業所
事務所
居所など | 千代田区西神田X-X-X | フリガナ
氏　名 | ゼイケン　タロウ
税研 太郎 |

○ この付表は、申告書と一緒に提出してください。

この付表は、租税特別措置法第37条の12の2（上場株式等に係る譲渡損失の損益通算及び繰越控除）
の規定の適用を受ける方が、本年分の上場株式等に係る譲渡損失の金額を同年分の上場株式等に係る配当
所得等の金額（特定上場株式等の配当等に係る配当所得に係る部分については、分離課税を選択したもの
に限ります。以下「分離課税配当所得等金額」といいます。）の計算上控除（損益通算）するため、又は
3年前の年分以後の上場株式等に係る譲渡損失の金額を本年分の上場株式等に係る譲渡所得等の金額及び
分離課税配当所得等金額の計算上控除するため、若しくは翌年以後に繰り越すために使用するものです。

○ 本年分において、「上場株式等に係る譲渡所得等の金額」がある方は、この付表を作成する前に、
まず「株式等に係る譲渡所得等の金額の計算明細書」の作成をしてください。

1　本年分の上場株式等に係る譲渡損失の金額及び分離課税配当所得等金額の計算

（赤字の金額は、△を付けないで書きます。2面の2も同じです。）

○ 「①上場株式等に係る譲渡所得等の金額」が黒字の場合又は「②上場株式等に係る譲渡損失の金額」
がない場合には、(1)の記載は要しません。また、「④本年分の損益通算前の分離課税配当所得等金額」
がない場合には、(2)の記載は要しません。

(1)　本年分の損益通算前の上場株式等に係る譲渡損失の金額

上場株式等に係る譲渡所得等の金額 （「株式等に係る譲渡所得等の金額の計算明細書」の1面の「上場株式等」 の①欄の金額）	①	270,000 円
上場株式等に係る譲渡損失の金額（※） （「株式等に係る譲渡所得等の金額の計算明細書」の1面の「上場株式等」 の⑨欄の金額）	②	270,000
本年分の損益通算前の上場株式等に係る譲渡損失の金額 （①欄の金額と②欄の金額のうち、いずれか少ない方の金額）	③	270,000

※　②欄の金額は、租税特別措置法第37条の12の2第2項に規定する上場株式等の譲渡以外の上場株式等の譲渡（相対
取引など）がある場合には、同項に規定する上場株式等の譲渡に係る金額（「株式等に係る譲渡所得等の金額の計
算明細書」の1面の「上場株式等」の⑨欄の括弧書の金額）のみを記載します。

(2)　本年分の損益通算前の分離課税配当所得等金額

種目・所得の生ずる場所	利子等・配当等の収入金額（税込）	配当所得に係る負債の利子
	円	円
合　　計	ⓐ　申告書第三表⑦へ	ⓑ
本年分の損益通算前の分離課税配当所得等金額 （ⓐ－ⓑ）　（赤字の場合には0と書いてください。）	④	

（注）利子所得に係る負債の利子は控除できません。

(3)　本年分の損益通算後の上場株式等に係る譲渡損失の金額又は分離課税配当所得等金額

| 本年分の損益通算後の上場株式等に係る譲渡損失の金額　（③－④）
（③欄の金額≦④欄の金額の場合には0と書いてください。）
（(2)の記載がない場合には、③欄の金額を移記してください。） | ⑤ | △を付けて、申告書第三表⑦へ 円
270,000 |
| 本年分の損益通算後の分離課税配当所得等金額　（④－③）
（③欄の金額≧④欄の金額の場合には0と書いてください。）
（(1)の記載がない場合には、④欄の金額を移記してください。） | ⑥ | 申告書第三表⑦へ |

109

2 面 （確定申告書付表）

2 翌年以後に繰り越される上場株式等に係る譲渡損失の金額の計算

譲渡損失の生じた年分	前年から繰り越された上場株式等に係る譲渡損失の金額	本年分で差し引く上場株式等に係る譲渡損失の金額（※1）		本年分で差し引くことのできなかった上場株式等に係る譲渡損失の金額
本年の3年前分（平成__令和__年分）	Ⓐ（前年分の付表の⑦欄の金額）円	Ⓓ（上場株式等に係る譲渡所得等の金額から差し引く部分）円		本年の3年前分の譲渡損失の金額を翌年以後に繰り越すことはできません。
		Ⓔ（分離課税配当所得等金額から差し引く部分）		
本年の2年前分（平成__令和__年分）	Ⓑ（前年分の付表の⑧欄の金額）	Ⓕ（上場株式等に係る譲渡所得等の金額から差し引く部分）		⑦（Ⓑ－Ⓕ－Ⓖ）　円
		Ⓖ（分離課税配当所得等金額から差し引く部分）		
本年の前年分（平成__令和__年分）	Ⓒ（前年分の付表の⑨欄の金額）	Ⓗ（上場株式等に係る譲渡所得等の金額から差し引く部分）		⑧（Ⓒ－Ⓗ－Ⓘ）
		Ⓘ（分離課税配当所得等金額から差し引く部分）		
本年分で上場株式等に係る譲渡所得等の金額から差し引く上場株式等に係る譲渡損失の金額の合計額（Ⓓ＋Ⓕ＋Ⓗ）	⑨	計算明細書の「上場株式等」の⑫へ		
本年分で分離課税配当所得等金額から差し引く上場株式等に係る譲渡損失の金額の合計額（Ⓔ＋Ⓖ＋Ⓘ）	⑩	申告書第三表⑭へ		
翌年以後に繰り越される上場株式等に係る譲渡損失の金額（⑤＋⑦＋⑧）	⑪	申告書第三表⑫へ（※2）　円　　270,000		

> ※1 「本年分で差し引く上場株式等に係る譲渡損失の金額」は、「前年から繰り越された上場株式等に係る譲渡損失の金額」のうち最も古い年に生じた金額から順次控除します。
> また、「本年分で差し引く上場株式等に係る譲渡損失の金額」は、同一の年に生じた「前年から繰り越された上場株式等に係る譲渡損失の金額」内においては、「株式等に係る譲渡所得等の金額の計算明細書」の 1 面 の「上場株式等」の⑪欄の金額（赤字の場合には、0とみなします。）及び「⑥本年分の損益通算後の分離課税配当所得等金額」の合計額を限度として、まず上場株式等に係る譲渡所得等の金額から控除し、なお控除しきれない損失の金額があるときは、分離課税配当所得等金額から控除します。
> ※2 本年の3年前分に生じた上場株式等に係る譲渡損失のうち、本年分で差し引くことのできなかった上場株式等に係る譲渡損失の金額を、翌年以後に繰り越して控除することはできません。

3 前年から繰り越された上場株式等に係る譲渡損失の金額を控除した後の本年分の分離課税配当所得等金額の計算

○ 「⑥本年分の損益通算後の分離課税配当所得等金額」がない場合には、この欄の記載は要しません。

前年から繰り越された上場株式等に係る譲渡損失の金額を控除した後の本年分の分離課税配当所得等金額（※）（⑥－⑩）	⑫	申告書第三表㉛へ　円

> ※ ⑫欄の金額を申告書に転記するに当たって申告書第三表の㉙欄の金額が同⑫欄の金額から控除しきれない場合には、税務署にお尋ねください。

○ 特例の内容又は記載方法についての詳しいことは、税務署にお尋ねください。

（注） 1 面 の⑤欄及び 2 面 の⑦欄、⑧欄の金額は、翌年の確定申告の際に使用します（翌年に株式等の売却がない場合でも、上場株式等に係る譲渡損失の金額をその年の翌年以後に繰り越すための申告が必要です。）。

翌年以後に繰り越される損失の金額

第2章 公社債・金融類似商品にかかる税金

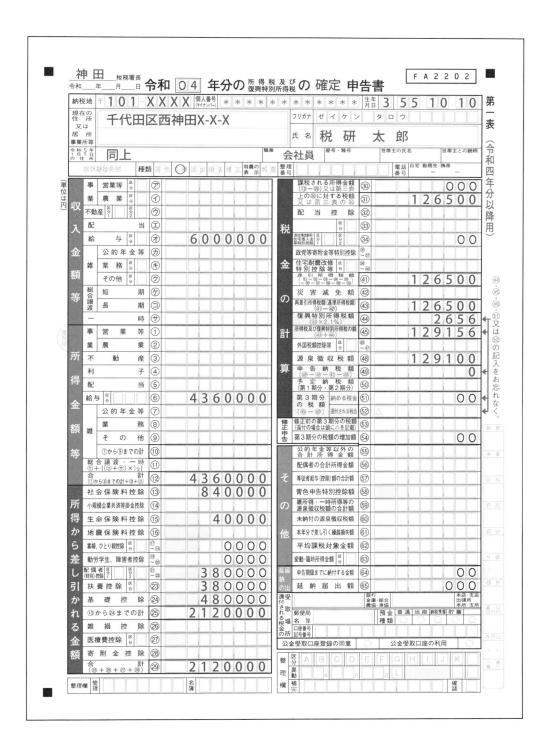

令和 04 年分の所得税及び復興特別所得税の確定申告書

整理番号 | | | | | | |　　FA2302

第二表（令和四年分以降用）

	保険料等の種類	支払保険料等の計	うち年末調整等以外
⑬⑭ 社会保険料控除 小規模企業共済等掛金控除	源泉徴収票のとおり	840,000 円	円
⑮ 生命保険料控除	新生命保険料	200,000 円	
	旧生命保険料		
	新個人年金保険料		
	旧個人年金保険料		
	介護医療保険料		
⑯ 地震保険料控除	地震保険料	円	円
	旧長期損害保険料		

住所・氏名

住所・屋号　千代田区西神田X-X-X
フリガナ　ゼイケン タロウ
氏名　税研 太郎

○ 所得の内訳（所得税及び復興特別所得税の源泉徴収税額）

所得の種類	種目	給与などの支払者の「名称」及び「法人番号又は所在地」等	収入金額	源泉徴収税額
給与	給料	X商事	6,000,000 円	129,100 円
株式等の譲渡		計算明細書のとおり	2,200,000	0
		㊽ 源泉徴収税額の合計額		129,100

本人に関する事項（⑰〜⑳）

寡婦 □死別 □離婚 □生死不明 □未帰還　ひとり親　勤労学生 □年調以外かつ専修学校等　障害者　特別障害者

○ 雑損控除に関する事項（㉖）

損害の原因	損害年月日	損害を受けた資産の種類など

損害金額 円	保険金などで補塡される金額 円	差引損失額のうち災害関連支出の金額 円

○ 寄附金控除に関する事項（㉘）

寄附先の名称等		寄附金 円

○ 総合課税の譲渡所得、一時所得に関する事項（⑪）

所得の種類	収入金額	必要経費等	差引金額
	円	円	円

特例適用条文等

○ 配偶者や親族に関する事項（⑳〜㉓）

氏名	個人番号	続柄	生年月日	障害者	国外居住	住民税	その他
税研花子	* * * * * * * * * * * *	配偶者	明・大 57.12.12	障 特障	国外 年調	同一 別居	調整
税研一郎	* * * * * * * * * * * *	子	明・大 17.6.8	障 特障	国外 年調 (16)	別居	調整
			明・大 昭・平・令	障 特障	国外 年調 (16)	別居	調整
			明・大 昭・平・令	障 特障	国外 年調 (16)	別居	調整
			明・大 昭・平・令	障 特障	国外 年調 (16)	別居	調整

○ 事業専従者に関する事項（㊸）

事業専従者の氏名	個人番号	続柄	生年月日	従事月数・程度・仕事の内容	専従者給与（控除）額
			明・大 昭・平		
			明・大 昭・平		

○ 住民税・事業税に関する事項

住民税	非上場株式の少額配当等	非居住者の特例	配当割額控除額	株式等譲渡所得割額控除額	特定配当等・特定株式等譲渡所得の全部の申告不要	給与・公的年金等以外の所得に係る住民税の徴収方法		都道府県、市区町村への寄附（特例控除対象）	共同募金、日赤その他の寄附	都道府県条例指定寄附	市区町村条例指定寄附
						特別徴収	自分で納付				

退職所得のある配偶者・親族の氏名	個人番号	続柄	生年月日	退職所得を除く所得金額	障害者	その他	寡婦・ひとり親
			明・大 昭・平		障 特障	寡婦	ひとり親

事業税	非課税所得など	番号	所得金額	損益通算の特例適用前の不動産所得	前年中の開（廃）業	開始・廃止 月日
	不動産所得から差し引いた青色申告特別控除額			事業用資産の譲渡損失など	他都道府県の事務所等	

上記の配偶者・親族・事業専従者のうち別居の者の氏名・住所	氏名	住所	国外	所得税で控除対象配偶者などとした専従者	氏名	給与	一連番号

整理欄　申告区分　申告等年月日　所得種類　法　申告期限　特例適用条文

税理士署名・電話番号
（ Z会計事務所 ー ー ）

> 住民税で全部申告不要を選択する場合は、○印を付ける

第2章 公社債・金融類似商品にかかる税金

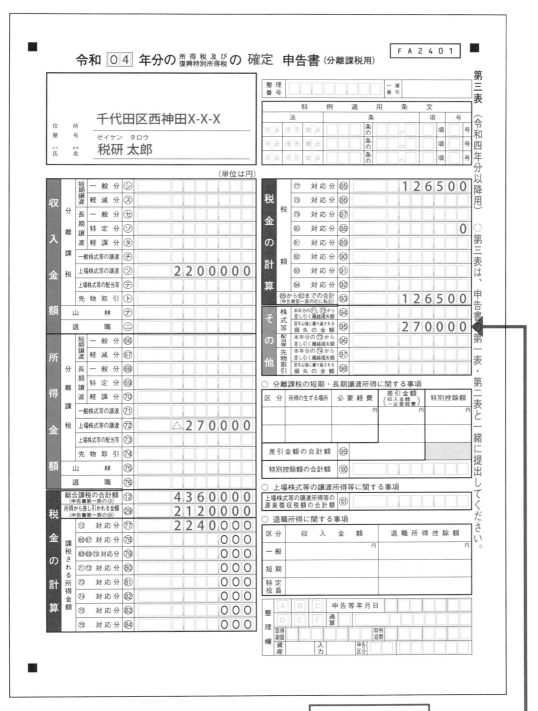

Point!

①上場株式の譲渡損失を翌年以降に繰り越す場合は、毎年連続して確定申告が必要です。

②特定口座はいったん確定申告した場合は、後になって、特定口座分について申告しないこととする更正の請求はできません。

③税金面では有利になっても、国民健康保険料等、高齢者の病院窓口負担割合のアップなど、他の面に影響が出る場合があるので、注意が必要です。

ご注意を！

１．確定申告書に、本人及び親族のマイナンバーの記載が必要です。

２．e-Tax（電子申告）する場合は本人確認書類は必要ありませんが、書面で提出する場合は添付が必要となります。

第 2 章　公社債・金融類似商品にかかる税金

Q2-2　利子、利息、収益分配金

預貯金の利子や抵当証券等金融類似商品の利息等は所得税等が源泉徴収されますが、確定申告をする必要はありますか。

源泉分離課税扱いですから、利子等から所得税・復興税（15.315％）と住民税（5％）が源泉（特別）徴収されるだけで一切の課税関係は終了します。したがって、確定申告の必要はありません。

○預貯金の利子
　（世銀債等の利子を除く※）
○定期積金又は相互掛金の給付補てん金
○金貯蓄口座の差益
○抵当証券の利息
○一時払い養老保険（5年以下）の差益
○先物為替予約付外貨建預金（元本部分の為替差益）

　⇒　所得税及び復興特別所得税 15.315％（P.90）＋住民税5％　｝源泉分離課税

※世銀債等の利子は、特定公社債として扱われ、国内の金融機関を通じて支払いを受ける場合は、20.315％源泉徴収後申告不要又は申告分離課税を選択できる。

商品の仕組み

●金貯蓄口座（金投資口座）

　金地金を販売すると同時に、その金地金について将来の一定の期日（金貯蓄口座の満期日）に一定の価格で買い取ることを約定し（先物売予約による）、売却代金を確定させる売買取引。したがって、金地金の市況変動による一切のリスクを回避した確定利回りの金融商品。

●抵当証券

　抵当証券会社が法人・個人に不動産を担保とした融資を行い、融資時に設定した抵当権の登記に基づいて法務局より抵当証券会社に交付される抵当証券を小口化して一般投

資家に販売するもの。実際に投資家に交付されるものは抵当証券そのものではなくて、抵当証券の預り証（預け先は抵当証券保管機構）といった性格の「モーゲージ証券」である。

● 世銀債等とは

| 国際復興開発銀行（世銀）債 | 米州開発銀行債 | アジア開発銀行債 |
| アフリカ開発銀行債 | 国際金融公社債 | 欧州復興開発銀行債 |

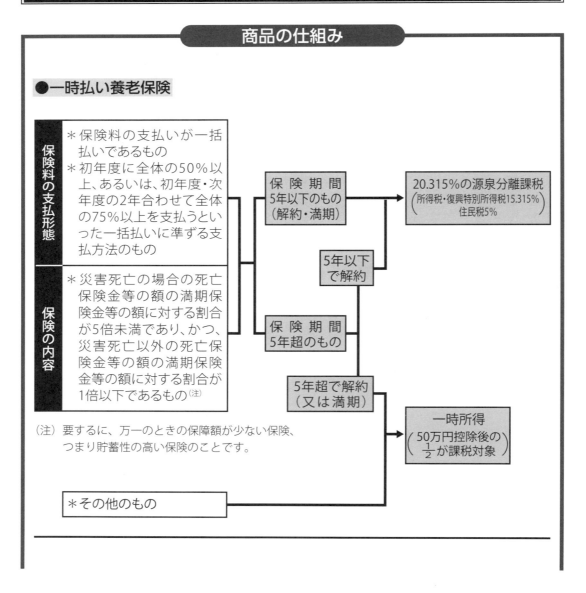

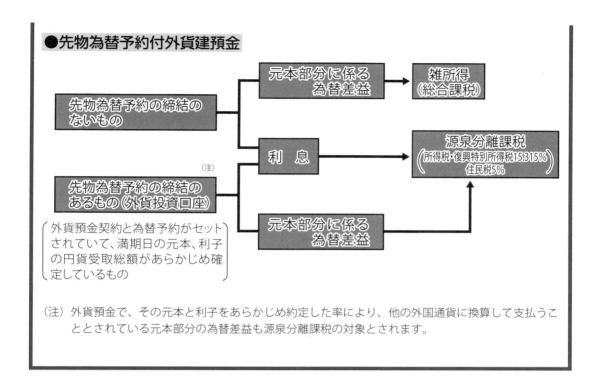

（注）外貨預金で、その元本と利子をあらかじめ約定した率により、他の外国通貨に換算して支払うこととされている元本部分の為替差益も源泉分離課税の対象とされます。

Q2-3 マル優、特別マル優、財形貯蓄

高齢者についてはマル優等を使えなくなったという話を聞きましたが、今まで預入れしていた非課税貯蓄はどのように取り扱われるのでしょうか。

「老人等の少額貯蓄非課税制度」（マル優、特別マル優〈いずれも元本合計350万円が限度〉）は、平成18年1月1日から「障害者等に対する少額貯蓄非課税制度」に変わっています。すなわち、マル優等を利用できる人は身体障害者手帳の交付を受けている者、遺族基礎年金受給者である被保険者の妻等に限られ、「高齢者（年齢65歳以上の者）」は利用できなくなり、今まで預入れしていた公社債等でも平成18年1月1日以後受けるべき利子等については、課税扱いとされます。

利子の非課税制度

種類	利用できる人	対象となる貯蓄	非課税限度額	適用要件
障害者等の少額貯蓄非課税制度　マル優	国内に住所を有する ①身体障害者手帳の交付を受けている者等 ②遺族年金や寡婦年金等の受給者である妻等	①利付公社債、円建外債（世銀債等を除く）、公社債投信、公募公社債等運用投資信託等、社債的受益証券 ②預貯金 ③貸付信託、金銭信託	元本合計350万円まで	㋑申告書、申込書の提出 ㋺購入した有価証券については金融機関の振替口座簿に記載又は記録がされているもの ㋩投資信託は設定日（追加設定日を含む）に購入したものに限る ㋥障害者等の本人確認手続きを要する
障害者等の少額公債非課税制度　特別マル優		国債 公募地方債	元本合計350万円まで	上記㋑㋺㋥に同じ

財形 年金貯蓄非課税制度 財形住宅貯蓄	国内に住所を有する勤労者	①利付公社債、円建外債（世銀債等を除く）、公社債投信、公募株式投信（安定運用型） ②預貯金 ③貸付信託、金銭信託 ④生命保険、生命共済（養老保険を除く） ⑤損害保険	元本合計550万円まで （生損保等に係る財形年金貯蓄は385万円まで） （残りの165万円については財形住宅貯蓄の非課税枠として利用できる）	㋑申告書、申込書の提出 ㋺賃金から天引きで積み立てる ㋩5年以上定期的に積み立てる。目的外払出しや中途の解約（払出し）があれば5年間遡って課税される ㊁生命保険契約等については、契約期間等は5年以上

（注）マル優・特別マル優で、公社債の譲渡、公社債投資信託の買取請求を行った場合は、譲渡益は20.315％申告分離課税となります。

Q2-4 割引債と利付債

割引債の償還差益の課税方式はどのようになっているのでしょうか。また、利付債の課税方式についても教えてください。

割引債の償還差益は、償還時に課税されます。また、利付債、割引債とも特定公社債、一般公社債の区分により課税方式が異なります（特定公社債と一般公社債の定義は、P.10の図表とおりです。）。
なお、割引債の発行は、平成24（2012）年12月を最後に発行を終了しています。発行された割引債はすでに全て償還日を迎え、各金融機関は、現在換金のみを受け付けています。

1．割引債の償還差益

〈特定公社債のうち一般口座預入分及び一般公社債の場合〉

　割引債の償還差益は、平成27年までは発行時に償還差益の18.378％源泉分離課税（雑所得）でしたが、平成28年からは償還時に、償還金額×みなし割引率(注)の20.315％源泉徴収後、実際の償還差益に対して20.315％申告分離課税（株式の譲渡等）となりました。特定口座が選択できますが、源泉徴収選択口座と簡易申告口座で、課税方式が若干異なります（次頁の表参照）。

（注）みなし割引率：償還期間が1年以内のもの…0.2％
　　　　　　　　　償還期間が1年超のもの　…25％
　　★みなし割引率が25％という意味は、償還期間が1年超のものは、25％の差益があるとみなすということです。特定口座の場合は、発行価格又は取得価格が管理されていますが、それ以外のものは実際の利益が分からない場合があるため、みなし割引率を使って計算します。
　　【例】
　　・10,000円の額面で、9,000円で発行した割引債があるとする（償還期間1年超のものとする。）。
　　　10,000円×25％＝2,500円がみなし利益
　　　2,500円×20.315％＝507円が源泉徴収される。
　　・一方、実際は10,000円（額面）－9,000円（発行価格）＝1,000円が利益
　　　1,000円×20.315％＝203円が税金
　　・確定申告することによって507円－203円＝304円が還付される。
　　　（源泉徴収選択特定口座の場合は、口座内で精算される。）

2．公社債の課税方式

　公社債はいろいろな分類の仕方があります。

第2章　公社債・金融類似商品にかかる税金

▶利息に着目した分類　…　利付債、割引債

▶募集方法に着目した分類　…　公募債、私募債

▶発行主体に着目した分類　…　国債、地方債、社債、外国債

▶償還されるまでの期間に着目した分類　…　短期債、中期債、長期債

　公社債の課税は、特定公社債、一般公社債の区分に分かれ、それぞれ課税方式が異なります。

ここでは利息に着目した分類により、説明します。

特定公社債と一般公社債で課税方式が異なります。

〈**特定公社債の場合**〉

			課税方式
公社債	利付債 （利子が払われる）	利子	20.315%源泉徴収され申告不要又は申告分離課税選択可 （源泉徴収選択特定口座は、申告不要選択可）
		償還差益	20.315%申告分離課税 （源泉徴収選択特定口座は、申告不要選択可）
		譲渡益	20.315%申告分離課税 （源泉徴収選択特定口座は、申告不要選択可）
	割引債 （利子が払われないが、利息分だけ割引いた価格で発行される）	利子	なし
		償還差益	①源泉徴収選択特定口座 　㋑償還時の実際の償還差益の20.315%源泉徴収 　㋺申告不要（申告することも可） ②源泉徴収なし特定口座（簡易申告特定口座） 　㋑源泉徴収なし 　㋺実際の償還差益の20.315%申告分離課税 ③一般口座 　㋑償還時にみなし償還差益^(注)の20.315%源泉徴収 　㋺その後、実際の償還差益の20.315%申告分離課税
		譲渡益	①源泉徴収選択特定口座 　㋑譲渡益の20.315%源泉徴収 　㋺申告不要（申告することも可） ②源泉徴収なし特定口座（簡易申告特定口座） 　㋑源泉徴収なし 　㋺譲渡益の20.315%申告分離課税 ③一般口座 　㋑源泉徴収なし 　㋺譲渡益の20.315%申告分離課税

121

（注）みなし償還差益
(1) 償還金額×0.2%（発行日から償還日までの期間が1年以内のもの）
(2) 償還金額×25%（発行日から償還日までの期間が1年超のもの）

〈一般公社債の場合〉

			課税方式
公社債	利付債	利子	20.315%源泉分離課税(注)
		償還差益	20.315%申告分離課税(注)
		譲渡益	20.315%申告分離課税
	割引債	利子	なし
		償還差益	償還時にみなし償還差益の20.315%源泉徴収後、実際の償還差益の20.315%申告分離課税(注)
		譲渡益	20.315%申告分離課税（源泉徴収なし）

（注）同族会社が発行した社債の利子・償還金で同族会社の株主等（同族会社判定の基礎となった株主・その親族・使用人等）が支払いを受けるものは、利子は利子所得、償還差益は雑所得として総合課税。また、令和3年4月1日以降に支払を受けるべき社債の利子・償還金で、その同族会社の判定の基礎となる株主である法人と特殊の関係のある個人及びその親族等が支払を受けるものも同様です（P.105参照）。

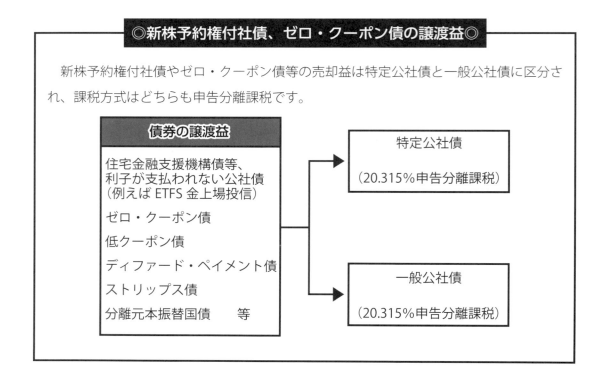

商品の仕組み

●割引債券（割引国債・割引金融債）

　額面より安く発行され、額面で償還される債券で、その償還差益が利子に相当する。平成28年１月１日以後に発行されるものについては特定公社債のうち一般口座預入分及び一般公社債の場合、償還時にみなし償還差益の20.315％源泉徴収後、実際の償還差益の20.315％申告分離課税となる。

●ゼロ・クーポン債

　利札（クーポン）がゼロ、つまり利息が付かない代わりに額面を下回る価格で割引発行され、満期時に額面で償還される。その償還差益が利息相当額となる。

　通常、海外で割引発行される中長期債をゼロ・クーポン債と呼び、日本の割引国債や割引金融債と区別している。平成28年１月１日以後に発行されるものについては、譲渡益・償還差益は実際の譲渡益・償還差益の20.315％申告分離課税となる。

●低クーポン債

　新株予約券付社債以外の公社債で、その利率が著しく低い利付債をいう。その利率が著しく低いかどうかは、その債券の発行時期によって定められている。

平成15年６月13日 ~平成27年２月２日発行分	償還期間７年以上８年未満 ……利率年0.2％未満 ７年未満 ………………………………0.1％未満 （一部抜すい）
平成27年２月３日以後発行分	償還期間25年以上 ………………利率年0.5％未満 15年以上25年未満……………………0.3％未満 15年未満 ………………………………0.1％未満

●ディファード・ペイメント債

　その利子の計算期間が１年を超えるもの、又は、その利子の計算期間のうちに１年を超える利子の計算期間があるもの。例えば、最初の数年間は利払いを行わずに繰延べ（ディファード）させ、数年後に利払いのある公社債。

　その利子の利率のうち最も高いものを最も低いもので除して計算した割合（最高利率÷最低利率）が100分の150以上で（1.5以上）であるもの（利子を付さない期間があるものを含む）も、一種のディファード・ペイメント債とされ、税務上は同様に扱われる。

●ストリップス債

　利付債である米国国債の元本部分と利札（クーポン）を切り離して、別々に流通させる形式のもの。そうすることによって元本部分も利札部分もゼロ・クーポン債化することになる。Separate Trading of Registered Interest and Principal of Securitiesの各頭文字を取ったもの。

（注）低クーポン債、ディファード・ペイメント債、ストリップス債は、中途売却によって本来利息に相当する部分がキャピタル・ゲイン化して課税が除外されることを防止するため、ゼロ・クーポン債類似の公社債としてその譲渡による所得が課税対象とされる。

Q2-5 経過利子

債券を利払日と利払日の中途で購入したり、譲渡したりすると経過利子が受渡しされるそうですが、課税関係はどうなりますか。

経過利子は利子所得とはされず、個人の場合、購入時に支払う経過利子は取得価額に加算され、譲渡時に受け取る経過利子は譲渡対価に加算されます。

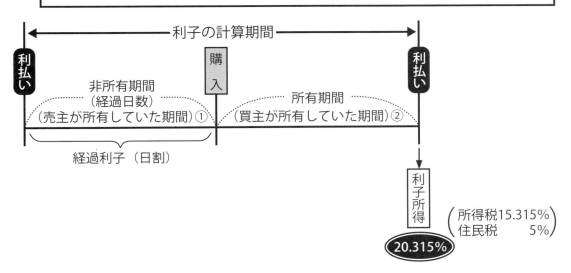

※例えば、売主から見た場合、売主が所有していた期間①の利子を受け取りますが、利子収入ではなく譲渡収入になります。

〈課税売買の場合〉

$$100円 \times 年利率 \times \frac{経過日数}{365} = A（額面100円当たりの経過利子）$$

$$A \times \frac{売買額面総額}{100} = 売買額面総額の経過利子$$

第3章

投資信託にかかる税金

Q3-1 公社債投資信託の課税方式

公社債投資信託の課税方式について教えてください。

公募と私募で課税方式が異なります。

1．公募公社債投資信託

①収益分配金は、20.315％源泉徴収され確定申告不要とするか、20.315％の申告分離課税とするか選択できます。

②譲渡益は、20.315％申告分離課税。

③償還差益・解約益は、20.315％申告分離課税。

④譲渡損・償還差損・解約損は、特定公社債等の利子・償還差益・収益分配金、上場株式の譲渡益・配当と損益通算できます（P.18）。

⑤④の通算後、損失が残っている場合は、翌年以後3年間繰越控除ができます（毎年連続して確定申告が必要です。）。

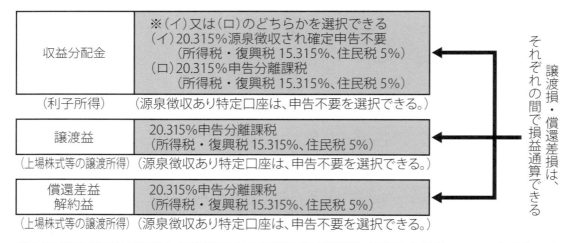

（注）平成27年12月31日以前は、収益分配金は20.315％源泉分離課税（所得税・復興税15.315％、住民税5％）（利子所得）、譲渡益は非課税、償還差益は20.315％源泉分離課税（所得税・復興税15.315％、住民税5％）（利子所得）でした。

2．私募公社債投資信託

①収益分配金は、20.315％源泉分離課税。

②譲渡益は、20.315％申告分離課税。

③償還差益・解約益は、20.315％源泉分離課税。

④譲渡損・償還差損・解約損は、一般株式等の譲渡損益と損益通算できますが、配当・利子・償還差益・収益分配金とは、損益通算できません（P.19）。

⑤④の通算後、損失が残っていても、繰り越すことはできません。

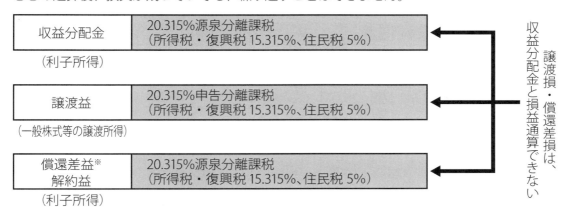

※償還差損は、一般株式等の譲渡損失となります（解約・償還時に受け取った金銭等が元本以下である場合には、その受け取った金銭等の額が、一般株式等の譲渡所得の計算上、収入金額とみなされます。）。
（注）平成27年12月31日以前は、収益分配金は20.315％源泉分離課税（所得税・復興税15.315％、住民税5％）（利子所得）、譲渡益は非課税、償還差益は20.315％源泉分離課税（所得税・復興税15.315％、住民税5％）（利子所得）でした。

Q3-2 株式投資信託の課税方式

 株式投資信託の課税方式について教えてください。

 公募と私募で課税方式が異なります。

1．公募株式投資信託

①収益分配金は、20.315％源泉徴収され確定申告不要とするか、確定申告して20.315％申告分離課税か総合課税とするか選択できます。

②譲渡益は、20.315％申告分離課税。

③償還差益・解約益は、20.315％申告分離課税。

④譲渡損・償還差損・解約損は、特定公社債等の利子・償還差益・収益分配金、上場株式の譲渡益・配当と損益通算できます（P.18）。

⑤④の通算後、損失が残っている場合は、翌年以後3年間繰越控除ができます（毎年連続して確定申告が必要です。）。

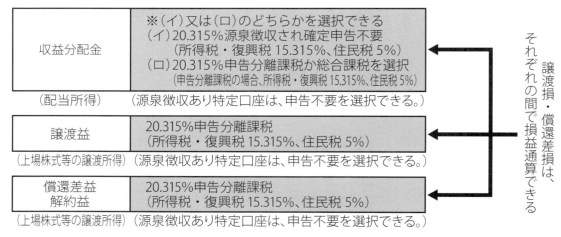

（注）収益分配金、譲渡益、償還差益・解約益とも課税方式は、平成27年12月31日以前と平成28年1月1日以降で変更はありません。

2．私募株式投資信託

①収益分配金は、20.42％源泉徴収され、少額配当の場合以外は確定申告。

②譲渡益は、20.315％申告分離課税。

③償還差益・解約益は、20.42％源泉徴収され、少額配当の場合以外は確定申告。

④譲渡損・償還差損・解約損は、一般株式等の譲渡損益と損益通算できますが、配当・利子・償還差益・収益分配金とは、損益通算できません（P.19）。

⑤④の通算後、損失が残っていても、繰り越すことはできません。

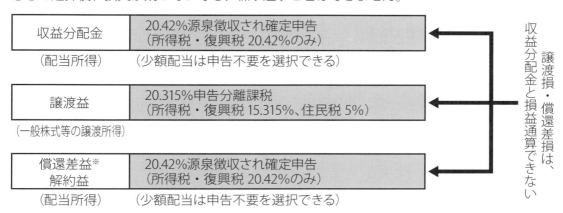

※償還差損は、一般株式等の譲渡損失となります（解約・償還時に受け取った金銭等が元本以下である場合には、その受け取った金銭等の額が、一般株式等の譲渡所得の計算上、収入金額とみなされます。）。
（注）平成27年12月31日以前は、収益分配金と譲渡益の課税方式は現行と同じでしたが、償還差益・解約益は20.315％申告分離課税（所得税・復興税15.315％、住民税5％）（譲渡所得）でした。

【事例3】特定口座（源泉徴収あり）の株式の損失、一般口座の特定公社債の譲渡益、利子の損益通算及び損失の繰越控除を行う場合

- ▶会社員　税研太郎
- ▶X商事

給与収入	6,000,000円
社会保険料控除	840,000円
生命保険料控除	40,000円
配偶者控除	380,000円
扶養控除	380,000円
基礎控除	480,000円
所得控除合計	2,120,000円

（源泉徴収税額 129,100円）

▶株式取引（特定口座）　　　　　　　　　　　　　　　　（単位：円）

銘柄	売却金額①	取得価額②	委託手数料③	売却損益①-②-③	売却株数	売却年月日	取得年月日
A鉄鋼	1,200,000	1,500,000	10,000	△310,000	120株	R4.10.21	R3.9.7

▶特定公社債（一般口座）　　　　　　　　　　　　　　　（単位：円）

銘柄	売却金額①	取得価額②	委託手数料③	売却損益①-②-③	売却株数	売却年月日	取得年月日
H工業	1,000,000	950,000	10,000	40,000	1口	R4.10.25	R3.9.24

- ▶配当所得（A鉄鋼）30,000円（確定日：R4.6.30）
  所得税4,594円、住民税1,500円
- ▶特定公社債の利子（H工業）50,000円（利払日：R4.10.31）
  所得税7,657円、住民税2,500円

〈申告書の作成手順〉

① 「株式等に係る譲渡所得等の計算明細書（2面）」

② 「株式等に係る譲渡所得等の計算明細書（1面）」

③ 「確定申告書付表（1面）」

④ 「確定申告書付表（2面）」

第3章　投資信託にかかる税金

> 2面（計算明細書）の
> 金額を転記する。

		1 面

【令和 ４ 年分】

株式等に係る譲渡所得等の金額の計算明細書

| 整理番号 | |

> この明細書は、「一般株式等に係る譲渡所得等の金額」又は「上場株式等に係る譲渡所得等の金額」を計算する場合に使用するものです。
> なお、国税庁ホームページ【www.nta.go.jp】の「確定申告書等作成コーナー」の画面の案内に従って収入金額などの必要項目を入力することにより、この明細書や確定申告書などを作成することができます。

住　所 （前住所）	千代田区西神田X-X-X （　　　　　　　　　　　）	フリガナ 氏　名	ゼイケン タロウ 税研 太郎
電話番号 （連絡先）		職業　会社員	関与税理士名 （電　話）	Z会計事務所 （　　　　）

※ 譲渡した年の1月1日以後に転居された方は、前住所も記載してください。

1　所得金額の計算

			一 般 株 式 等	上 場 株 式 等
収入金額	譲渡による収入金額	①	円	2,200,000 円
	その他の収入	②		
	小　　　計（①＋②）	③	申告書第三表㋕へ	申告書第三表㋐へ 2,200,000
必要経費又は譲渡に要した費用等	取得費（取得価額）	④		2,460,000
	譲渡のための委託手数料	⑤		10,000
		⑥		
	小計（④から⑥までの計）	⑦		2,470,000
特定管理株式等のみなし 譲渡損失の金額（※1） （△を付けないで書いてください。）		⑧		
差　引　金　額（③－⑦－⑧）		⑨		△ 270,000
特定投資株式の取得に 要した金額の控除（※2） （⑨欄が赤字の場合は0と書いてください。）		⑩		
所　得　金　額（⑨－⑩） （一般株式等について赤字の場合は0と書いてください。） （上場株式等について赤字の場合は△を付して書いてください。）		⑪	申告書第三表㋑へ	黒字の場合は申告書第三表㋒へ △ 270,000
本年分で差し引く上場株式等に 係る繰越損失の金額（※3）		⑫		申告書第三表㉔へ
繰越控除後の所得金額（※4） （⑪－⑫）		⑬	申告書第三表㋒へ	申告書第三表㋒へ

（注）　租税特別措置法第37条の12の2第2項に規定する上場株式等の譲渡以外の上場株式等の譲渡（相対取引など）がある場合の「上場株式等」の①から⑨までの各欄については、同項に規定する上場株式等の譲渡に係る金額を括弧書（内書）により記載してください。なお、「上場株式等」の⑪欄の金額が相対取引などによる赤字のみの場合は、申告書第三表㋑欄に0を記載します。

特例適用条文	措法　条の 措法　条の

※1　「特定管理株式等のみなし譲渡損失の金額」とは、租税特別措置法第37条の11の2第1項の規定により、同法第37条の12の2第2項に規定する上場株式等の譲渡をしたことにより生じた損失の金額とみなされるものをいいます。
※2　⑩欄の金額は、「特定（新規）中小会社が発行した株式の取得に要した金額の控除の明細書」で計算した金額に基づき、「一般株式等」、「上場株式等」の順に、⑨欄の金額を限度として控除します。
※3　⑫欄の金額は、「上場株式等」の⑪欄の金額を限度として控除し、「上場株式等」の⑪欄の金額が0又は赤字の場合には記載しません。なお、⑫欄の金額を「一般株式等」から控除することはできません。
※4　⑬欄の金額は、⑪欄の金額が0又は赤字の場合には、記載しません。また、⑬欄の金額を申告書に転記するに当たって申告書第三表の㉘欄の金額が同⑫欄の金額から控除しきれない場合には、税務署にお尋ねください。

| 整理欄 | |

> 「上場株式等」の⑪欄の金額が赤字の場合で、譲渡損失の損益通算及び繰越控除の特例の適用を受ける方は、「所得税及び復興特別所得税の確定申告書付表」も記載してください。

> 本年分の損失額

133

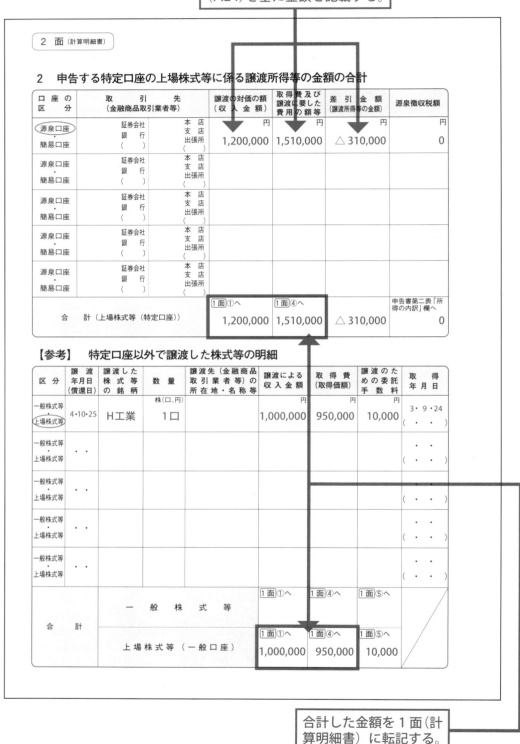

第３章　投資信託にかかる税金

配当と社債利子の合計額

一連番号 　　　　　　　　　　　　　　 　1　面

令和 4 年分の 所得税及び 復興特別所得税 の確定申告書付表 （上場株式等に係る 譲渡損失の損益通 算及び繰越控除用）

受付印

住所 又は 事業所 事務所 居所など	千代田区西神田X-X-X	フリガナ 氏 名	ゼイケン タロウ 税研 太郎

○ この付表は、申告書と一緒に提出してください。

　　この付表は、租税特別措置法第37条の12の２（上場株式等に係る譲渡損失の損益通算及び繰越控除）の規定の適用を受ける方が、本年分の上場株式等に係る譲渡損失の金額を同年分の上場株式等に係る配当所得等の金額（特定上場株式等の配当等に係る配当所得に係る部分については、分離課税を選択したものに限ります。以下「分離課税配当所得等金額」といいます。）の計算上控除（損益通算）するため、又は３年前の年分以後の上場株式等に係る譲渡損失の金額を本年分の上場株式等に係る譲渡所得等の金額及び分離課税配当所得等金額の計算上控除するため、若しくは翌年以後に繰り越すために使用するものです。

○　本年分において、「上場株式等に係る譲渡所得等の金額」がある方は、この付表を作成する前に、まず「株式等に係る譲渡所得等の金額の計算明細書」の作成をしてください。

1　本年分の上場株式等に係る譲渡損失の金額及び分離課税配当所得等金額の計算
　（赤字の金額は、△を付けないで書きます。 2面 の2も同じです。）

○　「①上場株式等に係る譲渡所得等の金額」が黒字の場合又は「②上場株式等に係る譲渡損失の金額」がない場合には、(1)の記載は要しません。また、「④本年分の損益通算前の分離課税配当所得等金額」がない場合には、(2)の記載は要しません。

(1)　本年分の損益通算前の上場株式等に係る譲渡損失の金額

上場株式等に係る譲渡所得等の金額 （「株式等に係る譲渡所得等の金額の計算明細書」の 1面 の「上場株式等」の⑪欄の金額）	①	270,000 円
上場株式等に係る譲渡損失の金額　（※） （「株式等に係る譲渡所得等の金額の計算明細書」の 1面 の「上場株式等」の⑨欄の金額）	②	270,000
本年分の損益通算前の上場株式等に係る譲渡損失の金額 （①欄の金額と②欄の金額のうち、いずれか少ない方の金額）	③	270,000

※　②欄の金額は、租税特別措置法第37条の12の２第２項に規定する上場株式等の譲渡以外の上場株式等の譲渡（相対取引など）がある場合には、同項に規定する上場株式等の譲渡に係る金額（「株式等に係る譲渡所得等の金額の計算明細書」の 1面 の「上場株式等」の⑨欄の括弧書の金額）のみを記載します。

(2)　本年分の損益通算前の分離課税配当所得等金額

種目・所得の生ずる場所	利子等・配当等の収入金額(税込)	配当所得に係る負債の利子
配当・A鉄鋼	30,000 円	円
利子・H工業	50,000	
合　　計	申告書第三表⑦へ ⓐ 80,000	ⓑ
本年分の損益通算前の分離課税配当所得等金額 （ⓐ－ⓑ）（赤字の場合には０と書いてください。）	④	80,000

（注）利子所得に係る負債の利子は控除できません。

(3)　本年分の損益通算後の上場株式等に係る譲渡損失の金額又は分離課税配当所得等金額

本年分の損益通算後の上場株式等に係る譲渡損失の金額　（③－④） （③欄の金額≦④欄の金額の場合には０と書いてください。） （(2)の記載がない場合には、③欄の金額を移記してください。）	⑤	△を付けて、申告書第三表㋐へ 円 190,000
本年分の損益通算後の分離課税配当所得等金額　（④－③） （③欄の金額≧④欄の金額の場合には０と書いてください。） （(1)の記載がない場合には、④欄の金額を移記してください。）	⑥	申告書第三表㋐へ 0

本年分の損失額 270,000 円から配当 30,000 円及び公社債利子 50,000 円を差し引いた金額

135

2 面（確定申告書付表）

2　翌年以後に繰り越される上場株式等に係る譲渡損失の金額の計算

譲渡損失の生じた年分	前年から繰り越された上場株式等に係る譲渡損失の金額	本年分で差し引く上場株式等に係る譲渡損失の金額（※1）	本年分で差し引くことのできなかった上場株式等に係る譲渡損失の金額
本年の3年前分 （平成 　令和＿＿年分）	Ⓐ（前年分の付表の⑦欄の金額）　円	Ⓓ（上場株式等に係る譲渡所得等の金額から差し引く部分）　円	本年の3年前分の譲渡損失の金額を翌年以後に繰り越すことはできません。
		Ⓔ（分離課税配当所得等金額から差し引く部分）	
本年の2年前分 （平成 　令和＿＿年分）	Ⓑ（前年分の付表の⑧欄の金額）	Ⓕ（上場株式等に係る譲渡所得等の金額から差し引く部分）	⑦（Ⓑ−Ⓕ−Ⓖ）　円
		Ⓖ（分離課税配当所得等金額から差し引く部分）	
本年の前年分 （平成 　令和＿＿年分）	Ⓒ（前年分の付表の⑤欄の金額）	Ⓗ（上場株式等に係る譲渡所得等の金額から差し引く部分）	⑧（Ⓒ−Ⓗ−Ⓘ）
		Ⓘ（分離課税配当所得等金額から差し引く部分）	
本年分で上場株式等に係る譲渡所得等の金額から差し引く上場株式等に係る譲渡損失の金額の合計額（Ⓓ+Ⓕ+Ⓗ）　⑨	計算明細書の「上場株式等」の⑫へ		
本年分で分離課税配当所得等金額から差し引く上場株式等に係る譲渡損失の金額の合計額（Ⓔ+Ⓖ+Ⓘ）　⑩	申告書第三表㉘へ		
翌年以後に繰り越される上場株式等に係る譲渡損失の金額（⑤+⑦+⑧）　⑪	申告書第三表㊸へ（※2）　円　**190,000**		

※1　「本年分で差し引く上場株式等に係る譲渡損失の金額」は、「前年から繰り越された上場株式等に係る譲渡損失の金額」のうち最も古い年に生じた金額から順次控除します。
　　　また、「本年分で差し引く上場株式等に係る譲渡損失の金額」は、同一の年に生じた「前年から繰り越された上場株式等に係る譲渡損失の金額」内においては、「株式等に係る譲渡所得等の金額の計算明細書」の 1 面 の「上場株式等」の⑪欄の金額（赤字の場合には、0とみなします。）及び「⑥本年分の損益通算後の分離課税配当所得等金額」の合計額を限度として、まず上場株式等に係る譲渡所得等の金額から控除し、なお控除しきれない損失の金額があるときは、分離課税配当所得等金額から控除します。
※2　本年の3年前分に生じた上場株式等に係る譲渡損失のうち、本年分で差し引くことのできなかった上場株式等に係る譲渡損失の金額を、翌年以後に繰り越して控除することはできません。

3　前年から繰り越された上場株式等に係る譲渡損失の金額を控除した後の本年分の分離課税配当所得等金額の計算

○　「⑥本年分の損益通算後の分離課税配当所得等金額」がない場合には、この欄の記載は要しません。

前年から繰り越された上場株式等に係る譲渡損失の金額を控除した後の本年分の分離課税配当所得等金額（※）（⑥−⑩）　⑫	申告書第三表㉛へ　円　**0**

※　⑫欄の金額を申告書に転記するに当たって申告書第三表の㉔欄の金額が同⑫欄の金額から控除しきれない場合には、税務署にお尋ねください。

○　特例の内容又は記載方法についての詳しいことは、税務署にお尋ねください。

（注）1 面の⑤欄及び 2 面の⑦欄、⑧欄の金額は、翌年の確定申告の際に使用します（翌年に株式等の売却がない場合でも、上場株式等に係る譲渡損失の金額をその年の翌年以後に繰り越すための申告が必要です）。

翌年以後に繰り越される損失の金額

第3章 投資信託にかかる税金

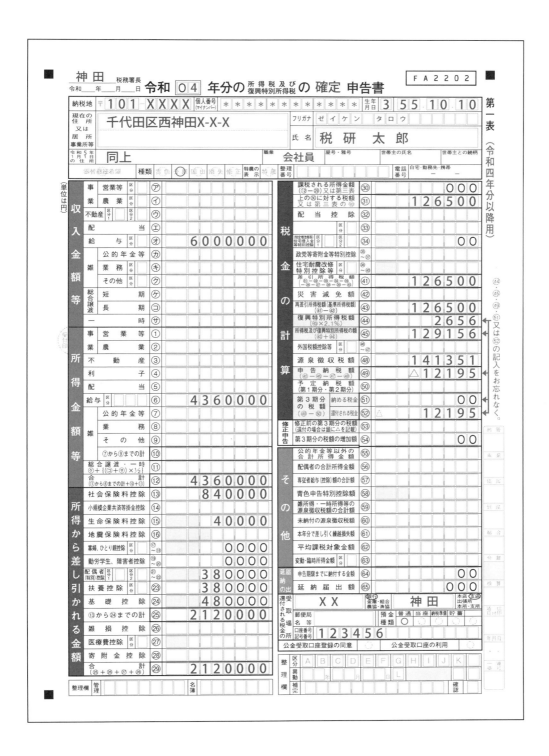

令和 04 年分の所得税及び復興特別所得税の確定申告書

整理番号 | | | | | | | FA2302

住所・氏名

住所 千代田区西神田X-X-X
屋号
フリガナ ゼイケン タロウ
氏名 税研 太郎

○ 所得の内訳（所得税及び復興特別所得税の源泉徴収税額）

所得の種類	種目	給与などの支払者の「名称」及び「法人番号又は所在地」等	収入金額	源泉徴収税額
（配当）			30,000	4,594
（利子）			50,000	7,657
給与	給料	X商事	6,000,000	129,100
株式等の譲渡		計算明細書のとおり	1,200,000	0
		㊽ 源泉徴収税額の合計額		141,351

○ 総合課税の譲渡所得、一時所得に関する事項（⑪）

所得の種類	収入金額	必要経費等	差引金額
	円	円	円

特例適用条文等

○ 配偶者や親族に関する事項（㉙～㉓）

氏名	個人番号	続柄	生年月日	障害者	国外居住	住民税	その他
税研花子	＊＊＊＊＊＊＊＊＊＊＊＊	配偶者	明·大 57.12.12	障 特障	国外 年調	同一 別居	調整
税研一郎	＊＊＊＊＊＊＊＊＊＊＊＊	子	昭·令 17.6.8	障 特障	国外 年調	(16) 別居	調整
			明·大 昭·平·令 ． ．	障 特障	国外 年調	(16) 別居	調整
			明·大 昭·平·令 ． ．	障 特障	国外 年調	(16) 別居	調整

○ 事業専従者に関する事項（�57）

事業専従者の氏名	個人番号	続柄	生年月日	従事月数·程度·仕事の内容	専従者給与（控除）額
			明·大 昭·平 ． ．		
			明·大 昭·平 ． ．		

○ 住民税·事業税に関する事項

住民税	非上場株式の少額配当等	非居住者の特例	配当割額控除額	株式等譲渡所得割額控除額	特定配当等·特定株式等譲渡所得の全部の申告不要	給与·公的年金等以外の所得に係る住民税の徴収方法 特別徴収 / 自分で納付	都道府県、市区町村への寄附（特例控除対象）	共同募金、日赤その他の寄附	都道府県条例指定寄附	市区町村条例指定寄附
			4,000							

退職所得のある配偶者·親族の氏名	個人番号	続柄	生年月日	退職所得を除く所得金額	障害者	その他	寡婦·ひとり親
			明·大 昭·平 ． ．		障 特障 調整		寡婦 ひとり親

事業税	非課税所得など	番号	所得金額	損益通算の特例適用前の不動産所得		前年中の開（廃）業 開始·廃止	月日
	不動産所得から差し引いた青色申告特別控除額			事業用資産の譲渡損失など		他都道府県の事務所等	

上記の配偶者·親族·事業専従者のうち別居の者の氏名·住所	氏名		所得税で控除対象配偶者などとした専従者		給与	一連番号

第二表

（令和四年分以降用）○第三表は、第一表と一緒に提出してください。○国民年金保険料や生命保険料の支払証明書など申告書に添付しなければならない書類は添付書類台紙などに貼ってください。

	保険料等の種類	支払保険料等の計	うち年末調整等以外
⑬⑭ 社会保険料控除 小規模企業共済等掛金控除	源泉徴収票のとおり	840,000 円	円
⑮ 生命保険料控除	新生命保険料	200,000 円	
	旧生命保険料		
	新個人年金保険料		
	旧個人年金保険料		
	介護医療保険料		
⑯ 地震保険料控除	地震保険料	円	円
	旧長期損害保険料		

本人に関する事項（⑰～⑳）	寡婦	ひとり親	勤労学生	障害者	特別障害者
	□死別 □離婚	□生死不明 □未帰還	□年調以外かつ □専修学校等		

○ 雑損控除に関する事項（㉖）

損害の原因	損害年月日	損害を受けた資産の種類など

損害金額	円	保険などで補填される金額	円	差引損失額のうち災害関連支出の金額	円

○ 寄附金控除に関する事項（㉘）

寄附先の名称等		寄附金	円

税理士署名·電話番号
Z会計事務所

住民税で全部申告不要を選択する場合は、○印を付ける

令和 04 年分の 所得税及び復興特別所得税 の 確定 申告書（分離課税用）

FA2401

第三表 （令和四年分以降用）

整理番号 ／ 一連番号

特 例 適 用 条 文

法			条		項	号
所法 措法 震法			条の の		項	号
所法 措法 震法			条の の		項	号
所法 措法 震法			条の の		項	号

住所 屋号
千代田区西神田X-X-X

フリガナ ゼイケン タロウ
氏名 税研 太郎

（単位は円）

収入金額

分離課税

	短期譲渡	一般分	㋛	
		軽減分	㋜	
	長期譲渡	一般分	㋝	
		特定分	㋞	
		軽課分	㋟	
	一般株式等の譲渡	㋠	
	上場株式等の譲渡	㋡	2200000
	上場株式等の配当等	㋢	80000
	先物取引	㋣	
山林	㋤	
退職	㋥	

所得金額

分離課税

	短期譲渡	一般分	66	
		軽減分	67	
	長期譲渡	一般分	68	
		特定分	69	
		軽課分	70	
	一般株式等の譲渡	71	
	上場株式等の譲渡	72	△190000
	上場株式等の配当等	73	0
	先物取引	74	
山林	75	
退職	76	

税金の計算

| 総合課税の合計額（申告書第一表の⑫） | 12 | 4360000 |
| 所得から差し引かれる金額（申告書第一表の㉙） | 29 | 2120000 |

課税される所得金額

⑫ 対応分	77	2240000
66 67 対応分	78	000
68 69 70 対応分	79	000
71 72 対応分	80	000
73 対応分	81	000
74 対応分	82	000
75 対応分	83	000
76 対応分	84	000

税金の計算

税額

77 対応分	85	126500
78 対応分	86	
79 対応分	87	
80 対応分	88	0
81 対応分	89	0
82 対応分	90	
83 対応分	91	
84 対応分	92	
85から92までの合計（申告書第一表の㉛に転記）	93	126500

その他

株式等	本年分の71 72から差し引く繰越損失額	94	
	翌年以後に繰り越される損失の金額	95	190000
配当等	本年分の73から差し引く繰越損失額	96	
先物取引	本年分の74から差し引く繰越損失額	97	
	翌年以後に繰り越される損失の金額	98	

○ 分離課税の短期・長期譲渡所得に関する事項

区分	所得の生ずる場所	必要経費	差引金額（収入金額－必要経費）	特別控除額
		円	円	円
差引金額の合計額			99	
特別控除額の合計額			100	

○ 上場株式等の譲渡所得等に関する事項

| 上場株式等の譲渡所得等の源泉徴収税額の合計額 | 101 | |

○ 退職所得に関する事項

区分	収入金額	退職所得控除額
		円	円
一般		
短期		
特定役員		

整理欄	A B C	申告等年月日
	D E F	通算
	取得期限 資産	入力	申告区分	特例配間

第三表は、申告書の第一表・第二表と一緒に提出してください。

翌年以後に繰り越される損失の金額

Point!

①上場株式の譲渡損益、配当と特定公社債の譲渡損益、利子それぞれの間で損益通算ができます（P.18参照）。

②上場株式の譲渡損失を翌年以降に繰り越す場合は、毎年連続して確定申告が必要です。

③特定口座はいったん確定申告した場合は、後になって、特定口座分について申告をしないこととする更正の請求はできません。

④税金面では有利になっても、国民健康保険料等、高齢者の病院窓口負担割合のアップなど、他の面に影響が出る場合があるので、注意が必要です。

ご注意を！

1．確定申告書に、本人及び親族のマイナンバーの記載が必要です。

2．e-Tax（電子申告）する場合は本人確認書類は必要ありませんが、書面で提出する場合は添付が必要となります。

第3章　投資信託にかかる税金

Q3-3　証券投資信託の分類と課税関係

証券投資信託には、いろいろ種類があるそうですが、その種類ごとに課税関係が異なるのでしょうか。

証券投資信託には契約型と会社型とがあり、それぞれに公募形式のものと私募形式のものがあります。課税関係も投資信託の種類によってそれぞれ異なりますが、現在販売されているもののほとんどが公募契約型投資信託であり、公社債投信（MRF等）の収益分配金は利子所得に、株式投信の収益分配金は配当所得に区分されます。公募証券投資信託は上場株式等に、私募証券投資信託は一般株式等に区分され、課税方式が異なります。

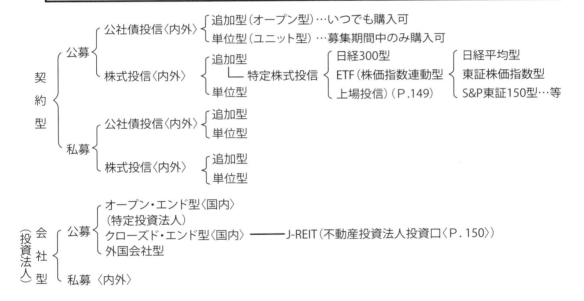

商品の仕組み

●公社債投信・株式投信

　公社債投信は株式を一切組み入れず、公社債のみを投資対象とする投信であり、収益分配金は利子所得とされる。銘柄としての「公社債投信」（狭義）、MRF、MMFが公社債投信の代表的銘柄である。一方、株式を主な投資対象とするのが株式投信で、株式組入れ上限により成長型や安定型などのタイプに分かれる。

141

●公募契約型投資信託

委託者（投信会社）が受託者（信託会社等）と信託契約を結び、これをもとに発行された受益証券を受益者（投資家）が購入する仕組みが契約型で、公募は日本においては50人以上を対象として販売されるもの。日本の投資信託のほとんどが、この公募契約型である。

●追加型（オープン型）・単位型（ユニット型）

追加型は設定した信託財産への追加設定が可能な投信。したがって、投資家は追加設定時に購入できる。単位型は追加設定ができないため、運用途中では購入できない。

●MRF（マネー・リザーブ・ファンド）

流動性と安全性確保のために高格付けの公社債、CD、CPなどの短期金融商品で運用され、株式は一切組み入れない追加型公社債投信。

●MMF（マネー・マネージメント・ファンド）

国内外の公社債（国債・地方債・政府保証券・社債）やCD、CPなどの短期金融商品を中心に運用する追加型公社債投信。2017年3月現在、国内すべての商品が繰上償還されている。

（注）私募型、会社型、オープン・エンド型、クローズド・エンド型についてはP.147参照のこと。

Q3-4　公募株式投資信託の期中分配金（普通分配金）の課税

公募株式投資信託の期中分配金は、原則申告不要とされています。源泉分離課税とどのように相違するのでしょうか。

上場株式等の配当金と同様に、源泉（特別）徴収されるだけで基本的に申告不要とされています（平成26年1月から20.315％）。「申告不要」制度は、確定申告（総合課税又は申告分離課税）した方が有利な投資家は、還付を受けられる課税方式です。

1．期中分配金（普通分配金）と源泉（特別）徴収税

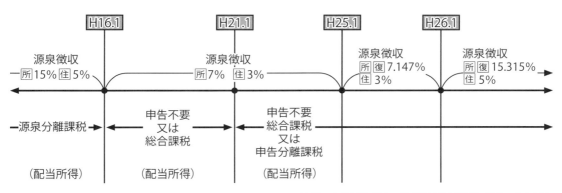

（所＝所得税　復＝復興特別所得税　住＝住民税）

2．普通分配金と元本払戻金（特別分配金）

　追加型（オープン型）株式投資信託は単位型（ユニット型）と異なって、そのときどきの時価（基準価額）によって追加設定できるため、同一銘柄でも追加設定ごとの受益証券の発行価額（個別元本といいます）が異なっています。

　支払われる期中分配金は一律であるため、個別元本の高低によって課税対象金額が次頁のように異なってきます。

【分配落ち後の基準価額≧個別元本】

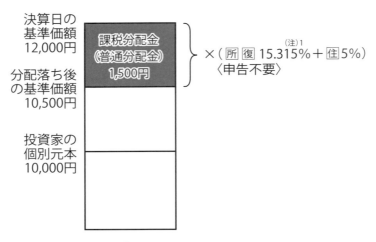

【分配落ち後の基準価額＜個別元本】

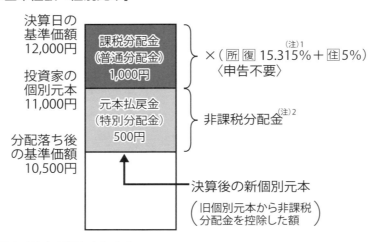

（注）1．普通分配金は配当所得とされます。
　　　2．元本払戻金（特別分配金）があった場合は、従前の取得価額の総額から元本払戻金（特別分配金）を控除した金額を総口数で除して、取得価額を洗い直します。

参 考

個別元本…………投信の設定時に実際に信託された金額をいう。つまり、各々の投資者の（追加）設定時の受益証券の発行価額のこと。

元本払戻金………期中分配金が支払われた後の基準価額が個別元本を下回る場合（上図下）、
（特別分配金）　　その下回る部分の金額を元本払戻金（特別分配金）といい、文字どおり元本の払戻しに当たるので非課税とされる。

第3章 投資信託にかかる税金

Q3-5 買取りと解約

株式投資信託を中途換金したときの課税関係はどうなっていますか。

証券投資信託の中途換金には、「買取り」と「解約」の2つの方法があります。「買取り」は投資家から証券会社への譲渡（つまり、証券会社による買取り）であり、「解約」はそれによって信託財産が減少する換金の方法です。
「買取り」も「解約」も譲渡益として申告分離課税の対象とされています。

■解約は譲渡とみなされ、解約価額＝譲渡収入、解約損益＝譲渡損益になります。

【解約差益が生じる場合】

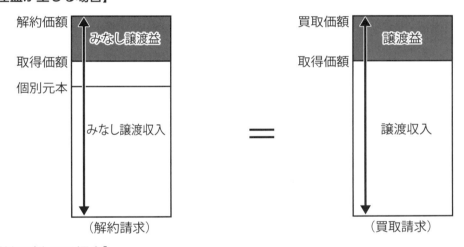

【解約差損が生じる場合】

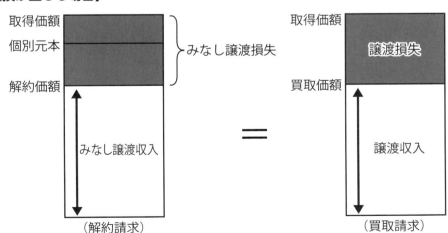

（注）1．個人が公募株式投資信託を解約した場合、解約価額＞個別元本のときでも配当所得とされないため、源泉徴収されません。
　　　2．「買取り」と「解約」の税制上の差異がないので、中途換金については「解約」に一本化している証券会社が多いようです。

第3章　投資信託にかかる税金

Q3-6　私募投信と会社型投信

私募投信と会社型投信はどういう投信ですか。課税関係はどうなっていますか。

私募投信は、特定又は少数の投資家を対象とするものです。
会社型投信は、その投資方法（オープン・エンド型とクローズド・エンド型）や募集方法により、公募契約型投資信託と同じく扱われるものと、私募型として、異なる扱いをするものとがあります（P.150、151参照）。

商品の仕組み

●私募投信

公募型に対するもので、特定又は少数（日本においては2人から49人まで）の投資家を対象とする場合、及び、いわゆる適格機関投資家のみを対象とする場合（プロ私募）が私募投信。いわばオーダー・メイド型といえる。

●私募投資信託の類型

（1）少人数私募投資信託〈一般投資家私募〉

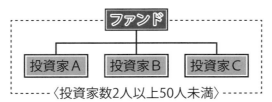

（2）適格機関投資家限定私募投資信託〈プロ私募〉

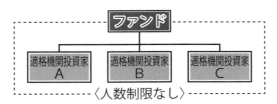

147

●会社型投信

　証券投資等を目的とする会社（投資法人）を設立し、その発行株式（投資証券）を投資家（投資主）が購入する仕組みを会社型投資信託といいます（P.149参照）。

●オープン・エンド型、クローズド・エンド型

〈オープン・エンド型〉

　投資主が換金する際、その時の純資産価額で投資法人の資産から払戻しするもの。税法上は特定投資法人といいます。

〈クローズド・エンド型〉

　解散（償還）まで投資法人の資産からの払戻しができず、市場で需給関係に基づく時価で売買される。純資産の減少がないため、運用は安定する。

商品の仕組み

●契約型投資信託（現在販売されているほとんどがこの型）

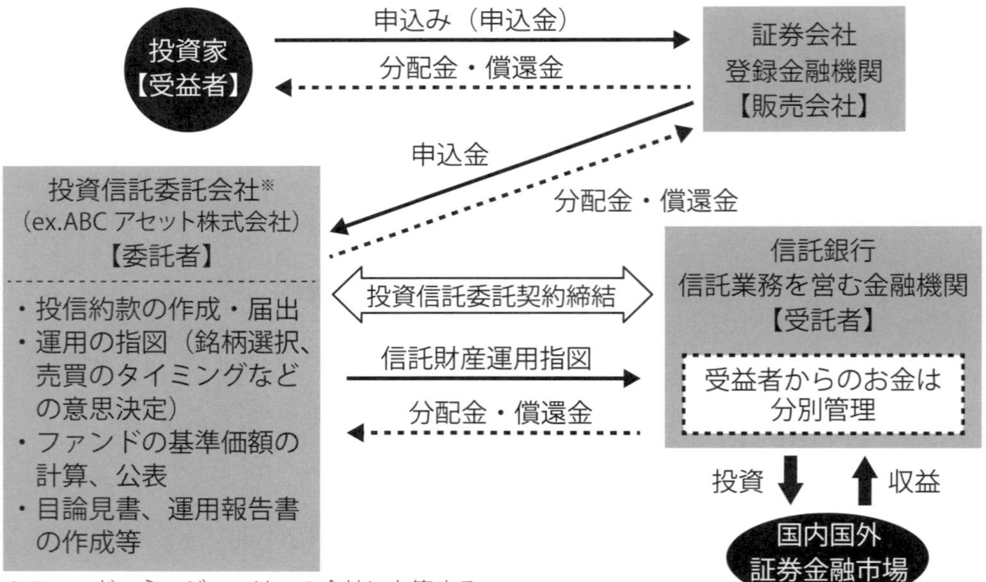

投資家【受益者】
→ 申込み（申込金） → 証券会社 登録金融機関【販売会社】
← 分配金・償還金 ←

申込金

分配金・償還金

投資信託委託会社※（ex.ABC アセット株式会社）【委託者】
・投信約款の作成・届出
・運用の指図（銘柄選択、売買のタイミングなどの意思決定）
・ファンドの基準価額の計算、公表
・目論見書、運用報告書の作成等

投資信託委託契約締結

信託財産運用指図
分配金・償還金

信託銀行 信託業務を営む金融機関【受託者】
受益者からのお金は分別管理

投資　収益

国内国外 証券金融市場

※ファンドマネージャーはこの会社に在籍する。

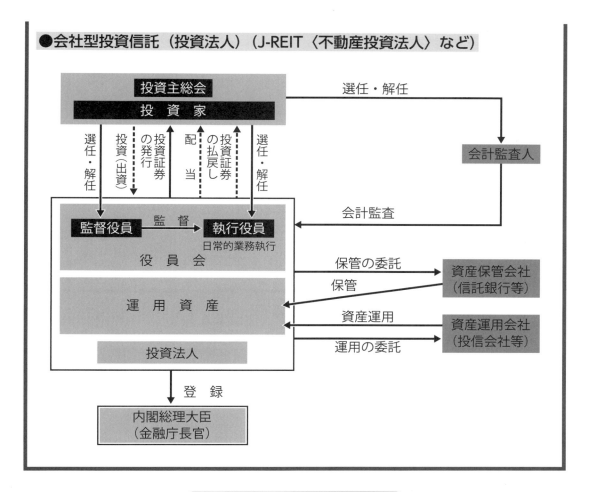

商品の仕組み

●ETF（上場投資信託）

　ExchangeTraded Fundsの略。特定の株価指数に連動することを目的に運用される投資信託で、取引所に上場され、通常の株式と同じように市場でいつでも売買することが可能。例えばTOPIX型の場合、TOPIXの構成と同じように現物株を組み入れることになるので、TOPIX型ETFの価額もTOPIXに近似する価額となる。ETFの大きな特徴としては、一定口数以上のETFをもって現物株バスケットと交換できること。

　従来、日経300型が上場されていたが、現物株式のバスケットをもってETFが発行（設定）されることが可能な日経平均株価型、東証株価指数（TOPIX）型等が創設、上場された。

●J-REIT（不動産投資法人の投資口）

　不動産を投資対象とした金融商品で、米国のREIT（Real Estate Investment Trust）の日本版といえるもの。

　不動産投資信託の基本的な商品性は、運用者となる投資信託委託業者又は信託会社等が投資者から資金を集め、これを不動産を中心とする資産に投資して運用し、運用益を投資者に分配する仕組み。投資者は、ファンドの発行する不動産投資信託に投資することにより、当該ファンドの保有資産である不動産や不動産証券化商品から生じる賃料などの収益を分配金として受け取ることができる。現在上場しているのは契約型ではなく、前頁の図の投資法人（会社型）の投資口（不動産投資証券）のみ。

■株式投資信託の税金（まとめ）（H28.1.1以後）

（所＝所得税　復＝復興特別所得税　住＝住民税）

		配当 （期中分配金）	解約（償還）差益	譲渡益 （買取り）	配当控除
公募	契約型	源泉徴収後申告不要 総合課税又は申告分離課税	（取得価額超過額） みなし譲渡 ↓ 申告分離(注)4	申告分離 [所 復] 15.315% [住] 5%	適用可(注)7 （外貨建資産割合等） 50%以下…5％ 　　　　　（2.5%) 50%超〜75%以下 　　　…2.5% 　　　（1.25%) 75%超………0
	会社型 オープン・エンド型 [特定投資法人の投資口]	源泉徴収税率 20.315% [所 復]15.315% [住]　　5%			×
	会社型 クローズド・エンド型	総合課税(注)3 [少額配当（P.91) 申告不要適用可]	（平均出資元本超過額） 期中分配金と同じ ‥‥‥‥‥‥‥‥ （取得価額超過額） みなし譲渡 ↓ 申告分離(注)4	(注)5 申告分離 [所 復] 15.315% [住] 5%	×

第3章　投資信託にかかる税金

		総合課税[注]3			
私募	契約型	総合課税[注]3 ［少額配当（P.96） 　申告不要適用可］	（個別元本超過額） 期中分配金と同じ ‐‐‐‐‐‐‐‐‐‐ （取得価額超過額） みなし譲渡 ↓ 申告分離[注]4.6	申告分離[注]6 ［所 復 　15.315% 　住 5%］	適用可[注]7 （外貨建資産割合等） 50%以下…5% 　　　　　（2.5%） 50%超～75%以下 　　　…2.5% 　　　　　（1.25%） 75%超………0
	会社型	総合課税[注]3 ［少額配当（P.96） 　申告不要適用可］	（平均出資元本超過額） 期中分配金と同じ ‐‐‐‐‐‐‐‐‐‐ （取得価額超過額） みなし譲渡 ↓ 申告分離[注]4.6	申告分離[注]6 ［所 復 　15.315% 　住 5%］	×

（注）１．クローズド・エンド型投信については償還のみ適用（中途解約不可）。
　　　２．株価指数連動型上場投信（ETF）は上場株式の配当や譲渡益の課税関係と同様の扱い。
　　　３．源泉徴収税率は所得税・復興特別所得税20.42%（クローズド・エンド型で上場されている場合は
　　　　　源泉徴収税率20.315%申告不要〈総合課税又は申告分離課税も選択可〉）。
　　　４．公募株式投信の解約（償還）価額は譲渡収入とみなされ、譲渡益課税が適用されます（P.145）。
　　　５．上場株式等の配当・利子との損益通算可。譲渡損失の繰越控除あり。
　　　６．配当・利子との損益通算不可。譲渡損失の繰越控除なし。
　　　７．配当控除についての説明は、P.100参照。

第4章

外国の株式・投資信託・
　預金等にかかる税金

Q4-1 外国株式の配当金、外国債券の利子〈日本国内の金融業者を通した場合〉

日本国内の金融業者を通じて外国株式の配当や外国債券の利子を受け取ったときの税金はどうなりますか。

基本的には国内株式の配当、国内債券の利子受領時と同じ扱いとされますが、外国で外国所得税が天引きされている場合は、日本での源泉徴収の仕方が異なってきます。
外国債券の利子は、特定公社債の場合には、確定申告し外国税額控除を受けますが、一般公社債の場合には、差額徴収方式によって国内の所得税等が源泉徴収されます（源泉分離課税）。上場外国株式の配当は、外国の所得税控除後の金額が源泉徴収の対象となります。なお、総合課税を選択した場合でも、配当控除は適用されません。

国内での税金の取扱い

①外国債券（一般公社債）の利子の場合

外国債券（一般公社債）の利子に対する国内課税方式は、外国で徴収された税金（外国税額）控除前の金額に対して、所得税15％の税率を掛けて算出した金額からその外国税額を控除し、その控除後の金額に2.1％の復興特別所得税が課税されます。また、別途住民税（5％）が特別徴収されます（差額徴収方式）。

（例）外国債券（一般公社債）の利子（外国税率が10％の場合）

利子　　　　　㊵　　　　㊤㊥
（10,000円×15％－1,000円）×1.021＝510円
　　　　　　　　　　　（1円未満切捨て）　　　㊵　㊤㊥　㊧
　　　　　　　　　　㊧　　　　　…1,000円＋510円＋500円
10,000円×5％　　　＝500円　　〈㊵は外国税額〉

＝2,010円…確定申告不可（源泉分離課税）　←　差額徴収方式 (注)1
（顧客への支払額7,990円）

※外国の徴収税額と合わせて、復興税加算前で20％となるように国内での徴収分を調整している。

第4章　外国の株式・投資信託・預金等にかかる税金

②上場外国株式の配当の場合

（例）上場外国株式の配当（外国税率が15％の場合）

$$
\underset{(10,000円-1,500円)}{\underset{㊅}{配当}} \times \left\{ \begin{array}{l} \overset{\text{㊟㊗}}{15\% \times 1.021 = 1,301円} \\[2em] \overset{㊟}{5\%} \quad\quad\ = 425円 \end{array} \right\} \cdots \overset{㊅}{1,500円} + \overset{㊟㊗}{1,301円} + \overset{㊟}{425円}
$$

$$
= 3,226円 \cdots 確定申告は \overset{(注)2}{不要}（顧客への支払額6,774円）
$$

（注）1．特定公社債の利子に係る差額徴収方式は、平成28年から外国税額控除方式になっています。一般公社債の利子については、差額徴収方式が適用されます。

　　　2．確定申告をしたときは㊅1,500円のうち一定の外国税額が所得税、住民税から控除されます（外国税額控除）。

【事例4-1】外国上場株式の配当の申告（日本国内の金融業者と取引した場合）

▶会社員　　税研太郎
▶X 商事　　給与収入　　　　6,000,000円　　（源泉徴収税額 129,100円）
　　　　　　社会保険料控除　　840,000円
　　　　　　生命保険料控除　　 40,000円
　　　　　　配偶者控除　　　　380,000円
　　　　　　扶養控除　　　　　380,000円
　　　　　　基礎控除　　　　　480,000円
　　　　　　所得控除合計　　2,120,000円

▶外国証券等取引の内容（すべて TTM で計算している。R4.3.31 の TTM 122.39円）
　　　上場外国株式の配当　　USD3,000（確定日 R4.3.31）
　　　　　　　　　　　　　　外国所得税　　USD300
　　　　　　　　　　　　　　日本の源泉税　67,130円

$$(\underset{配当}{367{,}170円} - \underset{外国の税}{36{,}717円}) \times \begin{cases} 15.315\% = 50{,}608円^{※}（所得税・復興税）\\ 5\% = 16{,}522円^{※}（住民税） \end{cases}$$

※端数切捨て

（注）配当に係る税金：36,717円（外国の税）＋50,608円（日本の所得税・復興税）
　　　＋16,522円（日本の住民税）＝103,847円
※配当を総合課税で申告する場合の事例。

〈申告書の作成手順〉
① 「外国税額控除に関する明細書」

② 「所得税の確定申告書（第二表）」

③ 「所得税の確定申告書（第一表）」

第4章 外国の株式・投資信託・預金等にかかる税金

控除限度超過額 19,973円は翌年に繰り越す。

3 所得税及び復興特別所得税の控除限度額の計算

所 得 税 額	①	163,200	円
復 興 特 別 所 得 税 額	②	3,427	
所 得 総 額	③	4,727,170	
調 整 国 外 所 得 金 額	④	367,170	
所得税の控除限度額（①×④/③）	⑤	12,676	
復興特別所得税の控除限度額（②×④/③）	⑥	266	

2の⑫の金額がある場合には、その金額を雑所得の総収入金額に算入して申告書により計算した税額を書きます（詳しくは、控用の裏面を読んでください。）。

「①」欄の金額に2.1%の税率を乗じて計算した金額を書きます。

2の⑫の金額がある場合には、その金額を雑所得の総収入金額に算入して計算した所得金額の合計額を書きます（詳しくは、控用の裏面を読んでください。）。

2の⑫の金額がある場合には、その金額を含めて計算した調整国外所得金額の合計額を書きます。

→ 4の「㋩」欄及び5の「⑦」欄に転記します。
→ 4の「㋬」欄及び5の「⑧」欄に転記します。

4 外国所得税額の繰越控除余裕額又は繰越控除限度超過額の計算の明細

本 年 分 の 控 除 余 裕 額 又 は 控 除 限 度 超 過 額 の 計 算

控除限度額	所 得 税（3の⑤の金額）	㋩	12,676 円	控除余裕額	所 得 税（㋩－㋠）	㋥	
	復 興 特 別 所 得 税（3の⑥の金額）	㋬	266		道 府 県 民 税（㋥＋㋬＋㋩－㋠）と㋺のいずれか少ない方の金額	㋭	
	道 府 県 民 税（㋩×12%又は6%）	㋺	1,521		市 町 村 民 税（㋬－㋠）と㋩のいずれか少ない方の金額	㋦	
	市 町 村 民 税（㋩×18%又は24%）	㋩	2,281		計（㋥＋㋭＋㋦）	㋬	
	計（㋩＋㋬＋㋺＋㋩）	㋦	16,744				
外 国 所 得 税 額（1の㋒の金額）	㋠	36,717		控 除 限 度 超 過 額（㋠－㋦）	㋝	19,973

前 3 年 以 内 の 控 除 余 裕 額 又 は 控 除 限 度 超 過 額 の 明 細 等

年 分	区 分	控 除 余 裕 額			控 除 限 度 超 過 額			所得税の控除限度額等
		㋬前年繰越額及び本年発生額	㋘本年使用額	㋙翌年繰越額（㋬－㋘）	㋔前年繰越額及び本年発生額	㋕本年使用額	㋖翌年繰越額（㋔－㋕）	
令和1年分（3年前）	所 得 税				㋑ 円	円		翌年1月1日時点の住所 □指定都市 □一般市
	道府県民税							
	市町村民税							
	地方税計							
令和2年分（2年前）	所 得 税				㋠ 円			翌年1月1日時点の住所 □指定都市 □一般市
	道府県民税							
	市町村民税							
	地方税計							
令和3年分（前 年）	所 得 税				①		円	翌年1月1日時点の住所 □指定都市 □一般市
	道府県民税							
	市町村民税							
	地方税計							
合 計	所 得 税	㋑			Ⓜ			
	道府県民税							
	市町村民税							
	計	㋘						
本 年 分	所 得 税	㋝	㋛		㋙	㋕		
	道府県民税	㋭		19,973		19,973		
	市町村民税	㋦						
	計	㋟	Ⓜ					

5 外国税額控除額等の計算

所得税の控除限度額（3の⑤の金額）	⑦	12,676 円	所法第95条第1項による控除税額（⑪と⑬とのいずれか少ない方の金額）	⑭	12,676 円
復興特別所得税の控除限度額（3の⑥の金額）	⑧	266	復興財確法第14条第1項による控除税額（⑭が⑮より小さい場合に（⑫－⑮）と⑯とのいずれか少ない方の金額）	⑮	266
分配時調整外国税相当額控除後の所 得 税 額（※）	⑨	「分配時調整外国税相当額控除に関する明細書」の3の㋑の金額	所法第95条第2項による控除税額（4の㋬の金額）	⑯	
分配時調整外国税相当額控除後の復 興 特 別 所 得 税 額（※）	⑩	「分配時調整外国税相当額控除に関する明細書」の3の㋹の金額	所法第95条第3項による控除税額（4の㋑の金額）	⑰	
所得税の控除可能額（⑦の金額又は⑦と⑨のいずれか少ない方の金額）	⑪	12,676	外国税額控除の金額（⑭＋⑮＋（⑯又は⑰））	⑱	12,942
復興特別所得税の控除可能額（⑧の金額又は⑧と⑩のいずれか少ない方の金額）	⑫	266	分配時調整外国税相当額控除可能額（※）	⑲	「復興特別所得税額の控除に関する明細書」の3の⑪の金額
外 国 所 得 税 額（1の㋒の金額）	⑬	36,717	外国税額控除等の金額（⑱＋⑲）	⑳	12,942

（※）分配時調整外国税相当額控除の適用がない方は記載する必要はありません。

申告書第一表「税金の計算」欄の「外国税額控除等」欄（申告書Aは㊶～㊷欄、申告書Bは㊻～㊼欄）に転記します。同欄の「区分」の□の記入については、控用の裏面を読んでください。

確定申告書第一表「外国税額控除等㊻～㊼」欄へ

外国株式の配当なので配当控除はゼロ

令和 04 年分の所得税及び復興特別所得税の 確定 申告書

FA2202

神田 税務署長
令和___年___月___日

第一表（令和四年分以降用）

納税地 〒101-XXXX
個人番号（マイナンバー） ＊＊＊＊ ＊＊＊＊ ＊＊＊＊
生年月日 3 55.10.10

現在の住所又は居所事業所等 千代田区西神田X-X-X
フリガナ ゼイケン タロウ
氏名 税研 太郎

令和5年1月1日の住所 同上
職業 会社員

収入金額等		区分	金額
事業	営業等 ㋐		
	農業 ㋑		
不動産	㋒		
配当	㋓		367170
給与	㋔		6000000
雑	公的年金等 ㋕		
	業務 ㋖		
	その他 ㋗		
総合譲渡	短期 ㋘		
	長期 ㋙		
一時 ㋚			

所得金額等		区分	金額
事業	営業等 ①		
	農業 ②		
不動産	③		
利子	④		
配当	⑤		367170
給与	⑥		4360000
雑	公的年金等 ⑦		
	業務 ⑧		
	その他 ⑨		
⑦から⑨までの計 ⑩			
総合譲渡・一時 ⑪			
合計 ⑫			4727170

所得から差し引かれる金額		金額
社会保険料控除 ⑬		840000
小規模企業共済等掛金控除 ⑭		
生命保険料控除 ⑮		40000
地震保険料控除 ⑯		
寡婦、ひとり親控除 ⑰⑱		0000
勤労学生、障害者控除 ⑲⑳		0000
配偶者（特別）控除 ㉑㉒		380000
扶養控除 ㉓		380000
基礎控除 ㉔		480000
⑬から㉔までの計 ㉕		2120000
雑損控除 ㉖		
医療費控除 ㉗		
寄附金控除 ㉘		
合計（㉕+㉖+㉗+㉘）㉙		2120000

税金の計算		金額
課税される所得金額（⑫－㉙）又は第三表 ㉚		2607000
上の㉚に対する税額又は第三表の㊺ ㉛		163200
配当控除 ㉜		0
㉝		
特定増改築等住宅借入金等特別控除 ㉞		00
政党等寄附金等特別控除 ㉟㊱㊲		
住宅耐震改修特別控除等 ㊳㊴		
差引所得税額 ㊶		163200
災害減免額 ㊷		
再差引所得税額（基準所得税額）（㊶－㊷）㊸		163200
復興特別所得税額（㊸×2.1%）㊹		3427
所得税及び復興特別所得税の額（㊸＋㊹）㊺		166627
外国税額控除等 ㊻㊼		12942
源泉徴収税額 ㊽		179708
申告納税額（㊺－㊻－㊼－㊽）㊾		△26023
予定納税額（第1期分・第2期分）㊿		
第3期分の税額 納める税金 51		00
還付される税金 52		△26023

修正申告		
修正前の第3期分の税額（還付の場合は頭に△を記載）53		
第3期分の税額の増加額 54		00

その他		
公的年金等以外の合計所得金額 55		
配偶者の合計所得金額 56		
専従者給与（控除）額の合計額 57		
青色申告特別控除額 58		
雑所得・一時所得等の源泉徴収税額の合計額 59		
未納付の源泉徴収税額 60		
本年分で差し引く繰越損失額 61		
平均課税対象金額 62		
変動・臨時所得金額 63		

延納の届出		
申告期限までに納付する金額 64		00
延納届出額 65		000

還付される税金の受取場所
XX 銀行・組合・農協・漁協 神田 本店・支店・出張所・本所・支所
郵便局名等
預金種類 普通 当座 納税準備 貯蓄 ○
口座番号記号番号 123456

公金受取口座登録の同意 ○　公金受取口座の利用 ○

外国税額控除の金額（「外国税額控除に関する明細書」の5⑳の金額）

令和 04 年分の所得税及び復興特別所得税の確定申告書

整理番号 | | | | | | | FA2302

第二表 （令和四年分以降用）

住所 屋号 フリガナ 氏名	千代田区西神田X-X-X ゼイケン タロウ **税研 太郎**

○ 所得の内訳（所得税及び復興特別所得税の源泉徴収税額）

所得の種類	種目	給与などの支払者の「名称」 及び「法人番号又は所在地」等	収入金額	源泉徴収税額
配当		日の丸証券 株式会社	367,170	円 50,608
給与	給料	X商事	6,000,000	129,100
			㊽ 源泉徴収税額の合計額	179,708

○ 総合課税の譲渡所得、一時所得に関する事項（⑪）

所得の種類	収入金額	必要経費等	差引金額
	円	円	円

特例適用 条文等	

○ 配偶者や親族に関する事項（⑳〜㉓）

氏名	個人番号	続柄	生年月日	障害者	国外居住	住民税	その他
税研花子	＊＊＊＊＊＊＊＊＊＊＊＊	配偶者㉕	57.12.12	障 特障	国外 年調	同一 別居	調整
税研一郎	＊＊＊＊＊＊＊＊＊＊＊＊	子	17. 6. 8	障 特障	国外 年調	(16) 別居	調整
				障 特障	国外 年調	(16) 別居	調整
				障 特障	国外 年調	(16) 別居	調整

○ 事業専従者に関する事項（㊼）

事業専従者の氏名	個人番号	続柄	生年月日	従事月数・程度・仕事の内容	専従者給与（控除）額
			明・大 昭・平		
			明・大 昭・平		

○ 保険料控除等

	保険料等の種類	支払保険料等の計	うち年末調整等以外
⑬⑭ 社会保険料控除 小規模企業共済等掛金控除	源泉徴収票のとおり	840,000 円	円
⑮ 生命保険料控除	新生命保険料	200,000	
	旧生命保険料		
	新個人年金保険料		
	旧個人年金保険料		
	介護医療保険料		
⑯ 地震保険料控除	地震保険料	円	円
	旧長期損害保険料		

本人に関する事項（⑰〜⑳）

寡婦	ひとり親	勤労学生	障害者	特別障害者
□死別 □生死不明 □離婚 □未帰還		□年調以外かつ □専修学校等		

○ 雑損控除に関する事項（㉖）

損害の原因	損害年月日	損害を受けた資産の種類など

損害金額	円	保険金などで 補塡される 金額 円	差引損失額の うち災害関連 支出の金額 円

○ 寄附金控除に関する事項（㉘）

寄附先の 名称等		寄附金	円

○ 住民税・事業税に関する事項

住民税	非上場株式の 少額配当等	非居住者 の特例	配当割額 控除額	株式等譲渡 所得割額控除額	特定配当等・特定 株式等譲渡所得の 全部の申告不要	給与、公的年金等以外の 所得に係る住民税の徴収方法	都道府県、市区町村 への寄附 （特例控除対象）	共同募金、日赤 その他の寄附	都道府県 条例指定寄附	市区町村 条例指定寄附
			16,522			特別徴収 ○ 自分で納付 ○				

退職所得のある配偶者・親族の氏名	個人番号	続柄	生年月日	退職所得を除く所得金額	障害者	その他	寡婦・ひとり親
			明・大 昭・平 ・ ・	円	障 特障	寡婦 寡	寡婦 ひとり親

事業税	非課税所得など	番号	所得金額	損益通算の特例適用前の 不動産所得	円	前年中の 開（廃）業	開始・廃止 月日
	不動産所得から差し引いた 青色申告特別控除額			事業用資産の譲渡損失など		他都道府県の事務所等	

上記の配偶者・親族・事業専従者 のうち別居の者の氏名・住所	氏名	住所	国外	所得税で控除対象配偶者 などとした専従者	給与	一連 番号

整理欄	申告区分	申告 月日	所得 種類	申告 期限	税理士署名・電話番号
	特例適用条文				Z会計事務所（ － ）

住民税を記載

Point!

①外国税額控除の対象になる税金は、外国の法令に基づいて外国又はその国の地方公共団体によって、個人の所得に課税される外国の税です。

②外国税額控除が適用される年分は、外国所得税を納付することとなる日（租税債務が確定した日）の属する年分です。具体的には㈑申告納税の場合は申告書を提出した日、㈹賦課課税の場合は賦課決定の通知があった日、㈹源泉徴収の場合はその源泉徴収の対象となった利子、配当、使用料等の支払いの日の属する年分です。

なお、継続適用していれば、実際に納付した日の属する年分で適用することもできます。

③租税条約が締結されていない国で課された所得税も、外国税額控除の適用を受けることができます。

④期限後申告、修正申告、更正の請求でも外国税額控除の適用を受けることができます。

⑤対象となる外国所得税の額は、租税条約で定める限度税率で計算した金額を限度とします。

ご注意を！

1．確定申告書に、本人及び親族のマイナンバーの記載が必要です。

2．e-Tax（電子申告）する場合は本人確認書類は必要ありませんが、書面で提出する場合は添付が必要となります。

Q4-2 外国株式、外国債券の譲渡益〈日本国内の金融業者を通した場合〉

日本国内の金融業者を通じて外国株式や外国債券を譲渡した場合、譲渡益に対する税金はどうなりますか。

基本的には、国内株式や国内債券を譲渡した場合と同じ扱いとされます。国内又は外国の有価証券市場で売買されている外国株式を、国内の証券業者等への売委託によって譲渡したときは、国内上場株式と同じ税率が適用されます。外国現地での課税（日本の投資者は外国では非居住者）は、ほとんどの国で非課税とされています。

商品の仕組み

●外国債券

　発行体・通貨・発行地のうち、いずれか1つでも国外の要素を保持しているものを外国債券という。発行体が居住者か非居住者か、発行地が国内か国外かなどで、以下のように区分される。

発行体			発行地 国内	発行地 国外
居住者	円貨			居住者ユーロ円債
居住者	外貨		外貨建国内債	外貨建外債（スシボンド）
非居住者	円貨		円建外債（サムライ債）	非居住者ユーロ円債※
非居住者	外貨		外貨建国内債（ショーグン債）	外貨建外債

※主にヨーロッパ（ロンドン）の金融市場を中心に発達してきたため、「ユーロ」と名付けられている。欧州統一通貨の「ユーロ」とは異なる。

●デュアル・カレンシー債

　「デュアル」は"二元の"という意味で、「カレンシー」は"通貨"という意味。

「デュアル・カレンシー債」とは、「払込金・利金」と「償還金」の通貨が異なる債券で、二重通貨建債券ともいう。

　一般的に国内で販売されるデュアル・カレンシー債とは、払込金と利金が〝円〟で、償還金のみが〝外貨〟の債券のことをさす。したがって、償還金には為替リスクがあるが、利金についてはサムライ債と同様、円で確定している。

銘柄の種別	払込金	利　金	償還代金
外貨建外債	外貨	外貨	外貨
円建外債（サムライ債）	円	円	円
ユーロ円債	円	円	円
デュアル債	円	円	外貨
リバース・デュアル債※	円	外貨	円

※払込みと償還が同じ通貨で、利払いの通貨が異なる。

Q4-3 外国投資信託〈日本国内の金融業者を通した場合〉

日本国内で発行される外国株式投資信託には契約型と会社型があるそうですが、課税関係はどう違いますか。

契約型のうち公募契約型外国株式投信の収益分配金は、申告不要とされています。会社型外国投信は、国内の課税関係は外国株式と同様に扱われます。次頁以降の表のとおりです。

●公募契約型外国株式投信

　＝国内公募契約型株式投信の課税関係と同じ（配当控除適用なし）

●会社型外国投信

　＝国内株式の課税関係と同じ（配当控除適用なし）

　（上場会社型外国投信〈カントリーファンド等〉は国内上場株式の課税関係と同じ）

《外国証券》～上場株式等のケース～〈日本国内の金融業者を通した場合〉

		利子・配当・収益分配金	譲 渡 益	償 還 益
	外国株式 （上場株式等）	<u>配当所得（配当）</u> 　(イ)(ロ)のどちらかを選択 　(イ)20.315％源泉徴収され申告不要 　(ロ)20.315％申告分離課税か総合課 　　税選択可 ※(ロ)の場合、配当控除不可。外国税 　額控除可	<u>上場株式等の 譲渡所得</u> 20.315％ 申告分離課税	－
	外国公社債 （特定公社債）	<u>利子所得（利子）</u> 　(イ)(ロ)のどちらかを選択 　(イ)20.315％源泉徴収され申告不要 　(ロ)20.315％申告分離課税 ※(ロ)の場合、外国税額控除可	<u>上場株式等の 譲渡所得</u> 20.315％ 申告分離課税	<u>上場株式等の 譲渡所得</u> 20.315％ 申告分離課税
会社型	外国投資信託 （上場株式等） 上場外国 株式投資信託	<u>配当所得（収益分配金）</u> 　(イ)(ロ)のどちらかを選択 　(イ)20.315％源泉徴収され申告不要 　(ロ)20.315％申告分離課税か総合課 　　税選択可 ※(ロ)の場合、配当控除不可。外国税 　額控除可	<u>上場株式等の 譲渡所得</u> 20.315％ 申告分離課税	<u>上場株式等の 譲渡所得</u> 20.315％ 申告分離課税
契約型	公募外国 株式投資信託	<u>配当所得（収益分配金）</u> 　(イ)(ロ)のどちらかを選択 　(イ)20.315％源泉徴収され申告不要 　(ロ)20.315％申告分離課税か総合課 　　税選択可 ※(ロ)の場合、配当控除不可。外国税 　額控除可	<u>上場株式等の 譲渡所得</u> 20.315％ 申告分離課税	<u>上場株式等の 譲渡所得</u> 20.315％ 申告分離課税
	公募外国 公社債投資信託	<u>利子所得（収益分配金）</u> 　(イ)(ロ)のどちらかを選択 　(イ)20.315％源泉徴収され申告不要 　(ロ)20.315％申告分離課税 ※(ロ)の場合、外国税額控除可	<u>上場株式等の 譲渡所得</u> 20.315％ 申告分離課税	<u>上場株式等の 譲渡所得</u> 20.315％ 申告分離課税

《外国証券》～一般株式等のケース～〈日本国内の金融業者を通した場合〉

	利子・配当・収益分配金	譲　渡　益	償還差損益
外国株式 （非上場株式等）	配当所得（配当） 　20.42％（所得税・復興特別所得税20.42％、住民税ゼロ）源泉徴収され総合課税（少額配当は申告不要。ただし、住民税は総合課税） ※配当控除不可 　外国税額控除可	一般株式等の 譲渡所得 20.315％ 申告分離課税	―
外国公社債 （一般公社債）	利子所得（利子） 　20.315％源泉分離課税 ※外国の源泉徴収は差額徴収方式が適用される（外国税額控除不可）	一般株式等の 譲渡所得 20.315％ 申告分離課税	一般株式等の 譲渡所得 20.315％ 申告分離課税
外国投資信託（一般株式等） 会社型　非上場外国株式投資信託	配当所得（収益分配金） 　20.42％源泉徴収され総合課税（少額配当は申告不要。ただし、住民税は総合課税） ※配当控除不可 　外国税額控除可	一般株式等の 譲渡所得 20.315％ 申告分離課税	一般株式等の 譲渡所得 20.315％ 申告分離課税
契約型　私募外国株式投資信託	配当所得（収益分配金） 　20.42％源泉徴収され総合課税（少額配当は申告不要。ただし、住民税は総合課税） ※配当控除不可 　外国税額控除可	一般株式等の 譲渡所得 20.315％ 申告分離課税	配当所得 （償還差益） 20.42％源泉徴収され総合課税（少額配当は申告不要。ただし、住民税は総合課税） 一般株式等の 譲渡所得 （償還差損） 申告分離課税

| 私募公社債投資信託 | 利子所得（収益分配金）
20.315%源泉分離課税
※外国の源泉徴収は差額徴収方式が
　適用される（外国税額控除不可）
　差額徴収方式（P.154参照） | 一般株式等の
譲渡所得

20.315%
申告分離課税 | 利子所得
（利子）
20.315%
源泉分離課税

一般株式等の
譲渡所得
（償還差損）
申告分離課税 |

Q4-4 海外の金融業者と直接取引した場合の課税関係

日本国内の金融業者を介さずに、国外にある金融業者と直接取引した場合の税金の取扱いについて教えてください。

税金の取扱いは、利子、配当、株式の譲渡益などによって異なります。

1．外国預金の利子

▶利子所得として、他の所得と合算して確定申告が必要（総合課税）。

▶外国で引かれている税金は、確定申告のときに外国税額控除を受けることができる。^(注)

▶預金の解約等により生じた為替差損益は、雑所得として確定申告が必要。ただし、給与所得のみで年末調整済みの会社員は、為替差益と預金利子が合計して20万円以下ならば、給与所得以外の所得が20万円以下なので申告義務なし。

（注）外国税額控除の適用に当たっては、租税条約で定める限度税率で計算した金額を限度とする。

2．外国株式の配当

【上場株式】

▶総合課税（配当所得）か20.315％申告分離課税を選択できる。配当控除を受けることはできない。外国で引かれている税金は、外国税額控除を受けることができる。^(注)

▶日本に登録した金融業者を通じた上場株式等の譲渡損失は、国外の金融業者を通じた上場株式等の配当等と損益通算できる。日本に登録した金融業者を通じたものでなければ、上場株式等の譲渡損失と上場株式等の配当等との損益通算及び譲渡損失の繰越控除はできない。

【非上場株式】

▶総合課税（配当所得）。配当控除を受けることはできない。外国で引かれている税金は、外国税額控除を受けることができる。^(注)

▶一般株式等の譲渡損とは損益通算できない。

（注）外国税額控除の適用に当たっては、租税条約で定める限度税率で計算した金額を限度とする。

3．外国株式の譲渡益（譲渡損）

【上場株式】

▶譲渡益は、20.315％申告分離課税（特定口座への受入れ不可）

▶国内の金融業者を通じて行い生じた上場株式等の譲渡損益と国外の金融業者を通じて行い生じた国外上場株式等の譲渡損益は、損益通算できる。

▶国外の金融業者を通じて行い生じた上場株式等の譲渡損は、上場株式等の配当等（国内・国外とも）と損益通算できない。日本に登録した金融業者を通じたものでなければ、上場株式等の譲渡損失と上場株式等の配当等との損益通算及び譲渡損失の繰越控除はできない。

▶一般株式等とは損益通算できない。

【非上場株式】

▶譲渡益は、20.315％申告分離課税（特定口座への受入れ不可）

▶上場株式等とは損益通算できない。

▶譲渡損は、一般株式等の利子・配当と損益通算できない。

▶譲渡損失の繰越控除はできない。

4．外国公社債の利子等

【特定公社債】

○利子

▶20.315％申告分離課税（ただし、民間国外債は総合課税）

▶外国税額控除を受けることができる。

○譲渡益（損）

▶譲渡益は、20.315％申告分離課税（上場株式等の譲渡所得）

▶国内の金融業者を通じて行い生じた上場株式等の譲渡損益と国外の金融業者を通じて行い生じた国外上場株式等（特定公社債を含む。）の譲渡損益は、損益通算できる。

▶国外の金融業者を通じて行い生じた国外上場株式等（特定公社債を含む。）の譲渡損は、上場株式等の配当等と損益通算できない。日本に登録した金融業者を通じたものでなければ、上場株式等の譲渡損失と上場株式等の配当等との損益通算及び譲渡損失の繰越控除はできない。

▶一般株式等とは損益通算できない。

○償還差益（差損）

▶償還差益は、20.315％申告分離課税（上場株式等の譲渡所得）。

▶国内の金融業者を通じて行い生じた上場株式等の譲渡損益と国外の金融業者を通じて行い生じた国外上場株式等の譲渡損益（特定公社債の償還差益を含む。）は、損益通算できる。一般株式等との損益通算はできない。

▶国外の金融業者を通じて行い生じた国外上場株式等（特定公社債を含む。）の償還差損は、上場株式等の配当等（国内・国外とも）と損益通算できない。日本に登録した金融業者を通じたものでなければ、上場株式等の譲渡損失と上場株式等の配当等との損益通算及び譲渡損失の繰越控除はできない。

▶一般株式等とは損益通算できない。

【一般公社債】

○利子

▶総合課税（利子所得）

▶外国税額控除を受けることができる。

▶一般株式等の譲渡損とは損益通算できない。

▶上場株式等の譲渡損（特定公社債の償還差損、譲渡損を含む。）とは損益通算できない。

○譲渡益（損）

▶譲渡益は、20.315％申告分離課税（一般株式等の譲渡所得）

▶特定公社債との損益通算はできない。

▶譲渡損は、一般株式等の利子・配当とは損益通算できない。

▶譲渡損失の繰越控除はできない。

○償還差益（差損）

▶償還差益は、20.315％申告分離課税（一般株式等の譲渡所得）

▶特定公社債との損益通算はできない。

▶償還差損は、一般株式等の利子・配当とは損益通算できない。

▶譲渡損失の繰越控除はできない。

5．外国公社債投資信託の利子等

【公募公社債投資信託】

○収益分配金（利子）

▶20.315％申告分離課税

第 4 章　外国の株式・投資信託・預金等にかかる税金

▶外国税額控除を受けることができる。

○譲渡益（損）

▶譲渡益は、20.315％申告分離課税（上場株式等の譲渡所得）

▶国内の金融業者を通じて行い生じた上場株式等の譲渡損益と国外の金融業者を通じて行い生じた国外上場株式等（公募公社債投資信託を含む。）の譲渡損益は、損益通算できる。

▶国外の金融業者を通じて行い生じた国外上場株式等（公募公社債投資信託を含む。）の譲渡損は、上場株式等の配当等（国内・国外とも）と損益通算できない。日本に登録した金融業者を通じたものでなければ、上場株式等の譲渡損失と上場株式等の配当等との損益通算及び譲渡損失の繰越控除はできない。

▶一般株式等とは損益通算できない。

○償還差益（差損）

▶償還差益は、20.315％申告分離課税（上場株式等の譲渡所得）

▶国内の金融業者を通じて行い生じた上場株式等の譲渡損益と国外の金融業者を通じて行い生じた国外上場株式等の譲渡損益（公募公社債投資信託の償還差損益を含む。）は、損益通算できる。一般株式等との損益通算はできない。

▶国外の金融業者を通じて行い生じた国外上場株式等（公募公社債投資信託を含む。）の償還差損は、上場株式等の配当等（国内・国外とも）と損益通算できない。日本に登録した金融業者を通じたものでなければ、上場株式等の譲渡損失と上場株式等の配当等との損益通算及び譲渡損失の繰越控除はできない。

▶一般株式等とは損益通算できない。

【私募公社債投資信託】

○収益分配金（利子）

▶総合課税（利子所得）

▶外国税額控除を受けることができる。

▶一般株式等の譲渡損とは、損益通算できない。

▶上場株式等の譲渡損（公募公社債投資信託の譲渡損・償還差損を含む。）との損益通算はできない。

○譲渡益（損）

▶譲渡益は、20.315％申告分離課税（一般株式等の譲渡所得）

▶公募公社債投資信託とは損益通算できない。

▶譲渡損は、一般株式等の利子・配当とは損益通算できない。

▶譲渡損失の繰越控除はできない。

○償還差益（差損）

▶償還差益は、総合課税（利子所得）。償還差損は、一般株式等の譲渡所得。

▶公募公社債投資信託とは損益通算できない。

▶償還差損は、一般株式等の利子・配当とは損益通算できない。

▶譲渡損失の繰越控除はできない。

6．外国株式投資信託の利子等

【公募株式投資信託】

○収益分配金（配当）

▶総合課税（配当所得）か20.315％申告分離課税。

▶外国税額控除を受けることができる。

▶配当控除を受けることはできない。

○譲渡益（損）

▶譲渡益は、20.315％申告分離課税（上場株式等の譲渡所得）

▶国内の金融業者を通じて行い生じた上場株式等の譲渡損益と国外の金融業者を通じて行い生じた国外上場株式等（公募株式投資信託を含む。）の譲渡損益は、損益通算できる。

▶国外の金融業者を通じて行い生じた国外上場株式等（公募株式投資信託を含む。）の譲渡損は、上場株式等の配当等（国内・国外とも）と損益通算できない。日本に登録した金融業者を通じたものでなければ、上場株式等の譲渡損失と上場株式等の配当等との損益通算及び譲渡損失の繰越控除はできない。

▶一般株式等とは損益通算できない。

○償還差益（差損）

▶償還差益は、20.315％申告分離課税（上場株式等の譲渡所得）

▶国内の金融業者を通じて行い生じた上場株式等の譲渡損益と国外の金融業者を通じて行い生じた国外上場株式等の譲渡損益（公募株式投資信託の償還差損益を含む。）は、損益通算できる。

▶国外の金融業者を通じて行い生じた国外上場株式等（公募株式投資信託を含む。）の償還差損は、上場株式等の配当等（国内・国外とも）と損益通算できない。日本に登録した金融業者を通じたものでなければ、上場株式等の譲渡損失と上場株式等の配当等との損益通算及び譲渡損失の繰越控除はできない。

▶一般株式等とは損益通算できない。

【私募株式投資信託】

○収益分配金（配当）

▶総合課税（配当所得）

▶外国税額控除を受けることができる。

▶配当控除を受けることはできない。

▶一般株式等の譲渡損とは損益通算できない。

▶上場株式等の譲渡損（公募株式投資信託の譲渡損・償還差損を含む。）とは損益通算できない。

○譲渡益（損）

▶譲渡益は、20.315％申告分離課税（一般株式等の譲渡所得）

▶公募株式投資信託とは損益通算できない。

▶譲渡損は、一般株式等の利子・配当とは損益通算できない。

▶譲渡損失の繰越控除はできない。

○償還差益（差損）

▶償還差益は、総合課税（配当所得）。償還差損は、一般株式等の譲渡所得。

▶公募株式投資信託とは損益通算できない。

▶償還差損は、一般株式等の利子・配当とは損益通算できない。

▶譲渡損失の繰越控除はできない。

外国株式・外国公社債など外貨建資産を譲渡した場合の所得計算は、外貨建取引を行った時点の外国為替売買相場により行います。この結果、為替差損益は譲渡所得に含まれ、為替差損益を認識する必要はありません。

Q4-5 国内と国外（国内の金融業者を通さない）の証券口座で生じた上場株式等の譲渡損益、配当、利子の損益通算

 私は、国内と国外の証券会社の両方に口座を保有しています。それぞれの口座で株式の譲渡損益、配当、利子が生じていますが、損益通算はできるのでしょうか。

 次の図のとおり、損益通算できるケースとできないケースがあります。

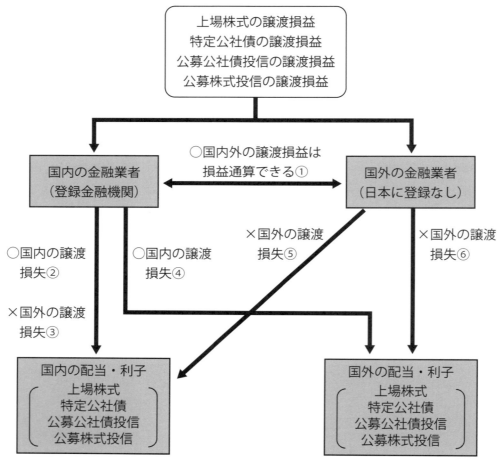

（注）○は損益通算できる（生じた損失を→先の利益から差し引くことができる。）。
　　　×は損益通算できない。

【説明】

①国内の金融業者を通じて行い生じた国内上場株式等の譲渡損益と国外の金融業者を通じて

行い生じた国外上場株式等の譲渡損益は、損益通算できる。

　　∵　上場株式等には、外国市場のものも含む（措法37の11②一、措令25の９②）。

　　　　株式等には、投資信託の受益権も含む（措法37の10②四）。

②国内の金融業者を通じて行い生じた国内上場株式等の譲渡損失と国内の金融業者を通じて
　行い生じた国内上場株式等の配当等は損益通算できる。

③国内の金融業者を通じて行い生じた国内上場株式等の譲渡損益と国外の金融業者を通じて
　行い生じた国外上場株式等の譲渡損益を損益通算した結果、国外上場株式等の譲渡損失が
　残った場合は、国内上場株式等の配当等と損益通算できない。

④国内の金融業者を通じて行い生じた国内上場株式等の譲渡損失と国外の金融業者を通じて
　行い生じた国外上場株式等の配当等は、損益通算できる。

⑤国外の金融業者を通じて行い生じた国外上場株式等の譲渡損失と国内の金融業者を通じて
　行い生じた国内上場株式等の配当等は、損益通算できない。

⑥国外の金融業者を通じて行い生じた国外上場株式等の譲渡損失と国外の金融業者を通じて
　行い生じた国外上場株式等の配当等は、損益通算できない。

【事例4-2】 国内と国外の証券口座で生じた上場株式等の譲渡損益と配当の損益通算

▶会社員　　税研太郎

▶Ｘ商事　　給与収入　　　　　6,000,000円　　（源泉徴収税額 129,100円）

　　　　　　社会保険料控除　　　840,000円

　　　　　　生命保険料控除　　　 40,000円

　　　　　　配偶者控除　　　　　380,000円

　　　　　　扶養控除　　　　　　380,000円

　　　　　　基礎控除　　　　　　480,000円

　　　　　　所得控除合計　　　2,120,000円

▶国内での取引

　⑴　国内のＡ証券の上場株式の譲渡損

　　　　R4.7.7　譲渡収入　　　　　　　1,000,000円

　　　　R2.7.7　取得費・譲渡費用　　 4,000,000円

　　　　　　　　譲渡所得（損失）　　△3,000,000円

　⑵　国内のＡ証券の上場株式の配当　50,000円（R4.7.7）

　　　　　　　┌ 所得税・復興税　7,657円 ┐
　　　　　　　└ 住民税　　　　　2,500円 ┘

▶国外での取引

　⑴　国外のＢ証券の上場株式の譲渡益

　　　　R4.7.7　譲渡収入　　　　　2,697,600円（USD20,000、TTB134.88/JPY）※

　　　　R2.7.7　取得費・譲渡費用　1,083,000円（USD10,000、TTS108.30/JPY）※

　　　　　　　　譲渡所得　　　　　1,614,600円

　⑵　国外のＢ証券の上場株式の配当

　　　　　　　　　　135,880（R4.7.7、USD1,000、TTM135.88/JPY）※

　　　　　　米国の税　13,588円（R4.7.7、USD100、TTM135.88/JPY）※

※適用する邦貨換算レートについては、P.207参照

〈申告書の作成手順〉

①「株式等に係る譲渡所得等の計算明細書（2面)」
▼
②「株式等に係る譲渡所得等の計算明細書（1面)」
▼
③「確定申告書付表（1面)」
▼
④「確定申告書付表（2面)」
▼
⑤「外国税額控除に関する明細書」
▼

⑥「所得税の確定申告書（第二表)」
▼
⑦「所得税の確定申告書（第三表)」
▼
⑧「所得税の確定申告書（第一表)」

第4章　外国の株式・投資信託・預金等にかかる税金

国内取引と国外取引を
合計した金額

1 面

【令和　4　年分】

株式等に係る譲渡所得等の金額の計算明細書

整理番号

この明細書は、「一般株式等に係る譲渡所得等の金額」又は「上場株式等に係る譲渡所得等の金額」を計算する場合に使用するものです。
なお、国税庁ホームページ【https://www.nta.go.jp】の「確定申告書等作成コーナー」の画面の案内に従って収入金額などの必要項目を入力することにより、この明細書や確定申告書などを作成することができます。

住　　所 （前住所）	千代田区西神田X-X-X （　　　　　　　　　　　　　　）	フリガナ 氏　　名	ゼイケン タロウ 税研 太郎
電話番号 （連絡先）		職業 会社員	関与税理士名 （電　話） （　　　　　　　　）

※　譲渡した年の1月1日以後に転居された方は、前住所も記載してください。

1　所得金額の計算

			一般株式等	上場株式等
収入金額	譲渡による収入金額	①	円	3,697,600 円
	その他の収入	②		
	小　計（①＋②）	③	申告書第三表㋦へ	申告書第三表㋨へ 3,697,600
必要経費又は譲渡に要した費用等	取得費（取得価額）	④		5,083,000
	譲渡のための委託手数料	⑤		
		⑥		
	小計（④から⑥までの計）	⑦		5,083,000
	特定管理株式等のみなし譲渡損失の金額（※1） （△を付けないで書いてください。）	⑧		
	差　引　金　額（③－⑦－⑧）	⑨		△ 1,385,400
	特定投資株式の取得に要した金額の控除（※2） （⑨欄が赤字の場合は0と書いてください。）	⑩		
	所　得　金　額（⑨－⑩） （一般株式等について赤字の場合は0と書いてください。） （上場株式等について赤字の場合は△を付して書いてください。）	⑪	申告書第三表㋑へ	黒字の場合は申告書第三表㋒へ △ 1,385,400
	本年分で差し引く上場株式等に係る繰越損失の金額（※3）	⑫		申告書第三表㊔へ
	繰越控除後の所得金額（※4） （⑪－⑫）	⑬	申告書第三表㋦へ	申告書第三表㋦へ

（注）　租税特別措置法第37条の12の2第2項に規定する上場株式等の譲渡以外の上場株式等の譲渡（相対取引など）がある場合の「上場株式等」の①から⑨までの各欄については、同項に規定する上場株式等の譲渡に係る金額を括弧書（内書）により記載してください。なお、「上場株式等」の⑪欄の金額が相対取引などによる赤字のみの場合は、申告書第三表の⑦欄に0を記載します。

特例適用条文　措法___条の_____
　　　　　　　　措法___条の_____

※1　「特定管理株式等のみなし譲渡損失の金額」とは、租税特別措置法第37条の11の2第1項の規定により、同法第37条の12の2第2項に規定する上場株式等の譲渡をしたことにより生じた損失の金額とみなされるものをいいます。
※2　⑩欄の金額は、「特定（新規）中小会社が発行した株式の取得に要した金額の控除の明細書」で計算した金額に基づき、「一般株式等」、「上場株式等」の順に、⑨欄の金額を限度として控除します。
※3　⑫欄の金額は、「上場株式等」の⑪欄の金額を限度として控除し、「上場株式等」の⑪欄の金額が0又は赤字の場合には記載しません。なお、⑫欄の金額を「一般株式等」から控除することはできません。
※4　⑬欄の金額は、⑪欄の金額が0又は赤字の場合には記載しません。また、⑬欄の金額を申告書に転記するに当たって申告書第三表の㉙欄の金額が同⑫欄の金額から控除しきれない場合には、税務署にお尋ねください。

整理欄

（令和2年分以降用）
R2.11

「上場株式等」の⑪欄の金額が赤字の場合で、譲渡損失の損益通算及び繰越控除の特例の適用を受ける方は、「所得税及び復興特別所得税の確定申告書付表」も記載してください。

177

2 面（計算明細書）

2 申告する特定口座の上場株式等に係る譲渡所得等の金額の合計

口 座 の区 分	取 引 先（金融商品取引業者等）		譲渡の対価の額（収 入 金 額）	取得費及び譲渡に要した費用の額等	差 引 金 額（譲渡所得等の金額）	源泉徴収税額
源泉口座・簡易口座	A 証券会社銀 行（ ）	本 店支 店出張所	円1,000,000	円4,000,000	円△ 3,000,000	円
源泉口座・簡易口座	証券会社銀 行（ ）	本 店支 店出張所				
源泉口座・簡易口座	証券会社銀 行（ ）	本 店支 店出張所				
源泉口座・簡易口座	証券会社銀 行（ ）	本 店支 店出張所				
源泉口座・簡易口座	証券会社銀 行（ ）	本 店支 店出張所				
合 計（上場株式等（特定口座））			1面①へ1,000,000	1面④へ4,000,000	△ 3,000,000	申告書第二表「所得の内訳」欄へ

【参考】 特定口座以外で譲渡した株式等の明細

区 分	譲 渡年月日（償還日）	譲渡した株 式 等の 銘 柄	数 量	譲渡先（金融商品取引業者等）の所在地・名称等	譲渡による収入金額	取 得 費（取得価額）	譲渡のための委託手 数 料	取 得年 月 日
一般株式等・上場株式等	令和4・7・7		株(口、円)	B 証券	円2,697,000	円1,083,000	円	令和2・7・7（ ・ ・ ）
一般株式等・上場株式等	・ ・							・ ・（ ・ ・ ）
一般株式等・上場株式等	・ ・							・ ・（ ・ ・ ）
一般株式等・上場株式等	・ ・							・ ・（ ・ ・ ）
一般株式等・上場株式等	・ ・							・ ・（ ・ ・ ）
合 計	一 般 株 式 等				1面①へ	1面④へ	1面⑤へ	
	上 場 株 式 等（一般口座）				1面①へ2,697,000	1面④へ1,083,000	1面⑤へ	

合計した金額を1面（計算明細書）に転記する。

178

第4章　外国の株式・投資信託・預金等にかかる税金

| | | 一連番号 | 1 面 |

令和 4 年分の_{所得税及び}の確定申告書付表（上場株式等に係る譲渡損失の損益通算及び繰越控除用）

受付印

| 住所
又は
事業所
事務所
居所など | 千代田区西神田X-X-X | フリガナ | ゼイケン　タロウ |
| | | 氏名 | 税研 太郎 |

○ この付表は、申告書と一緒に提出してください。

　この付表は、租税特別措置法第37条の12の2（上場株式等に係る譲渡損失の損益通算及び繰越控除）の規定の適用を受ける方が、本年分の上場株式等に係る譲渡損失の金額を同年分の上場株式等に係る配当所得等の金額（特定上場株式等の配当等に係る配当所得に係る部分については、分離課税を選択したものに限ります。以下「分離課税配当所得等金額」といいます。）の計算上控除（損益通算）するため、又は3年前の年分以後の上場株式等に係る譲渡損失の金額を本年分の上場株式等に係る譲渡所得等の金額及び分離課税配当所得等金額の計算上控除するため、若しくは翌年以後に繰り越すために使用するものです。

○ 本年分において、「上場株式等に係る譲渡所得等の金額」がある方は、この付表を作成する前に、まず「株式等に係る譲渡所得等の金額の計算明細書」の作成をしてください。

1　本年分の上場株式等に係る譲渡損失の金額及び分離課税配当所得等金額の計算

（赤字の金額は、△を付けないで書きます。2面の2も同じです。）

○ 「①上場株式等に係る譲渡所得等の金額」が黒字の場合又は「②上場株式等に係る譲渡損失の金額」がない場合には、(1)の記載は要しません。また、「④本年分の損益通算前の分離課税配当所得等金額」がない場合には、(2)の記載は要しません。

(1)　本年分の損益通算前の上場株式等に係る譲渡損失の金額

上場株式等に係る譲渡所得等の金額 （「株式等に係る譲渡所得等の金額の計算明細書」の1面の「上場株式等」の⑪欄の金額）	①	1,385,400	円
上場株式等に係る譲渡損失の金額（※） （「株式等に係る譲渡所得等の金額の計算明細書」の1面の「上場株式等」の⑨欄の金額）	②	1,385,400	
本年分の損益通算前の上場株式等に係る譲渡損失の金額 （①欄の金額と②欄の金額のうち、いずれか少ない方の金額）	③	1,385,400	

※　②欄の金額は、租税特別措置法第37条の12の2第2項に規定する上場株式等の譲渡以外の上場株式等の譲渡（相対取引など）がある場合については、同項に規定する上場株式等の譲渡に係る金額（「株式等に係る譲渡所得等の金額の計算明細書」の1面の「上場株式等」の⑨欄の括弧書の金額）のみを記載します。

(2)　本年分の損益通算前の分離課税配当所得等金額

種目・所得の生ずる場所	利子等・配当等の収入金額(税込)		配当所得に係る負債の利子	
配当・A証券	50,000	円	0	円
配当・B証券	135,880		0	
合　　計	_{申告書第三表⑦へ} 185,880		ⓑ	
本年分の損益通算前の分離課税配当所得等金額 （ⓐ−ⓑ）（赤字の場合には0と書いてください。）	④		185,880	

（注）利子所得に係る負債の利子は控除できません。

(3)　本年分の損益通算後の上場株式等に係る譲渡損失の金額又は分離課税配当所得等金額

| 本年分の損益通算後の上場株式等に係る譲渡損失の金額　（③−④）
（③欄の金額≦④欄の金額の場合には0と書いてください。）
（(2)の記載がない場合には、③欄の金額を移記してください。） | ⑤ | △を付けて、申告書第三表⑦へ 円
1,199,520 |
| 本年分の損益通算後の分離課税配当所得等金額　（④−③）
（③欄の金額≧④欄の金額の場合には0と書いてください。）
（(1)の記載がない場合には、④欄の金額を移記してください。） | ⑥ | 申告書第三表⑦へ
0 |

（令和2年分以降用）

R3.11

2 面（確定申告書付表）

2　翌年以後に繰り越される上場株式等に係る譲渡損失の金額の計算

譲渡損失の生じた年分	前年から繰り越された上場株式等に係る譲渡損失の金額	本年分で差し引く上場株式等に係る譲渡損失の金額（※1）	本年分で差し引くことのできなかった上場株式等に係る譲渡損失の金額
本年の3年前分 （平成　　年分 令和__　年分）	Ⓐ（前年分の付表の⑦欄の金額）円	Ⓓ（上場株式等に係る譲渡所得等の金額から差し引く部分）円 Ⓔ（分離課税配当所得等金額から差し引く部分）	本年の3年前分の譲渡損失の金額を翌年以後に繰り越すことはできません。
本年の2年前分 （平成　　年分 令和__　年分）	Ⓑ（前年分の付表の⑧欄の金額）	Ⓕ（上場株式等に係る譲渡所得等の金額から差し引く部分） Ⓖ（分離課税配当所得等金額から差し引く部分）	⑦（Ⓑ－Ⓕ－Ⓖ）　　　円
本年の前年分 （平成　　年分 令和__　年分）	Ⓒ（前年分の付表の⑪欄の金額）	Ⓗ（上場株式等に係る譲渡所得等の金額から差し引く部分） Ⓘ（分離課税配当所得等金額から差し引く部分）	⑧（Ⓒ－Ⓗ－Ⓘ）
本年分で上場株式等に係る譲渡所得等の金額から差し引く上場株式等に係る譲渡損失の金額の合計額（Ⓓ＋Ⓕ＋Ⓗ）　⑨		計算明細書の「上場株式等」の⑫へ	
本年分で分離課税配当所得等金額から差し引く上場株式等に係る譲渡損失の金額の合計額（Ⓔ＋Ⓖ＋Ⓘ）　⑩		申告書第三表⑭へ	
翌年以後に繰り越される上場株式等に係る譲渡損失の金額（⑤＋⑦＋⑧）　⑪		申告書第三表⑱へ（※2）　円 **1,199,520**	

※1　「本年分で差し引く上場株式等に係る譲渡損失の金額」は、「前年から繰り越された上場株式等に係る譲渡損失の金額」のうち最も古い年に生じた金額から順次控除します。
　　　また、「本年分で差し引く上場株式等に係る譲渡損失の金額」は、同一の年に生じた「前年から繰り越された上場株式等に係る譲渡損失の金額」内においては、「株式等に係る譲渡所得等の金額の計算明細書」の1面の「上場株式等」の⑪欄の金額（赤字の場合には、0とみなします。）及び「⑥本年分の損益通算後の分離課税配当所得等金額」の合計額を限度として、まず上場株式等に係る譲渡所得等の金額から控除し、なお控除しきれない損失の金額があるときは、分離課税配当所得等金額から控除します。
※2　本年の3年前分に生じた上場株式等に係る譲渡損失のうち、本年分で差し引くことのできなかった上場株式等に係る譲渡損失の金額を、翌年以後に繰り越して控除することはできません。

3　前年から繰り越された上場株式等に係る譲渡損失の金額を控除した後の本年分の分離課税配当所得等金額の計算

○　「⑥本年分の損益通算後の分離課税配当所得等金額」がない場合には、この欄の記載は要しません。

前年から繰り越された上場株式等に係る譲渡損失の金額を控除した後の本年分の分離課税配当所得等金額（※）（⑥－⑩）　⑫	申告書第三表⑰へ　円 **0**

※　⑫欄の金額を申告書に転記するに当たって申告書第三表の㉙欄の金額が同⑫欄の金額から控除しきれない場合には、税務署にお尋ねください。

○　特例の内容又は記載方法についての詳しいことは、税務署にお尋ねください。

（注）1面の⑤欄及び2面の⑦欄、⑧欄の金額は、翌年の確定申告の際に使用します（翌年に株式等の売却がない場合でも、上場株式等に係る譲渡損失の金額をその年の翌年以後に繰り越すための申告が必要です。）。

第4章 外国の株式・投資信託・預金等にかかる税金

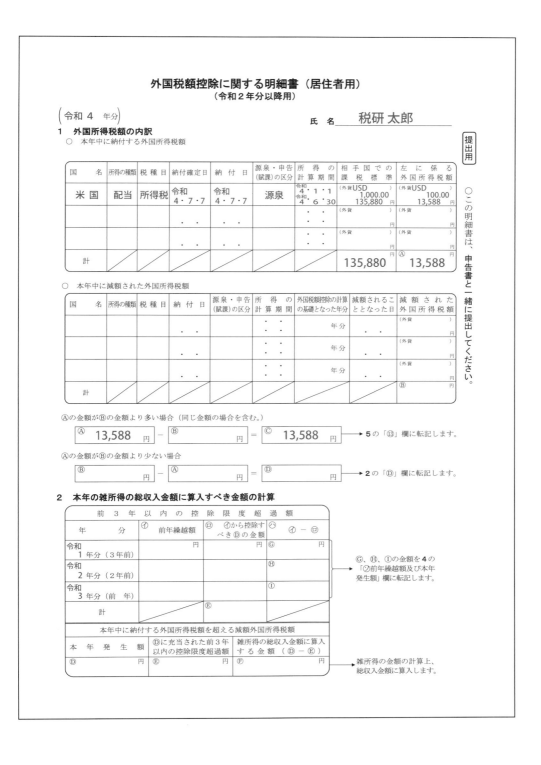

国外 B 証券の配当
（B 証券の株式譲渡所得は含めない。）

3 所得税及び復興特別所得税の控除限度額の計算

所 得 税 額	①	126,500 円	2の⑫の金額がある場合には、その金額を雑所得の総収入金額に算入して申告書により計算した税額を書きます（詳しくは、控用の裏面を読んでください。）。
復興特別所得税額	②	2,656	「①」欄の金額に2.1％の税率を乗じて計算した金額を書きます。
所 得 総 額	③	4,360,000	2の⑫の金額がある場合には、その金額を雑所得の総収入金額に算入して計算した所得金額の合計額を書きます（詳しくは、控用の裏面を読んでください。）。
調整国外所得金額	④	50,000	2の⑫の金額がある場合には、その金額を含めて計算した調整国外所得金額の合計額を書きます。
所得税の控除限度額 (①× ④/③)	⑤	1,450	→ 4の「㋥」欄及び5の「⑦」欄に転記します。
復興特別所得税の控除限度額 (②× ④/③)	⑥	30	→ 4の「㋭」欄及び5の「⑧」欄に転記します。

4 外国所得税額の繰越控除余裕額又は繰越控除限度超過額の計算の明細

本 年 分 の 控 除 余 裕 額 又 は 控 除 限 度 超 過 額 の 計 算								
控除限度額	所　得　税 (3の⑤の金額)	㋥	1,450 円	控除余裕額	所　得　税 (㋥－㋠)	㋨		円
	復興特別所得税 (3の⑥の金額)	㋭	30		道 府 県 民 税 (㋦＋㋭＋㋠ と㋥のいずれか少ない方の金額)	㋩		
	道 府 県 民 税 (㋥×12％又は6％)	㋦	174		市 町 村 民 税 (㋪－㋩)と㋠のいずれか少ない方の金額	㋬		
	市 町 村 民 税 (㋥×18％又は24％)	㋪	261		計 (㋨＋㋩＋㋬)	㋣		
	計 (㋥＋㋭＋㋦＋㋪)	㋠	1,915					
外 国 所 得 税 額 (1の©の金額)		㋠	13,588	控 除 限 度 超 過 額 (㋠－㋣)		㋵	11,673

前 3 年 以 内 の 控 除 余 裕 額 又 は 控 除 限 度 超 過 額 の 明 細 等								
年分	区 分	控 除 余 裕 額			控 除 限 度 超 過 額			所得税の控除限度額等
		㋑前年繰越額及び本年発生額	㋺本年使用額	㋩翌年繰越額 (㋑－㋺)	㋥前年繰越額及び本年発生額	㋭本年使用額	㋬翌年繰越額 (㋥－㋭)	
令和1年分(3年前)	所 得 税		円		㋑ 円			円
	道府県民税							翌年1月1日時点の住所 □指定都市 □一般市
	市町村民税							
	地 方 税 計							
令和2年分(2年前)	所 得 税		円		㋩ 円			円
	道府県民税							翌年1月1日時点の住所 □指定都市 □一般市
	市町村民税							
	地 方 税 計							
令和3年分(前年)	所 得 税				①			円
	道府県民税							翌年1月1日時点の住所 □指定都市 □一般市
	市町村民税							
	地 方 税 計							
合 計	所 得 税	①			⑩			
	道府県民税							
	市町村民税							
	計	⑭						
本 年 分	所 得 税	㋧	⑪		㋩	㋢		
	道府県民税	⑪				11,673		
	市町村民税	㋧				11,673		
	計	㋕	⑩					

5 外国税額控除額等の計算

所 得 税 の 控 除 限 度 額 (3 の ⑤ の 金 額)	⑦	1,450 円	所法第95条第1項による控除税額 (⑪と⑬とのいずれか少ない方の金額)	⑭	1,450 円
復興特別所得税の控除限度額 (3 の ⑥ の 金 額)	⑧	30	復興財確法第14条第1項による控除税額 (⑭が⑫より小さい場合に(⑫－⑭)と⑮とのいずれか少ない方の金額)	⑮	30
分配時調整外国税相当額控除後の所 得 税 額 (※)	⑨	「分配時調整外国税相当額控除に関する明細書」の3の⑰の金額	所法第95条第2項による控除税額 (4 の ㋨ の 金 額)	⑯	
分配時調整外国税相当額控除後の復 興 特 別 所 得 税 額 (※)	⑩	「分配時調整外国税相当額控除に関する明細書」の3の⑱の金額	所法第95条第3項による控除税額 (4 の ㋬ の 金 額)	⑰	
所 得 税 の 控 除 可 能 額 (⑦の金額又は⑦と⑨とのいずれか少ない方の金額)	⑪	1,450	外 国 税 額 控 除 の 金 額 (⑭＋⑮＋(⑯又は⑰))	⑱	1,480
復興特別所得税の控除可能額 (⑧の金額又は⑧と⑩とのいずれか少ない方の金額)	⑫	30	分配時調整外国税相当額控除可能額 (※)	⑲	「分配時調整外国税相当額控除に関する明細書」の3の⑳の金額
外 国 所 得 税 額 (1 の © の 金 額)	⑬	13,588	外 国 税 額 控 除 等 の 金 額 (⑱＋⑲)	⑳	1,480

(※) 分配時調整外国税相当額控除の適用がない方は記載する必要はありません。

申告書第一表「税金の計算」欄の「外国税額控除等」欄（申告書Aは㊶～㊸欄、申告書Bは㊹～㊼欄）に転記します。同欄の「区分」欄の□の記入については、控用の裏面を読んでください。

182

第４章　外国の株式・投資信託・預金等にかかる税金

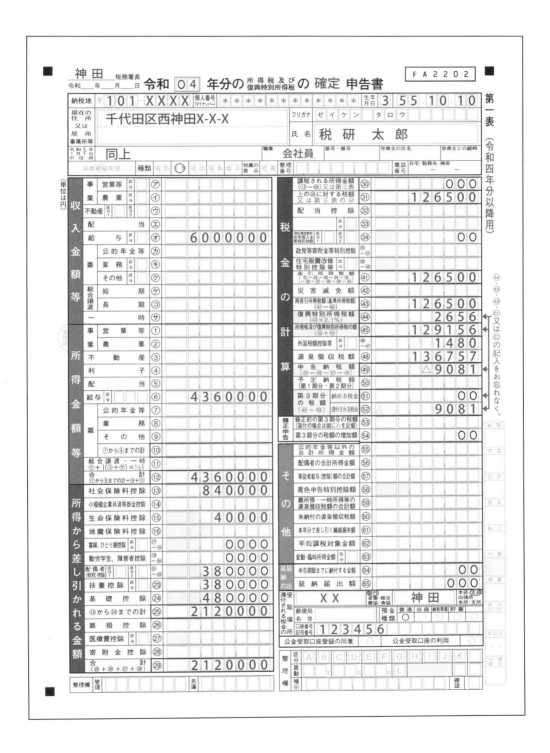

令和 04 年分の所得税及び復興特別所得税の確定申告書

整理番号 □□□□□□□□　FA2302

第二表（令和四年分以降用）

住　　所	千代田区西神田X-X-X
屋　　号	
フリガナ 氏　　名	ゼイケン タロウ 税研 太郎

○ 所得の内訳（所得税及び復興特別所得税の源泉徴収税額）

所得の種類	種目	給与などの支払者の「名称」及び「法人番号又は所在地」等	収入金額	源泉徴収税額
給与	給料	X商事	6,000,000 円	129,100 円
（配当）		配当・A証券 他1件	185,880	7,657
		⑱ 源泉徴収税額の合計額		136,757

○ 総合課税の譲渡所得、一時所得に関する事項（⑪）

所得の種類	収入金額	必要経費等	差引金額
	円	円	円

特例適用 条文等	

○ 配偶者や親族に関する事項（⑳～㉓）

氏　名	個人番号	続柄	生年月日	障害者	国外居住	住民税	その他
税研花子	＊＊＊＊＊＊＊＊＊＊＊＊	配偶者	明・大 昭・平 57.12.12	障 特障	国外 年調	16 別居	調整
税研一郎	＊＊＊＊＊＊＊＊＊＊＊＊	子	明・大 昭・令 17. 6. 8	障 特障	国外 年調	16 別居	調整
			明・大 昭・平・令　・　・	障 特障	国外 年調	16 別居	調整
			明・大 昭・平・令　・　・	障 特障	国外 年調	16 別居	調整
			明・大 昭・平・令　・　・	障 特障	国外 年調	16 別居	調整

○ 事業専従者に関する事項（57）

事業専従者の氏名	個人番号	続柄	生年月日	従事月数・程度・仕事の内容	専従者給与（控除）額
			明・大 昭・平　・　・		円
			明・大 昭・平　・　・		

○ 住民税・事業税に関する事項

住民税	非上場株式の少額配当等	非居住者の特例	配当割額控除額	株式等譲渡所得割額控除額	特定配当等・特定株式等譲渡所得の全部の申告不要	給与・公的年金等以外の所得に係る住民税の徴収方法		都道府県、市区町村への寄附（特例控除対象）	共同募金、日赤その他の寄附	都道府県条例指定寄附	市区町村条例指定寄附
						特別徴収	自分で納付				
	円	円	2,500 円	円	○	○	○	円	円	円	円

退職所得のある配偶者・親族の氏名	個人番号	続柄	生年月日	退職所得を除く所得金額	障害者	その他	寡婦・ひとり親
			明・大 昭・平　・　・		障 特障	調整	寡婦 ひとり親

事業税	非課税所得など	番号		所得金額	損益通算の特例適用前の不動産所得		前年中の開（廃）業	開始・廃止 月日
	不動産所得から差し引いた青色申告特別控除額				事業用資産の譲渡損失など		他都道府県の事務所等	

上記の配偶者・親族・事業専従者のうち別居の者の氏名・住所	氏名		住所		所得税で控除対象配偶者などとした専従者	氏名		給与		一連番号	

保険料等の種類 | 支払保険料等の計 | うち年末調整等以外

⑬⑭ 社会保険料控除 小規模企業共済等掛金控除	源泉徴収票のとおり	840,000 円	円
⑮ 生命保険料控除	新生命保険料	200,000 円	円
	旧生命保険料		
	新個人年金保険料		
	旧個人年金保険料		
	介護医療保険料		
⑯ 地震保険料控除	地震保険料	円	円
	旧長期損害保険料		

本人に関する事項（⑰～⑳）	寡婦	ひとり親	勤労学生	障害者	特別障害者
	□ 死別 □ 生死不明 □ 離婚 □ 未帰還		□ 年調以外かつ専修学校等		

○ 雑損控除に関する事項（㉖）

損害の原因	損害年月日	損害を受けた資産の種類など
	・　・	

損害金額	円	保険などで補填される金額	円	差引損失額のうち災害関連支出の金額	円

○ 寄附金控除に関する事項（㉘）

寄附先の名称等		寄附金	円

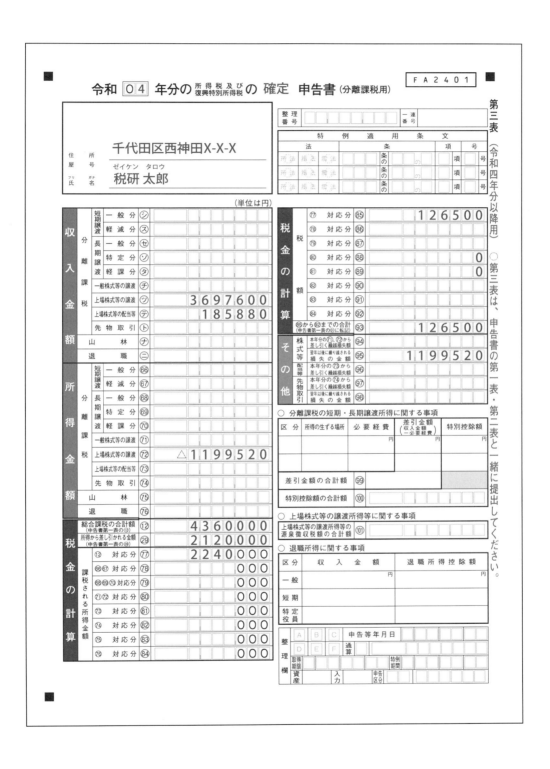

Point!

①国内と国外の証券口座で生じた上場株式の譲渡損益は、通算できます。

②譲渡損益の通算後、国内の上場株式の譲渡損失が生じているので、国内及び国外の配当と損益通算できます。

③外国税額控除の限度額計算において、国外上場株式の譲渡益は、事業譲渡等に類似する株式譲渡等の場合を除き国外源泉所得に該当しないため、調整国外所得には含めません。

④邦貨換算レートは、株式譲渡収入についてはTTM、取得費・譲渡収入についてはTTSを使用します（P.207参照）。

ご注意を！

1．確定申告書に、本人及び親族のマイナンバーの記載が必要です。

2．e-Tax（電子申告）する場合は本人確認書類は必要ありませんが、書面で提出する場合は添付が必要となります。

第4章　外国の株式・投資信託・預金等にかかる税金

Q4-6　外国預金の利子及び配当の確定申告（直接海外の金融業者と取引した場合）

私は会社員ですが、米国の証券会社に証券口座を保有しています。この米国の証券口座では利子及び配当が生じており、配当からは米国の税金が引かれています。この利子及び配当は、日本で確定申告する必要はあるのでしょうか。

あなたが会社から受け取っている給与が年末調整済みで、給与以外の所得が米国の利子及び配当のみだとすると、利子及び配当の合計額が20万円を超える場合は、給与とともに確定申告が必要になります。

利子及び配当から引かれている米国の税金は、確定申告のときに外国税額控除を受けることができます。利子及び配当について外国税額控除を受ける場合は、租税条約で定める限度税率で計算した金額を限度とします。

例えば、配当から米国の税金が20％引かれていたとしても、日米租税条約で一般の配当の限度税率は10％なので、10％分だけ日本で外国税額控除を受けることができます。残りの10％分は、米国税務当局に手続をとり米国から還付を受けることとなります。

【事例4-3】外国預金の利子及び外国上場株式の配当の申告（直接海外の金融業者と取引した場合）

- ▶会社員　税研太郎
- ▶X商事　給与収入　　　　6,000,000円　（源泉徴収税額 129,100円）
　　　　　社会保険料控除　　840,000円
　　　　　生命保険料控除　　 40,000円
　　　　　配偶者控除　　　　380,000円
　　　　　扶養控除　　　　　380,000円
　　　　　基礎控除　　　　　480,000円
　　　　　所得控除合計　　2,120,000円
- ▶国外での取引内容（TTMで計算　R4.3.31のTTM 122.39円）
  (1) 国外のY銀行の預金利子
  　　USD5,000（確定日R4.3.31）、米国の税　ゼロ
  　　USD5,000×122.39円＝611,950円
  (2) 国外のZ証券の上場株式配当
  　　USD3,000（確定日R4.3.31）、米国の税　USD300
  　　USD3,000×122.39円＝367,170円（税36,717円）
- （注）1．直接海外の金融業者と取引しているため、日本の税金は源泉徴収されていません。また、配当は総合課税で申告するものとします。
　　　　2．適用する邦貨換算レートについては、P.207参照

〈申告書の作成手順〉

① 「外国税額控除に関する明細書」

② 「所得税の確定申告書（第二表）」

③ 「所得税の確定申告書（第一表）」

第4章 外国の株式・投資信託・預金等にかかる税金

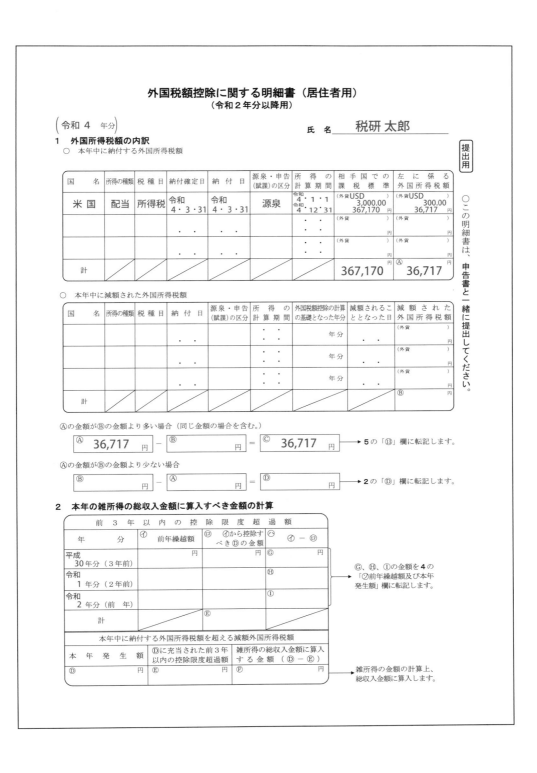

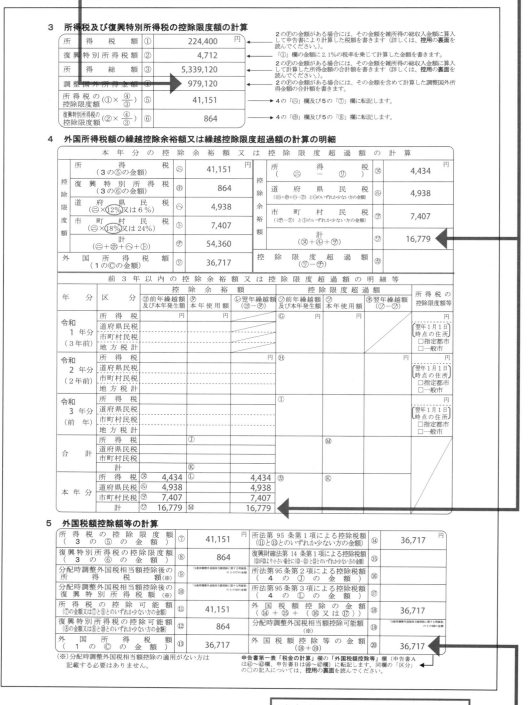

第4章　外国の株式・投資信託・預金等にかかる税金

> 外国株式の配当なので
> 配当控除はゼロ

神田 税務署長　令和＿＿年＿＿月＿＿日　令和 04 年分の 所得税及び 復興特別所得税 の 確定 申告書　　FA2202

第一表（令和四年分以降用）

| 納税地 | 〒101-XXXX | 個人番号（マイナンバー） | ＊＊＊＊　＊＊＊＊　＊＊＊＊ | 生年月日 | 3 55.10.10 |

現在の住所又は居所事業所等　千代田区西神田X-X-X
フリガナ　ゼイケン　タロウ
氏名　税研 太郎

令和5年1月1日の住所　同上
職業　会社員　屋号・雅号　世帯主の氏名　世帯主との続柄
整理番号　電話番号　自宅・勤務先・携帯 ＿＿ー＿＿ー＿＿

収入金額等（単位は円）

事業	営業等	㋐	
	農業	㋑	
不動産		㋒	
配当		㋓	367170
給与		㋔	6000000
雑	公的年金等	㋕	
	業務	㋖	
	その他	㋗	
総合譲渡	短期	㋘	
	長期	㋙	
一時		㋚	

所得金額等

事業	営業等	①	
	農業	②	
不動産		③	
利子		④	611950
配当		⑤	367170
給与		⑥	4360000
公的年金等		⑦	
雑	業務	⑧	
	その他	⑨	
⑦から⑨までの計		⑩	
総合譲渡・一時 ⑦+{(㋙+㋚)×½}		⑪	
合計 ①から⑥までの計+⑩+⑪		⑫	5339120

所得から差し引かれる金額

社会保険料控除	⑬	840000
小規模企業共済等掛金控除	⑭	
生命保険料控除	⑮	40000
地震保険料控除	⑯	
寡婦、ひとり親控除	⑰～⑱	0000
勤労学生、障害者控除	⑲～⑳	0000
配偶者（特別）控除	㉑～㉒	380000
扶養控除	㉓	380000
基礎控除	㉔	480000
⑬から㉔までの計	㉕	2120000
雑損控除	㉖	
医療費控除	㉗	
寄附金控除	㉘	
合計 ㉕+㉖+㉗+㉘	㉙	2120000

税金の計算

課税される所得金額（⑫－㉙）又は第三表	㉚	3219000
上の㉚に対する税額 又は第三表の㉟	㉛	224400
配当控除	㉜	0
	㉝	
（特定増改築等）住宅借入金等特別控除	㉞	00
政党等寄附金等特別控除	㉟～㊲	
住宅耐震改修特別控除等	㊳～㊵	
差引所得税額（㉛－㉜－㉝－㉞－㉟－㊱－㊲－㊳－㊴）－㊵	㊶	224400
災害減免額	㊷	
再差引所得税額（基準所得税額）（㊶－㊷）	㊸	224400
復興特別所得税額（㊸×2.1%）	㊹	4712
所得税及び復興特別所得税の額（㊸＋㊹）	㊺	229112
外国税額控除等	㊻～㊼	36717
源泉徴収税額	㊽	129100
申告納税額（㊺－㊻－㊼－㊽）	㊾	63200
予定納税額（第1期分・第2期分）	㊿	
第3分の税額	納める税金	51	63200
	還付される税金	52	△

修正申告

| 修正前の第3期分の税額（還付の場合は頭に△を記載） | 53 | |
| 第3期分の税額の増加額 | 54 | 00 |

その他

公的年金等以外の合計所得金額	55	
配偶者の合計所得金額	56	
専従者給与（控除）額の合計額	57	
青色申告特別控除額	58	
雑所得・一時所得等の源泉徴収税額の合計額	59	
未納付の源泉徴収税額	60	
本年分で差し引く繰越損失額	61	
平均課税対象金額	62	
変動・臨時所得金額	63	

延納の届出

| 申告期限までに納付する金額 | 64 | 00 |
| 延納届出額 | 65 | 000 |

還付される税金の受取場所
銀行・金庫・組合・農協・漁協　本店・支店・出張所・本所・支所
郵便局名等　預金種類（普通・当座・納税準備・貯蓄）
口座番号記号番号
公金受取口座登録の同意　公金受取口座の利用

整理欄　区分 A B C D E F G H I J K L　異動
整理欄　管理　名簿　補完　確認

> 外国税額控除の金額（「外国税額控除に関する明細書」の5⑳の金額）

191

令和 04 年分の所得税及び復興特別所得税の確定申告書

整理番号 □□□□□□□

FA2302

第二表（令和四年分以降用）○第二表は、第一表と一緒に提出してください。○国民年金保険料や生命保険料の支払証明書など申告書に添付しなければならない書類は添付書類台紙などに貼ってください。

住　所
屋　号
フリガナ　ゼイケン　タロウ
氏　名　**税研 太郎**

千代田区西神田X-X-X

○ 所得の内訳（所得税及び復興特別所得税の源泉徴収税額）

所得の種類	種目	給与などの支払者の「名称」及び「法人番号又は所在地」等	収入金額	源泉徴収税額
利子		Y銀行	611,950 円	0 円
配当		Z証券会社	367,170	0
給与	給料	X商事	6,000,000	129,100
		48 源泉徴収税額の合計額		129,100

○ 総合課税の譲渡所得、一時所得に関する事項（⑪）

所得の種類	収入金額	必要経費等	差引金額
	円	円	円

特例適用
条文等

○ 配偶者や親族に関する事項（⑳〜㉓）

氏名	個人番号	続柄	生年月日	障害者	国外居住	住民税	その他
税研花子	＊＊＊＊＊＊＊＊＊＊＊＊	配偶者	明·大·昭·平 57.12.12	障·特障	国外·年調	同一·別居	調整
税研一郎	＊＊＊＊＊＊＊＊＊＊＊＊	子	明·大·昭·令 17.6.8	障·特障	国外·年調	16·別居	調整
			明·大·昭·平·令 . .	障·特障	国外·年調	16·別居	調整
			明·大·昭·平·令 . .	障·特障	国外·年調	16·別居	調整
			明·大·昭·平·令 . .	障·特障	国外·年調	16·別居	調整

○ 事業専従者に関する事項（57）

事業専従者の氏名	個人番号	続柄	生年月日	従事月数·程度·仕事の内容	専従者給与（控除）額
			明·大·昭·平 . .		
			明·大·昭·平 . .		

○ 住民税・事業税に関する事項

住民税	非上場株式の少額配当等	非居住者の特例	配当割額控除額	株式等譲渡所得割額控除額	特定配当等・特定株式等譲渡所得の全部の申告不要	給与、公的年金等以外の所得に係る住民税の徴収方法 特別徴収 / 自分で納付	都道府県、市区町村への寄附（特例控除対象）	共同募金、日赤その他の寄附	都道府県条例指定寄附	市区町村条例指定寄附
	円		円	円			円	円	円	円

退職所得のある配偶者・親族の氏名	個人番号	続柄	生年月日	退職所得を除く所得金額	障害者	その他 寡婦·ひとり親
			明·大·昭·平 . .		障·特障	調整 寡婦·ひとり親

事業税	非課税所得など	番号	所得金額	損益通算の特例適用前の不動産所得		前年中の開（廃）業	開始·廃止 月日
	不動産所得から差し引いた青色申告特別控除額			事業用資産の譲渡損失など		他都道府県の事務所等	

上記の配偶者・親族・事業専従者のうち別居の者の氏名・住所	氏名	住所	所得税で控除対象配偶者などとした専従者	氏名	給与	一連番号

保険料等

	保険料等の種類	支払保険料等の計	うち年末調整等以外
⑬⑭ 社会保険料控除 小規模企業共済等掛金控除	源泉徴収票のとおり	840,000 円	円
⑮ 生命保険料控除	新生命保険料	200,000 円	円
	旧生命保険料		
	新個人年金保険料		
	旧個人年金保険料		
	介護医療保険料		
⑯ 地震保険料控除	地震保険料	円	円
	旧長期損害保険料		

本人に関する事項（⑰〜⑳）	寡婦 □死別 □生死不明 □離婚 □未帰還	ひとり親	勤労学生 □年調以外かつ専修学校等	障害者	特別障害者

○ 雑損控除に関する事項（㉖）

損害の原因	損害年月日	損害を受けた資産の種類など

損害金額	円	保険金などで補填される金額	円	差引損失額のうち災害関連支出の金額	円

○ 寄附金控除に関する事項（㉘）

寄附先の名称等		寄附金	円

整理欄

税理士署名・電話番号
(Z会計事務所)

Point!

①外国税額控除の対象になる税金は、外国の法令に基づいて外国又はその国の地方公共団体によって、個人の所得に課税される外国の税です。

②外国税額控除が適用される年分は、外国所得税を納付することとなる日（租税債務が確定した日）の属する年分です。具体的には㈦申告納税の場合は申告書を提出した日、㈪賦課課税の場合は賦課決定の通知があった日、㈧源泉徴収の場合はその源泉徴収の対象となった利子、配当、使用料等の支払いの日の属する年分（所法95①、所基通95-3）です。なお、毎年同じ扱いをすることを条件に、実際に納付した日の属する年分で適用することもできます。

③利子及び配当について外国税額控除を受ける場合は、租税条約で定める限度税率で計算した金額を限度とします。

④租税条約が締結されていない国で課された所得税も、外国税額控除の適用を受けることができます。

⑤期限後申告、修正申告、更正の請求でも外国税額控除の適用を受けることができます。

ご注意を！

1．確定申告書に、本人及び親族のマイナンバーの記載が必要です。

2．e-Tax（電子申告）する場合は本人確認書類は必要ありませんが、書面で提出する場合は添付が必要となります。

Q4-7 海外の金融機関で生じる上場株式の配当を、修正申告において申告分離課税とすることの可否

 私は国内の金融機関を通さずに、直接、国外の金融機関と取引し上場株式の配当が生じています。当初の確定申告では、この配当を申告していなかったのですが、修正申告において申告分離課税とすることはできるでしょうか。

 国外の金融機関で生じた上場株式の配当は、原則として総合課税ですが、申告分離課税の適用を受けようとする確定申告書を提出した場合に限り、申告分離課税となります（措法8の4①②）。

したがって、当初申告で申告していなかった場合は、総合課税で申告する必要があります。

Q4-8 分配時調整外国税相当額控除

分配時調整外国税相当額控除について、教えてください。

国内の証券会社等から購入した公募投資信託等の収益分配金等に、外国株式等から得た利益が含まれている場合、外国で徴収された税金と日本の源泉所得税等の二重課税が発生していました。

この二重課税の調整を図るために、平成30年度の税制改正で、令和2年1月1日以後に支払われるものについて二重課税の調整が行われています。ただし、地方税については、二重課税の調整は行われません。

この二重課税の調整は、顧客が手続を行う必要はなく、証券会社等で自動的に行われます。

令和元年12月31日以前に支払われる投資信託等の分配金については、私募投資信託、ETF・J-REIT・JDR（株式数比例配分方式以外）についてのみ、二重課税調整が可能でしたが、公募投資信託、ETF・J-REIT・JDR（株式数比例配分方式）でも、二重課税調整が可能となりました。

1．公募投資信託等の国内国外二重課税の調整

公募投資信託等の収益分配金等に係る日本の源泉所得税は、当該公募投資信託等を経由して支払った外国の税を控除して計算されます。

2．分配時調整外国税相当額の控除

公募投資信託等の収益分配金等を確定申告する場合は、日本の源泉所得税から控除された外国税相当額を「分配時調整外国税相当額」として、その年分の所得税の額から控除されます。

図説 ※便宜上、復興特別所得税は考慮していない。

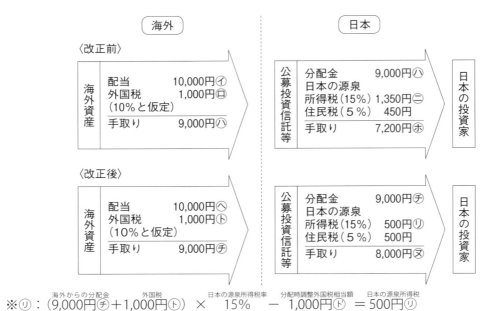

※㋷：$\underbrace{(9,000円㋭+1,000円㋣)}_{\text{一度グロスに戻す}} \times \underset{\text{日本の源泉所得税率}}{15\%} - \underset{\text{分配時調整外国税相当額}}{1,000円㋣} = \underset{\text{日本の源泉所得税}}{500円㋷}$

★1,000円㋣+500円㋷=1,500円で、結果的に15％の源泉所得税となる。住民税については、10,000円×5％=500円が徴収される。

㋣：確定申告する場合は、1,000円㋣を「分配時調整外国税相当額」として、その年分の所得税の額から控除する。

分配時外国税相当額㋣の計算

（9,000円㋭+1,000円㋣）×15％×外貨建資産割合（本事例では100％と仮定する。）
＝1,500円Ⓐ（限度控除額）[※]

1,000円㋣＜1,500円Ⓐ ⇒ ∴1,000円㋣（限定控除額以内）

※限度控除額は、所得税・復興税の額に外貨建資産割合を乗じた額。

（参考）

上記事例で、外貨建資産割合が50％と仮定すると、次のとおり限度控除額は750円となり、分配時調整外国税相当額は750円となる。

（9,000円㋭+1,000円㋣）×15％×外貨建資産割合50％=750円Ⓐ（限度控除額）

1,000円㋣＞750円Ⓐ ⇒ ∴750円

【解説】

〈改正前〉

1．海外資産の運用で配当が10,000円㋑あり、外国税1,000円㋺が控除され、9,000円㋩が日

本の公募投資信託等に分配される。

2．日本の公募投資信託では、分配金9,000円⑧から、日本の源泉所得税（15％）1,350円⊜及び住民税（5％）450円が控除され、日本の投資家には手取り7,200円⑩が分配される。

〈改正後〉

1．海外資産の運用で配当が10,000円⑪あり、外国税1,000円⑫が控除され、9,000円⑬が日本の公募投資信託等に分配される（改正前1．と同じ）。

2．日本の公募投資信託では、分配金9,000円⑬から、日本の源泉所得税500円⑭及び住民税（5％）500円が控除され、日本の投資家には手取り8,000円⑮が分配される。

【事例4-4】公募投資信託等の収益分配金等（分配時調整外国税相当額控除）の確定申告を行う場合

- ▶会社員　税研太郎
- ▶X商事　　給与収入　　　　6,000,000円　（源泉徴収税額　129,100円）
　　　　　社会保険料控除　　840,000円
　　　　　生命保険料控除　　　40,000円
　　　　　配偶者控除　　　　380,000円
　　　　　扶養控除　　　　　380,000円
　　　　　基礎控除　　　　　480,000円
　　　　　所得控除合計　　2,120,000円
- ▶オープン型証券投資信託（源泉徴収選択特定口座）
　※申告不要であるが申告を選択した。
　　内容は次のとおり（P.199「特定口座年間取引報告書」のとおり）。
　　　　収益分配金　10,300円
　　　　源泉所得税　1,277円
　　　　住民税　　　　515円
　　　　特別分配金　　200円（非課税）
　　　　上場株式配当等控除額　300円

〈申告書の作成手順〉

① 「分配時調整外国税相当額控除に関する明細書」

② 「確定申告書（第二表）」

③ 「確定申告書（第一表）」

第4章　外国の株式・投資信託・預金等にかかる税金

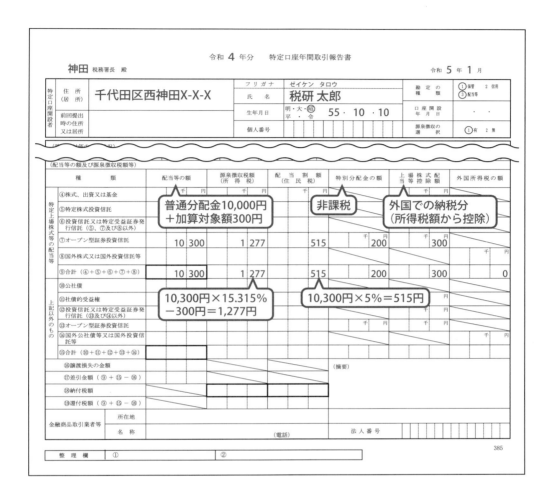

分配時調整外国税相当額控除に関する明細書

（令和 4 年分）　　　　　　　　　　　　　　　　　　氏 名　　　税研 太郎

提出用
○この明細書は、申告書と一緒に提出してください。

1　特定口座の配当等（源泉徴収選択口座内配当等）及び未成年者口座の配当等に係る事項

金融商品取引業者等の名称、所在地	種類	配当等の額	源泉徴収税額（納付税額）[①]	上場株式配当等控除額[②]	控除所得税相当額[③]	控除外国所得税相当額等[②-③]	源泉徴収税額相当額[①+③]
日の丸證券株式会社	特定 未成年者	円 10,300	円 1,277	円 300	円 0	円 300	円 1,277
	特定 未成年者						
	特定 未成年者						
合計額		(A) 10,300				(B) 300	(C) 1,277

2　上記1以外の配当等に係る事項

支払者又は支払の取扱者の名称、所在地	種別等	配当等の額	源泉徴収税額[④]	通知外国税相当額[⑤]	通知所得税相当額[⑥]	支払確定又は支払年月日	源泉徴収税額相当額[④+⑥]
		円	円	円	円	・ ・	円
						・ ・	
						・ ・	
						・ ・	
合計額		(D)		(E)			(F)

3　控除額等の計算

(1)	対象となる配当等の額（収入金額）（1の(A)＋2の(D)）	10,300 円
(2)	源泉徴収税額相当額（1の(C)＋2の(F)）	1,277
(3)	分配時調整外国税相当額控除額（1の(B)＋2の(E)）	300
(4)	再差引所得税額（基準所得税額）（申告書Aは㊳欄、申告書Bは㊸欄の金額）	127,500
(5)	復興特別所得税額（申告書Aは㊴欄、申告書Bは㊹欄の金額）	2,677
(6)	所法第93条第1項の規定による控除額（(3)と(4)のうち、いずれか少ない方の金額）	300
(7)	分配時調整外国税相当額控除後の所得税額（(4)－(6)）	127,200
(8)	復興財確法第13条の2の規定による控除額（(3)が(6)より大きい場合に（(3)-(6)）と(5)のいずれか少ない方の金額）	
(9)	分配時調整外国税相当額控除後の復興特別所得税額（(5)－(8)）	2,677
⑽	分配時調整外国税相当額控除可能額（(6)及び(8)の合計額）	300

・ 申告書第二表「○所得の内訳（所得税及び復興特別所得税の源泉徴収税額）」欄の「収入金額」欄に(1)の金額を、「源泉徴収税額」欄に(2)の金額を転記します。
・ 「給与などの支払者の氏名、名称・所在地等」欄には、「分配時調整外国税相当額控除に関する明細書のとおり」と記入します。

・ 外国税額控除の適用を受ける場合には、(7)、(9)及び⑽の金額を、「外国税額控除に関する明細書」欄の5の⑨欄、⑩欄及び⑲欄にそれぞれ転記します。

・ 外国税額控除の適用を受けない場合には、⑽の金額を、申告書第一表「税金の計算」欄の「外国税額控除等」欄（申告書Aは㊶～㊷欄、申告書Bは㊻～㊼欄）に転記します。このとき、(8)の金額がある場合は、「外国税額控除等」欄の区分の□に「2」を記入します。

確定申告書第一表「外国税額控除等㊻～㊼」欄へ

第4章　外国の株式・投資信託・預金等にかかる税金

| 神田 税務署長 | 令和＿＿年＿＿月＿＿日 | 令和 04 年分の 所得税及び復興特別所得税 の 確定 申告書 | FA2202 | 第一表（令和四年分以降用） |

納税地	〒101-XXXX	個人番号（マイナンバー）｜＊｜＊｜＊｜＊｜＊｜＊｜＊｜＊｜＊｜＊｜＊｜＊｜	生年月日 3 55 10 10
現在の住所又は居所事業所等	千代田区西神田X-X-X	フリガナ ゼイケン タロウ　氏名 税研 太郎
令和5年1月1日の住所	同上	職業 会社員　屋号・雅号　世帯主の氏名　世帯主との続柄

| | | 種類 | 青色 分離 国出 損失 修正 | 特農の表示 特農 | 整理番号 | 電話番号 自宅・勤務先・携帯 |

収入金額等（単位は円）

事	営業等	㋐	
	農業	㋑	
不動産		㋒	
配	当	㋓	10300
給	与	㋔	6000000
雑	公的年金等	㋕	
	業務	㋖	
	その他	㋗	
総合譲渡	短期	㋘	
	長期	㋙	
一	時	㋚	

所得金額等

事	営業等	①	
業	農業	②	
不動産		③	
利子		④	
配当		⑤	10300
給与		⑥	4360000
雑	公的年金等	⑦	
	業務	⑧	
	その他	⑨	
	⑦から⑨までの計	⑩	
総合譲渡・一時 ㋘＋｛（㋙＋㋚）×½｝		⑪	
合計 ①から⑥までの計＋⑩＋⑪		⑫	4370300

所得から差し引かれる金額

社会保険料控除	⑬	840000
小規模企業共済等掛金控除	⑭	
生命保険料控除	⑮	40000
地震保険料控除	⑯	
寡婦、ひとり親控除	⑰～⑱	0000
勤労学生、障害者控除	⑲～⑳	0000
配偶者（特別）控除	㉑～㉒	380000
扶養控除	㉓	380000
基礎控除	㉔	480000
⑬から㉔までの計	㉕	2120000
雑損控除	㉖	
医療費控除	㉗	
寄附金控除	㉘	
合計（㉕＋㉖＋㉗＋㉘）	㉙	2120000

税金の計算

課税される所得金額（⑫－㉙）又は第三表	㉚	2250000
上の㉚に対する税額又は第三表の㊾	㉛	127500
配当控除	㉜	0
	㉝	
（特定増改築等）住宅借入金等特別控除 区分	㉞	00
政党等寄附金等特別控除	㉟～㊲	
住宅耐震改修特別控除等	㊳～㊵	
差引所得税額（㊱－㊲）	㊶	127500
災害減免額	㊷	
再差引所得税額（基準所得税額）（㊶－㊷）	㊸	127500
復興特別所得税額（㊸×2.1%）	㊹	2677
所得税及び復興特別所得税の額（㊸＋㊹）	㊺	130177
外国税額控除等 区分	㊻～㊼	300
源泉徴収税額	㊽	130377
申告納税額（㊺－㊻－㊼－㊽）	㊾	△500
予定納税額（第1期分・第2期分）	㊿	
第3期分の税額（㊾－㊿）納める税金	51	00
還付される税金	52	500

修正申告

| 修正前の第3期分の税額（還付の場合は頭に△を記載） | 53 | |
| 第3期分の税額の増加額 | 54 | 00 |

その他

公的年金等以外の合計所得金額	55	
配偶者の合計所得金額	56	
専従者給与（控除）額の合計額	57	
青色申告特別控除額	58	
雑所得・一時所得等の源泉徴収税額の合計額	59	
未納付の源泉徴収税額	60	
本年分で差し引く繰越損失額	61	
平均課税対象金額	62	
変動・臨時所得金額	63	

延納の届出

| 申告期限までに納付する金額 | 64 | 00 |
| 延納届出額 | 65 | 000 |

還付される税金の受取場所	XX 銀行・金庫・組合・農協・漁協 神田 本店・支店 本所・支部 出張所
郵便局 名等	預金種類 普通○ 当座 納税準備 貯蓄
口座番号記号番号	123456
公金受取口座登録の同意	公金受取口座の利用

区分	A B C D E F G H I J K L
整理欄	
整理欄	管理　名簿

㊷・㊽・㊾・51又は52に記入をお忘れなく。

「分配時調整外国税相当額控除に関する明細書」の 3⑽ の金額

201

令和 04 年分の所得税及び復興特別所得税の確定申告書

整理番号 □□□□□□□□　　FA2302

第二表（令和四年分以降用）○第二表は、第一表と一緒に提出してください。○国民年金保険料や生命保険料の支払証明書など申告書に添付しなければならない書類は添付書類台紙などに貼ってください。

住所　千代田区西神田X-X-X
屋号
フリガナ　ゼイケン　タロウ
氏名　税研 太郎

○ 所得の内訳（所得税及び復興特別所得税の源泉徴収税額）

所得の種類	種目	給与などの支払者の「名称」及び「法人番号又は所在地」等	収入金額	源泉徴収税額
給料	給料	X商事	6,000,000 円	129,100 円
（配当等）		分配時調整外国税額相当額控除の計算明細書のとおり	10,300	1,277
		㊽源泉徴収税額の合計額		130,377 円

○ 総合課税の譲渡所得、一時所得に関する事項（⑪）

所得の種類	収入金額	必要経費等	差引金額
	円	円	円

特例適用条文等

○ 配偶者や親族に関する事項（⑳～㉓）

氏 名	個 人 番 号	続柄	生 年 月 日	障害者	国外居住	住民税	その他
税研花子	＊＊＊＊＊＊＊＊＊＊＊＊	配偶者	明・大 昭・平・令 57.12.12	障 特障	国外 年調	同一 別居	調整
税研一郎	＊＊＊＊＊＊＊＊＊＊＊＊	子	明・大 昭・平・令 17. 6. 8	障 特障	国外 年調	（16） 別居	調整
			明・大 昭・平・令 ． ．	障 特障	国外 年調	（16） 別居	調整
			明・大 昭・平・令 ． ．	障 特障	国外 年調	（16） 別居	調整

○ 事業専従者に関する事項（㊸）

事業専従者の氏名	個 人 番 号	続柄	生 年 月 日	従事月数・程度・仕事の内容	専従者給与（控除）額
			明・大 昭・平 ． ．		
			明・大 昭・平 ． ．		

○ 住民税・事業税に関する事項

住民税	非上場株式の少額配当等	非居住者の特例	配当割額控除額	株式等譲渡所得割額控除額	特定配当等・特定株式等譲渡所得の全部の申告不要	給与、公的年金等以外の所得に係る住民税の徴収方法 特別徴収 / 自分で納付	都道府県、市区町村への寄附（特例控除対象）	共同募金、日赤その他の寄附	都道府県条例指定寄附	市区町村条例指定寄附
	円	円	515 円	円			円	円	円	円

退職所得のある配偶者・親族の氏名	個 人 番 号	続柄	生 年 月 日	退職所得を除く所得金額	障 害 者	その他	寡婦・ひとり親
			明・大 昭・平 ． ．	円	障 特障	調整	寡婦 ひとり親

事業税	非課税所得など	番号	所得金額	損益通算の特例適用前の不動産所得	前年中の開（廃）業 開始・廃止 月 日	
	不動産所得から差し引いた青色申告特別控除額	円	事業用資産の譲渡損失など		他都道府県の事務所等	
上記の配偶者・親族・事業専従者のうち別居の者の氏名・住所	氏名　　　　　住所		所得税で控除対象配偶者などとした専従者	氏名　　　給与額	一連番号	

第二表 保険料控除等

	保険料等の種類	支払保険料等の計	うち年末調整等以外
⑬⑭社会保険料控除 小規模企業共済等掛金控除	源泉徴収票のとおり	840,000 円	円
⑮生命保険料控除	新生命保険料	200,000 円	
	旧生命保険料		
	新個人年金保険料		
	旧個人年金保険料		
	介護医療保険料		
⑯地震保険料控除	地震保険料	円	円
	旧長期損害保険料		

本人に関する事項（⑰～⑳）	寡婦		ひとり親	勤労学生	障害者	特別障害者
	□ 死別 □ 生死不明 □ 離婚 □ 未帰還			□ 年調以外かつ専修学校等		

○ 雑損控除に関する事項（㉖）

損害の原因	損害年月日	損害を受けた資産の種類など

損害金額	保険などで補填される金額	差引損失額のうち災害関連支出の金額
円	円	円

○ 寄附金控除に関する事項（㉘）

寄附先の名称等		寄附金	
			円

税理士署名・電話番号
（Z会計事務所　　　　）

202

第4章　外国の株式・投資信託・預金等にかかる税金

Point!

①分配時外国税相当額の調整が行われた結果、配当等に係る源泉所得税が少なく計算されています。したがって、配当等を確定申告するときは、分配時調整外国税相当額控除を行う必要があります。

②「特定口座年間取引報告書」では、「配当等の額」欄に普通分配金に加算対象額を加えた金額が記載され、「上場株式配当等控除額」欄に外国で納税した税額が記載されています。

③「上場株式配当等の支払通知書」では、「通知外国税相当額等」欄に外国で納税した税額が記載されています。

※書式は、証券会社によって異なります。

④非課税口座（NISA口座、ジュニアNISA口座）を通じて公募投資信託等の収益の分配金を受ける場合は、国税分は非課税となり源泉所得税等は課されないので、国内外二重課税の調整の対象外となります。

Q4-9 為替差損益の税務上の取扱い

Q 為替差損益の税務上の取扱いについて教えてください。

A 6つの事例で説明します。

事例1 円で外貨を購入し、その後解約し円で受け取った。

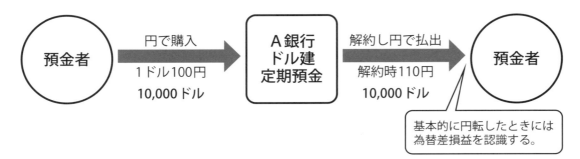

●為替差益を認識します。

（110円／ドル－100円／ドル）×10,000ドル＝100,000円

→外貨建取引とは、外国通貨で支払いが行われる資産の販売及び購入、役務の提供、金銭の貸付け及び借入れその他の取引をいいます。

外貨建取引を行った場合には、当該外貨建取引を行ったときにおける外国為替の売買相場により換算した金額により、所得の金額を計算します（所法57の3①）。

事例2 外貨建預貯金の預入及び払出に係る為替差損益（銀行は異なるが同じドル預金）

●為替差益を認識する必要はありません。

→元本について、①同一の金融機関に、②同一の外国通貨で、③継続して預け入れる場合は、外貨建て取引に該当しません（所令167の6②）。

→しかし、他の金融機関に預け入れる場合でも、同一の外国通貨で行われる限り外貨建取引に該当しません。

元本が、同一の外国通貨で預入及び払出が行われる限り、金額に増減はなく、実質的には同じ外国通貨を保有し続けている状態と変わりなく、このような外貨の保有状況に実質的に変化がない取引については、取引の都度、為替差損益を認識するのは実情に即さず、所得税法施行令第167条の6第2項は例示規定と解されます。

事例3 外貨建債券が償還された場合の為替差損益
（ドルで買ったものがドルで償還された）

●為替差益を認識する必要はありません。
→平成28年から、利付債の償還差益は総合課税（雑所得）から申告分離（譲渡）課税に変更されており、その結果、為替差損益は譲渡所得に含まれているので、為替差損益を認識する必要はありません。

事例4 預け入れていた外貨建預貯金を払い出して貸付用の建物を購入した場合
（ドル預金を下ろしてドルで建物を購入。種類が異なるものに投資。）

●為替差益を認識します。

（120円／ドル－100円／ドル）×300,000ドル＝6,000,000円

→預金以外のものを、たとえ同じドルで購入したとしても、購入した時点で預金とは異なる経済的価値を持った資産に変わることにより、新たな経済的価値が生まれ収入が実現したものとして、為替差損益を認識します。

205

事例5 外貨建預貯金を払い出して外貨建MMFに投資（銀行は同じだが商品が異なる）

●為替差益を認識します。

（110円／ドル－100円／ドル）×100,000ドル＝1,000,000円

→外貨建定期預金を外貨建MMFに投資した場合、新たな資産に投資した時点で新たな経済的価値が生まれ収入が実現したものとして、為替差損益を認識します。

事例6 保有する外国通貨を他の外国通貨に交換した場合（通貨が異なる）

●為替差益を認識します。

（150円／ユーロ×8,000ユーロ）－（100円／ドル×10,000ドル）＝200,000円

→他の外国通貨への交換時に収入が実現したと考えます。

（注）外貨建預貯金の元本及び利子をあらかじめ約定した率により、他の外国通貨で支払われる場合の元本部分に係る差益については、外国通貨を円に交換する取引ではないものの、その支払時において課税されます（所法174⑦、209の2、所令298④二）。

（参照：国税庁ホームページ）

第4章　外国の株式・投資信託・預金等にかかる税金

Q4-10　邦貨換算レート

外貨建取引を行った場合の円換算について教えてください。

個人が外貨建取引を行った場合の円換算は、原則として、取引を計上すべき日における電信売相場（TTS）と電信買相場（TTB）の仲値（TTM）により行います。

個人の方が、外貨建て取引を行った場合の円換算レートは、次のとおりです。
▶原　　則………TTM（所得税基本通達57の3-2）
次の方法をとることもできます。
▶株式譲渡………収入はTTB、取得費はTTS（措置法通達37の10・37の11共-6）
▶不動産所得・事業所得・雑所得・山林所得
　　　　　………原則はTTM。ただし、継続適用を条件として、収入、資産はTTB、仕入、必要経費、負債はTTSも可（所得税基本通達57の3-2ただし書）。

> 国外において不動産所得、事業所得、山林所得、雑所得を生ずる個人で、その業務について損益計算書、収支内訳書を外国通貨表示で作成している場合は、その年の年末における為替相場により換算することができます（所基通57の3-7）。
> この邦貨換算に当たっては、継続適用を条件としてその年の電信売買相場の仲値（TTM）、電信買相場（TTB）、電信売相場（TTS）の年平均値を使用して換算することができます（所基通57の3-7注書）。

▶不動産譲渡……原則はTTM。ただし、譲渡代金として受領した外国通貨を直ちに売却し本邦通貨としている場合、収入はTTBで、本邦通貨により外国通貨を購入し直ちに取得費・譲渡費用に充てている場合は、取得費・譲渡費用はTTSも可（所得税基本通達57の3-2注書4）。　　　　　（国税庁ホームページ参照）
▶給与所得・利子所得・配当所得
　　　　　………TTM（所得税基本通達57の3-2）
◎換算する日は、その取引を計上すべき日の為替相場（所得税基本通達57の3-2）
◎円換算に係る日に為替相場がない場合
　　　　　………同日前の最も近い日の為替相場（所得税基本通達57の3-2注書3（1））

例えば、令和4年3月27日は日曜日で為替相場がありませんので、令和4年3月25日（金）の為替相場の数値により換算します。

《コラム》

　円換算にどのレートを採用するかによって、どのような違いが生じるのでしょうか？例えば米ドルの場合、為替手数料はTTS、TTBそれぞれTTM±1円です（為替手数料は通貨により異なります）。

　TTMが100円とすると、TTSは101円、TTBは99円となります。収入はTTB、必要経費はTTSを採用することにより、収入及び必要経費ともTTMを採用した場合に比べ、所得金額が少なく計算されることとなります。

第4章 外国の株式・投資信託・預金等にかかる税金

Q4-11 海外資産に対する課税強化

海外資産に対する課税の強化が図られているようですが、どのようなことが行われているのか教えてください。

海外の財産が、正しく申告されているかどうか把握するために、いくつかの制度が実施されています。

1．国外送金等調書制度

平成10年4月1日から施行されている制度で、100万円超の国外送受金について、銀行は「国外送金等調書」を税務署に提出しなければならないという制度です。

税務署ではこの調書に基づき、国内・国外間の送受金の内容を把握し、必要がある場合は、「国外送受金等に関するお尋ね」という照会文書を送受金者宛に送付します。

《国外送金等調書の様式》

令和 4 年分　国外送金等調書		
国内の送金者又は受領者	住所（居所）又は所在地：東京都千代田区大手町1－2－3 氏名又は名称：税研三郎	個人番号又は法人番号
国外送金等区分	1．国外送金・②．国外からの送金等の受領	国外送金等年月日：4年6月10日
国外の送金者又は受領者の氏名又は名称	税研三郎	
国外の銀行等の営業所等の名称	Bank of America	
取次ぎ等に係る金融機関の営業所等の名称		
国外送金等に係る相手国名	アメリカ合衆国	
本人口座の種類	普通預金・当座預金・その他（　）	本人の口座番号：4321698
国外送金等の金額	外貨額：1,000,000　外貨名：ドル 円換算額：110,000,000（円）	送金原因：自己海外口座からの資金移動
（備考）		
提出者	住所（居所）又は所在地：東京都港区北青山5－5－5 氏名又は名称：三井住友銀行　青山支店 （電話）	個人番号又は法人番号
整理欄	①	②

350

2．国外証券移管等調書制度

　平成27年1月1日から施行されている制度で、国内証券口座と国外証券口座間で有価証券の移管があった場合、金融商品取引業者は、「国外証券移管等調書」を税務署に提出しなければならないという制度です。国外送金等調書と異なり、移管された金額の多寡は問わず税務署に提出されます。

3．国外財産調書制度

　平成26年1月1日から施行されている制度で、①②の両方に該当する方は、翌年の3月15日までに、「国外財産調書」を税務署に提出する必要があります。

①居住者（外国人で過去10年内に、日本に5年超居住している者も含む）

②その年の12月31日において、国外財産（不動産、預金、有価証券等すべての財産）の合計額が5,000万円を超える者

　この調書は、確定申告の必要がなくても上記①②に該当すれば、提出の必要があります。

（注意点）

1．税務調査により申告漏れが指摘されたときに、加算税について、国外財産調書の提出がある場合は、過少（無）申告加算税が5％軽減されます。一方、提出がない場合あるいは提出があっても国外財産調書に記載すべき国外財産の記載がない場合は、過少（無）申告加算税が5％加重されます。

2．国外財産を有する者が、国税庁等の職員から国外財産調書に記載すべき国外財産の取得、運用又は処分に係る書類のうち、通常保存又は取得することができると認められるものの提示又は提出を求められた場合、求められた日から60日を超えない範囲内で、当該職員が指定する日までに提示又は提出をしなかったときは、加算税は次のとおりとされています。令和2年分以後の所得税又は令和2年4月1日以後に、相続若しくは遺贈により取得する財産に係る相続税について適用されます。

　①　その国外財産に係る加算税の軽減措置（－5％）は、適用しない。

　②　その国外財産に係る加算税の加重措置（＋5％）については、その加算する割合を10%とする。

3．国外取引等の課税に係る更正決定等の期間制限について、次のとおりとされています。令和2年4月1日以後に法定申告期限等が到来する国税について適用されます。

　⑴　次の①に掲げる事由が生じた場合、次の②に掲げる事由に基づいて行う更正決定等に

ついて、租税条約等の相手国等に対して情報提供要請に係る書面が発せられた日から3年間は、行うことができることとされました。

① 国税庁等の職員が、納税者に国外取引又は国外財産に関する書類の提示又は提出を求めた場合において、その提示又は提出を求めた日から60日を超えない範囲内において、その準備に通常要する日数を勘案して当該職員が指定する日までに提示又は提出がなかったこと。

② 国税庁長官（委任を受けた者を含む。）が、租税条約等の規定に基づき租税条約等の相手国等に上記①の国外取引又は国外財産に関する情報提供要請をした場合に、課税標準又は税額等に関し、租税条約等の相手国等から提供があった情報に照らし非違があるとみとめられること。

4．令和4年度税制改正で、提出期限等の改正が行われました（P.3参照）。

4．財産債務調書制度

平成27年分の確定申告から、①②③のすべてに該当する方は、確定申告書とともに「財産債務調書」を提出する必要があります。

①所得税の確定申告書を提出しなければならない方

②その年分の総所得金額、山林所得金額、分離課税短期・長期譲渡所得金額、上場・一般株式等に係る譲渡所得等の金額、分離課税の上場株式等に係る配当所得の金額及び先物取引に係る雑所得等の金額の合計額が2,000万円を超える方

③その年の12月31日において、3億円以上の財産又は1億円以上の有価証券等（有価証券、未決済の信用取引・発行日取引・デリバティブ取引等）を有する方

（注意点）

1．税務調査により申告漏れが指摘されたときに、加算税について、財産債務調書の提出がある場合は、過少（無）申告加算税が5％軽減されます。一方、提出がない場合あるいは提出があっても財産債務調書に記載すべき財産の記載がない場合は、過少（無）申告加算税が5％加重されます。

2．令和4年度税制改正で、提出期限等の改正が行われました（P.3参照）。

5．共通報告基準（CRS）による自動的情報交換制度

平成26年11月、G20首脳会議で、非居住者金融口座情報の自動的情報交換について共通報告基準（Common Reporting Standard／CRS）が承認され、平成30年までに自動的情報交

換を開始する旨の共同声明が発表されました。それを受け日本では、平成27年度税制改正で租税条約等実施特例法を改正しました。

　具体的な制度の内容は、各国の金融機関が、自国の非居住者に係る口座保有者の氏名、口座残高、利子、配当等の年間受取総額等の情報について自国の国税当局に報告し、各国の国税当局間でその情報を交換し国際的な脱税行為に対処しようというものです。平成30年４月30日までに、国内金融機関等から初回の報告が行われ、平成30年９月30日までに、各国との間で自動的情報交換を行うこととされていました。

　この制度により国税当局は、納税者が直接国外の金融機関と取引したときに生じた利子、配当等の把握を制度的にできることとなりました。

《コラム》
　CRSによる情報交換の状況は、次のとおりです。

〈令和元事務年度〉

CRS情報	受　領		提　供	
	国・地域数	口座数（件）	国・地域数	口座数（件）
アジア・大洋州	16	1,473,200	12	529,867
北米・中南米	19	117,291	13	43,354
欧州・NIS諸国	40	313,587	39	73,074
中東・アフリカ	12	2,818	6	4,266
合　計	87	1,906,896	70	650,558

第5章

その他の証券税制

Q5-1 株式ミニ投資、株式累積投資

株式ミニ投資や株式累積投資（るいとう）に対する税金はどうなっていますか。

株式ミニ投資の配当金はMRF（マネー・リザーブ・ファンド）等に入金され、株式累積投資の配当金は全額再投資されますが、申告不要とされます。売却益については申告分離課税の対象とされます。

商品の仕組み

		株式ミニ投資（ミニ株）	株式累積投資（るい投）
仕組み		通常の売買単位の10分の1単位の整数倍で最高9倍まで売買できる（仕切売買）制度。なお、株式分割等で発生した端株は一括売却が可能。	投資家が好きな銘柄を選び、毎月一定の資金（1万円からで、1人20銘柄が申込みの上限）で株式を買い付けていく（ドル・コスト平均法）制度。売買単位（通常1,000株）にまとまらなくても原則として1株単位で売却できる。
対象銘柄		東証・名証に上場している下記以外の全銘柄及び各証券会社の選択した店頭登録銘柄 対象外→単元株が1株の銘柄	各証券会社の株式累積投資選定銘柄（上場銘柄及び店頭登録銘柄のみ）
課税関係	配当金	直接現金で受け取れない（証券口座〈MRF〉に入金）。	税引後の手取金額の全額が元本に再投資される。
		20.315%源泉徴収による申告不要・総合課税又は申告分離課税	
	譲渡益	申告分離課税	

《コラム》

■ドルコスト平均法

	投資金額	一口の価額	購入口数（一口未満切捨て）
1か月目	10,000円	10円	1,000口
2か月目	10,000円	8円	1,250口
3か月目	10,000円	6円	1,666口
4か月目	10,000円	4円	2,500口
5か月目	10,000円	8円	1,250口
	50,000円	6.5円	7,666口

★５か月後の資産額　7,666口×８円＝61,328円

【説明】

① ５か月後50,000円分投資した結果、一口の価額が当初10円だったものが８円に下がっているものの、購入口数が7,666口と増えているので、資産額は50,000円が61,328円に増えている。

② ドルコスト平均法は、平均単価を下げる効果がある。平均単価が下がる結果、購入口数が増える。

Q5-2 株価指数等先物取引、オプション取引

株価指数等先物取引、オプション取引による差益には、どのような税金がかかりますか。

「先物取引に係る雑所得等」として申告分離課税（20.315％）の対象とされています。損失は翌年以後3年間繰越控除できることとされています。

商品の仕組み

●株価指数等先物取引

　株価指数等を取引対象とする先物取引。日経平均株価（日経225）を取引の対象として売買するのが日経225先物であり、一定の委託保証金を差入れて買付→転売、売付→買戻しによって差益を得ることができる。取引の期限を迎えても株価指数自体は、あくまで抽象的な数値であり、実際の受渡しができないため、すべて差金決済となる。

	日経300	日経225	TOPIX（東証株価指数）	東証業種別	JPX日経インデックス400
1.基本概念	300銘柄の時価総額加重平均指（1982.10.1＝100）	225銘柄の株価の単純平均（1949.5.16＝176.21円）	東証上場全銘柄の時価総額加重平均指数(注)（1968.1.4＝100）	東証上場電気機器、輸送用機器、銀行等の各業種ごとの全銘柄の時価総額加重平均指数(注)	東証プライム市場、スタンダード市場、グロース市場上場400銘柄の時価総額加重平均指数(注)
2.計算方法	$\dfrac{当日時価総額}{基準時価総額}\times 100$	$\dfrac{225銘柄の株価合計}{除数}$	$\dfrac{当日時価総額}{基準時価総額}\times 100$	$\dfrac{当日時価総額}{基準時価総額}\times 100$	$\dfrac{当日時価総額}{基準時価総額}\times 100$
3.性格	大型株の動きをより反映。300銘柄で市場全体のパフォーマンスに近い動きを表す。	株価の単純平均であるため、値嵩株の値幅の影響を受けやすい。	市場全体の動きを表す。	各業種ごとの動きを表す。	財務経営が秀れている銘柄の動きを表す。

（注）2022年4月1日以後、東証1部、東証2部、JASDAQ、マザーズがプライム、スタンダード、グロースの新市場に変更されましたが、選択市場にかかわらず銘柄は継続採用されています。

●オプション取引

　基礎商品（個別株や株価指数先物等）を買う（又は売る）権利を対象とする取引。買い付ける権利を「コール・オプション」、売り付ける権利を「プット・オプション」といい、それぞれに買い方と売り方が存在する。オプションの買手は、売手に対してオプション料（プレミアム）を支払うことになっている。日経平均株価のコール・オプションの買手は、売手にプレミアムを支払って、満期日に権利行使価額で日経平均株価を買い付ける権利を得ることとなる。オプションの売手は、買手が権利を行使した場合、必ずこれに応じる義務を有する。

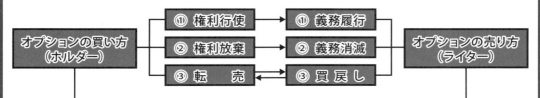

　オプションの買い方は、①権利を行使するか、②権利を放棄するか、③権利を転売するか、これら3つの方法から自由に選択することができる。

　これに対して、オプションの売り方が自ら進んで、その義務を清算する方法は③買戻し以外にはない。①義務履行と②義務消滅（期限切れ）は、買い方の権利行使の割当を受けたり、買い方が権利を放棄したときに行われるもので、オプションの売り方にとっては、いわば受動的な決済方法といえる。

Q5-3 エンジェル税制

エンジェル税制とは、どういうものですか。

一定のベンチャー企業（特定中小会社）が発行した株式（特定株式）については、キャピタル・ロスを3年間繰越控除をすることができ、さらに、いろいろな特例（P.220）が適用されることとされています。これらの特例が、通称エンジェル税制といわれるものです。

特定中小会社株式の譲渡損失の繰越控除（価値喪失時）

株式等（上場株式等を除く）の譲渡損失は、その年中の他の株式等の譲渡益と通算し、なお赤字が残っても翌年以後に持ち越すことはできません。その例外として設けられたのがこの繰越控除制度です。

特定中小会社の要件	①創業期（設立から10年未満）の中小企業者であること ②相当程度の研究開発を行っている会社であること等（試験研究費等の売上高に占める割合が設立5年以内3％超、設立6年〜10年以内5％超であること等）（注） ③大規模会社の子会社でないこと ④外部からの投資を6分の1以上取り入れている会社であること ⑤未登録・未公開の株式会社であること……等 　その後、以下の株式会社が追加されました（上記②④は免除）。 ・投資事業組合契約に従って投資事業有限責任組合を通じて投資される（投資ファンド）等一定の要件を満たす会社 ・沖縄振興特別措置法の指定会社 ・地域再生法に規定する特定地域再生事業を行う一定の株式会社 　（注）設立後5年未満の会社は試験研究費要件を満たさない場合でも、他の要件を充足すれば対象者とされます。 ・クラウドファンディング（※）を通じて投資される等一定の株式会社 　※クラウドファンディングとは、「群衆（クラウド）」と「資金調達（ファンディング）」を組み合わせた造語で、インターネットを介して不特定多数の人々から少額ずつ資金を調達すること。

第5章　その他の証券税制

	（注）令和2年4月1日以後に払込みにより取得する特定株式について適用されます。
繰越控除の対象となる特定株式の譲渡損失（価値喪失によるみなし譲渡損）	特定中小会社の発行した株式（特定株式）を払込みにより取得（ストック・オプション適用株式を除く）した居住者等（発行会社と投資契約を締結していることが条件。同族株主や特定事業主であった者等一定の者を除く）が、その取得の日からその株式の上場等の日の前日までの間に譲渡したことによって生じた損失の金額。その会社が解散（合併による解散を除く）して、その清算が結了したとき、破産宣告を受けたとき等、要するにその会社が破綻してその株式が株式としての価値がなくなったときの損失分も、その株式を譲渡したことにより生じた損失とみなされて繰越控除の対象となる。
繰越控除の順序	特定株式の譲渡損→その年中の一般株式等の譲渡所得等→上場株式等の譲渡所得等→その年の翌年以後3年以内の各年分の株式等の譲渡所得等の金額から繰越控除

※譲渡損失の繰越控除の適用を受ける場合には、確定申告書に明細書等各種書類の添付が必要です。

《設例》

平成26年	払込みにより取得	3,000株	800円	2,400,000円
平成27年	相対取引により取得	2,000株	1,000円	2,000,000円
令和4年	破産宣告			

⇩

繰越控除の対象となる金額（価値喪失による損失の金額）

$$\frac{2,400,000円+2,000,000円}{3,000株+2,000株} = 880円$$

880円／株×3,000株＝2,640,000円

（注）払込みにより取得した株式の損失のみ繰越控除の対象になります。

219

Q5-4 エンジェル税制（各種特例）

Q 特定中小会社が発行した株式を取得した場合の特例（いわゆるエンジェル税制）について、譲渡損失の繰越控除以外にどのような特例がありますか。

A 公開日以後3年以内に譲渡した場合の2分の1課税の特例は、経過措置をもって廃止されましたが、新たに出資額800万円（令和2年12月31日以前は1,000万円）を限度とする寄附金控除制度が創設されています。

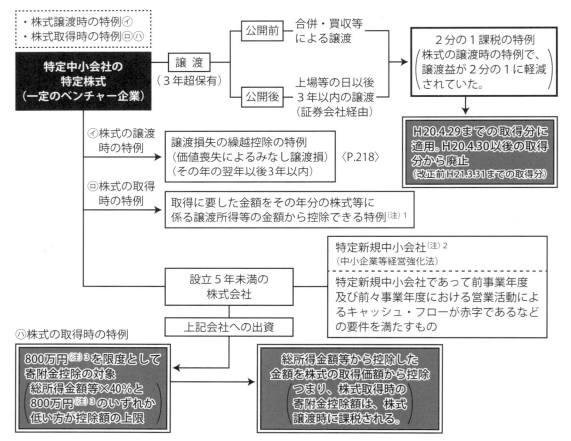

（注）1．特例の内容：株式発行の際の払込みにより株式を取得した場合、その取得価額相当額を同じ年分の一般株式等の譲渡益からまず控除し、控除しきれない場合は、同じ年分の上場株式等の譲渡益から控除できる。

2．特定新規中小会社とは、未登録・非上場の株式会社で、財務状況等が一定の要件を満たす会社、沖縄振興特別措置法の指定会社、国家戦略特別区域法の指定会社、地域再生法に規定する株式会社等をいいます。

3．令和2年12月31日以前は、1,000万円でした。

Q5-5 FX取引

FX取引による利益には、どのような税金がかかりますか。

先物取引等に対する雑所得として、申告分離課税（20.315％）が適用されます。他の所得との損益通算はできません。損失が生じた場合は、3年間繰越控除ができます。

FXの課税方式

FXの種類	取引所取引	取引所外取引
呼　　　　称	くりっく365 （東京金融取引所で行われている）	店頭FX （相対取引）
所　得　区　分	雑所得（「先物取引に係る雑所得等」）	
課　税　方　法	申告分離課税	
税　　　　率	20.315％（所得税・復興税15.315％、住民税5％）	
損　益　通　算	「先物取引に係る雑所得等」の中での内部通算はできる （他の所得との損益通算はできない）	
損失の繰越控除 （翌年以後3年間）	できる	

■「先物取引に係る雑所得等」の種類

○有価証券先物（10年物国債先物等〈標準物〉）

○有価証券指数等先物（TOPIX先物、日経225先物等）

○有価証券オプション（TOPIXオプション、日経225オプション等）

○商品先物（東京商品取引所等で行う商品先物〈ガソリン、大豆、金等〉等）

○金融先物（東京金融取引所等で行うユーロ円3か月金利先物〈TIBOR〉等）

○取引所為替証拠金取引（「くりっく365」）

○カバードワラント（非上場）

○取引所株価指数証拠金取引（「くりっく株365」）

○CFD（日経225先物、金、株式、債券等多数の金融商品の証拠金取引）

（注）暗号資産にかかる先物取引は、総合課税の雑所得に該当し、先物取引に係る雑所得等には該当しません。

　日本取引所グループ（JPX）の下で、令和2年7月27日以後、総合取引所が始動し先物取引は、次のように各取引所で行われています。

《大阪取引所（OSE）》

株価指数	TOPIX先物、日経225先物等
個別株式	有価証券オプション
債券	長期国債先物、超長期国債先物等
貴金属	金、白金、銀、パラジウム
ゴム	RSS 3、TSR20
農産物	とうもろこし、大豆、小豆

　※金融商品取引法（金商法）の適用を受ける。

《東京商品取引所（TOCOM）》

エネルギー	ドバイ原油、ガソリン、電力等

　※商品先物取引法（商先法）の適用を受ける。

商品の仕組み

●FX取引

　FX取引は、外国為替（Foreign exchange）証拠金取引のこと。手持資金を担保（証拠金）に、その何倍かの外国通貨を売買して為替差益や各国の金利差収入（スワップポイント）を得る取引。

第5章　その他の証券税制

《FXの課税について》

FX取引を国内、国外の業者を通じて行った場合の所得区分は次のとおりです。

国内取引所取引	国内店頭取引 （取引所外取引）	国外取引 （海外証券会社等との相対取引）
分離雑所得	総合雑所得	総合雑所得

H24.1.1

分離雑所得	分離雑所得	総合雑所得
	∵投資家保護の体制が整った。 支払調書制度ができた。	▶海外証券会社等との相対取引は総合雑所得。 ∵措法41の14、41の15では、金商法に規定する店頭デリバティブ取引は、分離雑所得の特例が受けられる。海外証券会社、FXの業者は、日本の金融庁の認可を受けていないので、金商法に規定する店頭デリバティブ取引に該当しない。

H28.10.1

分離雑所得	分離雑所得	総合雑所得
		【改正趣旨】海外の無登録業者とのトラブルが生じ、投資家保護ができないので、分離課税の特例の対象とはしない。 つまり、特例の対象となるのは、金商法に規定する金融商品取引業者（第一種金融取引業を行う者に限る。）又は登録金融機関を相手方として行う取引に限る。∵外国業者との取引は特例の対象とならない。

223

【事例5-1】FXの申告

- ▶ 内国法人の会社員（63歳）
- ▶ 給与収入　税金商事（株）（内国法人）
    - 給与収入　　　6,000,000円（源泉徴収税額129,100円）
    - 公的年金収入　1,200,000円（源泉所得税10,000円）
- ▶為替差損益
    - R4.1.6　A銀行ドル建定期預金を購入
        - 10,000ドル、為替レート（TTM）1ドル＝116.05円
    - R4.3.7　同預金を満期解約
        - 10,000ドル、為替レート（TTM）1ドル＝115.02円
    - （115.02円－116.05円）×10,000ドル＝△10,300円
    - （注）為替レートはTTMを使って計算している。
- ▶ FX取引での損益
    - 4年分　　　利益 1,865,000円
    - 3年分　　　損失　 800,000円
    - 2年分　　　損失　 300,000円
    - 元年分　　　損失 1,200,000円
- ▶ 社会保険料控除　　840,000円
    - 生命保険料控除　　200,000円
    - 配偶者控除　　　　380,000円
    - 扶養控除　　　　　380,000円
    - 基礎控除　　　　　480,000円
    - 所得控除合計　　2,120,000円

(1) 始めに「先物取引に係る雑所得等の金額の計算明細書」を作成し、次に「確定申告書付表（先物取引に係る繰越損失用）」を作成する。
(2) 損失の繰越控除に当たっては、古い年分から控除していく。損失の生じた年分の翌年以降、3年間繰り越すことができる。
(3) 取引所取引と取引所外取引の損益通算ができる。
(4) 為替差損10,300円は、年金所得（雑所得／総合課税）と損益通算できるが、先物取引に係る雑所得等は、総合課税の年金所得（雑所得／総合課税）と損益通算できない。

〈申告書の作成手順〉

① 「先物取引に係る雑所得等の計算明細書」

② 「確定申告書付表（先物取引に係る繰越損失用）」

③ 「所得税の確定申告書（第二表）」

④ 「所得税の確定申告書（第一表）」

第5章　その他の証券税制

先物取引に係る雑所得等の金額の計算明細書

（記載例については、裏面を参照してください。）

この明細書は、先物取引に係る事業所得や譲渡所得、雑所得について確定申告する場合に使用します。なお、これらのうち2以上の所得があるときは、所得の区分ごとにこの明細書を作成します。詳しくは、『先物取引に係る雑所得等の説明書』を参照してください。

いずれか当てはまるものを◯で囲んでください。→
- 事業所得用
- 譲渡所得用
- 雑所得用

（令和 **4** 年分）

氏名　税研 三郎

○この明細書は、申告書と一緒に提出してください。

取引の内容			Ⓐ	Ⓑ	Ⓒ	合　計（ⒶからⒸまでの計）
	種　　　類		くりっく365	ダイワFX（店頭）		
	決 済 年 月 日		4・10・28	4・11・11	・・	
	数　　　量		枚	枚	枚	
	決 済 の 方 法		仕切	仕切		
総収入金額	差金等決済に係る利益又は損失の額	①	円 2,100,000	円 △100,000	円	円 2,000,000
	譲渡による収入金額（※）	②				
	その他の収入	③				
	計（①+③）又は（②+③）	④	2,100,000	△100,000		2,000,000
必要経費等	手 数 料 等	⑤	100,000	25,000		125,000
	②に係る取得費	⑥				
	その他の経費	⑦	8,000	2,000		10,000
		⑧				
		⑨				
	小　計（⑦から⑨までの計）	⑩	8,000	2,000		10,000
	計（⑤+⑩）又は（⑤+⑥+⑩）	⑪	108,000	27,000		135,000
所 得 金 額（④－⑪）		⑫	1,992,000	△127,000		1,865,000

申告書第三表（分離課税用）は「収入金額」欄の①（申告書第四表（損失申告用）は「1 損失額又は所得金額」欄のFのⒶ収入金額）に転記してください。

黒字の場合は、申告書第三表（分離課税用）の「所得金額」欄の⑰（申告書第四表（損失申告用）は「1 損失額又は所得金額」欄のFの⑰）にそのまま転記し、赤字の場合は、申告書第三表（分離課税用）の「所得金額」欄の⑰（申告書第四表（損失申告用）は「1 損失額又は所得金額」欄のFの⑰）に「0」と書いてください。

（※）カバードワラント（金融商品取引法第2条第1項第19号に掲げる有価証券で一定のものをいいます。）の譲渡による譲渡所得についてその譲渡による収入金額を記載してください。
○ ①、④及び⑫欄は金額が赤字のときは、赤書き（△印）してください。
○ ⒶからⒸの各欄は、差金等決済又は譲渡ごとに記載してください。
○ ⑦本年の⑫欄の合計額が赤字のときにその赤字を翌年以降に繰り越す場合や、④本年の⑫欄の合計額が黒字のときに前年から繰り越された赤字を本年の黒字から差し引くときには、『平成＿＿年分の所得税及び復興特別所得税の＿＿申告書付表（先物取引に係る繰越損失用）』又は『平成＿＿年分の所得税及び復興特別所得税の＿＿申告書付表（先物取引に係る繰越損失用）（東日本大震災の被災者の方用）』も併せて作成してください。

29.11

225

		一連番号

令和 4 年分の所得税及び復興特別所得税の確定申告書付表 [先物取引に係る繰越損失用]

（平成二十八年分以降用）

提出用	住所 又は 事業所 事務所 居所など	中央区銀座X-X-X	フリガナ 氏名	ゼイケン サブロウ 税研 三郎

この付表は、租税特別措置法第41条の15《先物取引の差金等決済に係る損失の繰越控除》の規定の適用を受ける方が前年から繰り越された前3年分の先物取引の差金等決済に係る損失の金額を本年分の先物取引に係る雑所得等の金額から控除する場合や翌年以後に繰り越される前2年分及び本年分に生じた先物取引の差金等決済に係る損失の金額がある場合に使用します。
なお、東日本大震災の被災者等に係る国税関係法律の臨時特例に関する法律の規定により、雑損失の繰越控除の特例の適用を受ける方は、『平成＿＿年分の所得税及び復興特別所得税の＿＿申告書付表（先物取引に係る繰越損失用）（東日本大震災の被災者の方用）』を使用してください。

○この付表は、申告書と一緒に提出してください。

1 先物取引に係る雑所得等の金額

本年分の先物取引に係る雑所得等の金額	①	1,865,000 円

→ 先物取引に係る雑所得等の金額の計算明細書の「合計」欄の⑫の金額の合計額を転記してください。

2 翌年以後に繰り越される先物取引に係る損失の計算

A 01年 (3年前)	前年分までに引ききれなかった先物取引の差金等決済に係る所得の損失の額	②	1,200,000 円
	本年分で差し引く先物取引の差金等決済に係る所得の損失の額（①と②のいずれか低い方の金額）	③	(赤字のときは0) 1,200,000
	先物取引に係る雑所得等の金額の差引金額（① － ③）	④	665,000
B 02年 (2年前)	前年分までに引ききれなかった先物取引の差金等決済に係る所得の損失の額	⑤	300,000
	本年分で差し引く先物取引の差金等決済に係る所得の損失の額（④と⑤のいずれか低い方の金額）	⑥	(赤字のときは0) 300,000
	翌年分以後に繰り越して差し引かれる先物取引の差金等決済に係る所得の損失の額（⑤ － ⑥）	⑦	0
	先物取引に係る雑所得等の金額の差引金額（④ － ⑥）	⑧	365,000
C 03年 (前年)	前年分までに引ききれなかった先物取引の差金等決済に係る所得の損失の額	⑨	800,000
	本年分で差し引く先物取引の差金等決済に係る所得の損失の額（⑧と⑨のいずれか低い方の金額）	⑩	(赤字のときは0) 365,000
	翌年分以後に繰り越して差し引かれる先物取引の差金等決済に係る所得の損失の額（⑨ － ⑩）	⑪	435,000
	先物取引に係る雑所得等の金額の差引金額（⑧ － ⑩）	⑫	0

→ 前年の申告書付表（先物取引に係る繰越損失用）の⑦の金額を転記してください。

→ 前年の申告書付表（先物取引に係る繰越損失用）の⑪の金額を転記してください。

→ 前年の申告書付表（先物取引に係る繰越損失用）の①が赤字の場合に、前年の㉒の金額を転記してください。

3 翌年以後に繰り越される雑損失の計算

A 01年 (3年前)	前年分までに引ききれなかった雑損失の額	⑬	円
	本年分で差し引く雑損失の額	左のうち総合課税の所得から差し引く雑損失	⑭	※
		左のうち先物取引の差金等決済に係る所得から差し引く雑損失（⑬と（⑭-⑫）のいずれか低い方の金額）	⑮	(赤字のときは0) ※
B 02年 (2年前)	前年分までに引ききれなかった雑損失の額	⑯	
	本年分で差し引く雑損失の額	左のうち総合課税の所得から差し引く雑損失	⑰	※
		左のうち先物取引の差金等決済に係る所得から差し引く雑損失（⑯-⑰）と（⑧-⑩）のいずれか低い方の金額	⑱	(赤字のときは0) ※
C 03年 (前年)	前年分までに引ききれなかった雑損失の額	⑲	
	本年分で差し引く雑損失の額	左のうち総合課税の所得から差し引く雑損失	⑳	※
		左のうち先物取引の差金等決済に係る所得から差し引く雑損失（⑲-⑳）と（⑧-⑩-⑱）のいずれか低い方の金額	㉑	(赤字のときは0) ※

→ 前年分までの所得から引ききれなかった3年前の雑損失の金額を、前年の申告書第四表（二）などから転記してください。

※ 雑損失の金額は、総合課税の所得、分離課税の土地建物等の譲渡所得、分離課税の上場株式等の配当所得等、一般株式等の譲渡所得等、上場株式等の譲渡所得等、分離課税の先物取引の雑所得等、山林所得、退職所得の順で差し引きます。ただし、分離課税の土地建物等の譲渡所得、分離課税の上場株式等の配当所得等、一般株式等の譲渡所得等、上場株式等の譲渡所得等、分離課税の先物取引の雑所得等から差し引く順序はこれと異なる順序で差し引いても差し支えありません。詳しくは、税務署にお尋ねください。

→ 前年分までの所得から引ききれなかった2年前の雑損失の金額を、前年の申告書第四表（二）などから転記してください。

→ 前年分までの所得から引ききれなかった前年の雑損失の金額を、前年の申告書第四表（二）などから転記してください。

○ 次の該当する欄を書いてください。

	先物取引に係る雑所得等の金額の差引金額又は損失額（⑫ － ⑮ － ⑱ － ㉑）	㉒	(赤字のときは△を付けないで書いてください。)円 0
申告書への転記事項	(1) ①が黒字の場合も含みます。)	先物取引に係る雑所得等の金額（上の①の金額）	㉓	1,865,000
		本年分の先物取引の所得から差し引く損失額（① － ㉒）	㉔	1,865,000
		翌年以後に繰り越される先物取引に係る損失の金額（⑦ ＋ ⑪）	㉕	435,000
	(2) ①が赤字の場合	翌年以後に繰り越される先物取引に係る損失の金額（⑦ ＋ ⑪ ＋ ㉒）	㉖	

→ 申告書第三表（分離課税用）の「所得金額」欄の⑯（申告書第四表（損失申告用）は「1 損失額又は所得金額」欄のFの⑬）に転記してください。

→ 申告書第三表（分離課税用）の「その他」欄の㊿（申告書第四表（損失申告用）は「4 繰越損失を差し引く計算」欄の㉗）に転記してください。

→ 申告書第三表（分離課税用）の「その他」欄の⑥（申告書第四表（損失申告用）は「7 翌年以後に繰り越される先物取引に係る損失の金額」欄の⑱）に転記してください。

→ 申告書第三表（分離課税用）の「その他」欄の⑥（申告書第四表（損失申告用）は「7 翌年以後に繰り越される先物取引に係る損失の金額」欄の⑱）に転記してください。また、申告書第三表（分離課税用）の「所得金額」欄の⑯及び「その他」欄の㊿（申告書第四表（損失申告用）は「1 損失額又は所得金額」欄のFの⑬及び「4 繰越損失を差し引く計算」欄の㉗）に「0」を書いてください。

29.11

翌年以後に繰り越される損失の金額

第5章 その他の証券税制

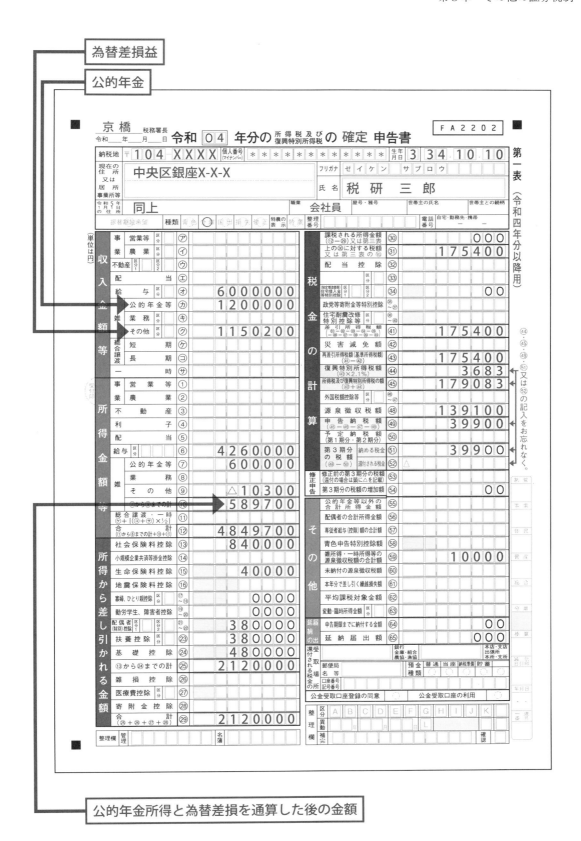

為替差損益

公的年金

令和 **04** 年分の 所得税及び復興特別所得税 の確定申告書

整理番号 | | | | | | | FA2302

	保険料等の種類	支払保険料等の計	うち年末調整等以外
⑬⑭ 社会保険料控除 小規模企業共済等掛金控除	源泉徴収票のとおり	840,000 円	
⑮ 生命保険料控除	新生命保険料	200,000 円	
	旧生命保険料		
	新個人年金保険料		
	旧個人年金保険料		
	介護医療保険料		
⑯ 地震保険料控除	地震保険料	円	
	旧長期損害保険料		

住所
屋号
フリガナ ゼイケン サブロウ
氏名 **税研 三郎**

中央区銀座X-X-X

○ 所得の内訳（所得税及び復興特別所得税の源泉徴収税額）

所得の種類	種目	給与などの支払者の「名称」及び「法人番号又は所在地」等	収入金額	源泉徴収税額
給与	給料	税金商事株式会社	6,000,000 円	129,100 円
雑（年金等）	厚生年金	厚生労働省	1,200,000	10,000
雑（その他）	為替差損益	A銀行	1,150,200	0
		㊽ 源泉徴収税額の合計額		139,100 円

本人に関する事項（⑰〜⑳）

寡婦		ひとり親	勤労学生	障害者	特別障害者
□死別 □離婚	□生死不明 □未帰還		□年調以外かつ □専修学校等		

○ 雑損控除に関する事項（㉖）

損害の原因	損害年月日	損害を受けた資産の種類など
損害金額 円	保険金などで補塡される金額 円	差引損失額のうち災害関連支出の金額 円

○ 寄附金控除に関する事項（㉘）

寄附先の名称等		寄附金 円

○ 総合課税の譲渡所得、一時所得に関する事項（⑪）

所得の種類	収入金額	必要経費等	差引金額
	円	円	円

特例適用条文等

○ 配偶者や親族に関する事項（⑳〜㉓）

氏名	個人番号	続柄	生年月日	障害者	国外居住	住民税	その他
税研 愛	* * * * * * * * * * * *	配偶者	明・大 昭・平 35.11.11	障 特障	国外 年調	同一 別居	調整
税研裕太	* * * * * * * * * * * *	子	明・大 昭・平・令 3.10.10	障 特障	国外 年調	(16) 別居	調整
			明・大 昭・平・令 ・ ・	障 特障	国外 年調	(16) 別居	調整
			明・大 昭・平・令 ・ ・	障 特障	国外 年調	(16) 別居	調整
			明・大 昭・平・令 ・ ・	障 特障	国外 年調	(16) 別居	調整

○ 事業専従者に関する事項（�57）

事業専従者の氏名	個人番号	続柄	生年月日	従事月数・程度・仕事の内容	専従者給与（控除）額
			明・大 昭・平 ・ ・		
			明・大 昭・平 ・ ・		

○ 住民税・事業税に関する事項

住民税	非上場株式の少額配当等	非居住者の特例	配当割額控除額	株式等譲渡所得割額控除額	特定配当等・特定株式等譲渡所得の全部の申告不要	給与・公的年金等以外の所得に係る住民税の徴収方法		都道府県、市区町村への寄附（特例控除対象）	共同募金、日赤その他の寄附	都道府県条例指定寄附	市区町村条例指定寄附
	円		円	円		特別徴収	自分で納付	円	円	円	円

退職所得のある配偶者・親族の氏名	個人番号	続柄	生年月日	退職所得を除く所得金額	障害者	その他	寡婦・ひとり親
			明・大 昭・平 ・ ・		障 特障	調整	寡婦 ひとり親

事業税	非課税所得など	番号	所得金額 円	損益通算の特例適用前の不動産所得	前年中の開（廃）業	開始・廃止 月日
	不動産所得から差し引いた青色申告特別控除額 円			事業用資産の譲渡損失など	他都道府県の事務所等	

上記の配偶者・親族・事業専従者のうち別居の者の氏名・住所	氏名	住所	所得税で控除対象配偶者などとした専従者	氏名	給与額 円	一連番号

整理欄	申告区分	特例適用条文	申告等年月日	所得種類	申告期限
		法 条 分			

税理士署名・電話番号
税理士法第30条 税理士法第33条の2
（ Z会計事務所 — — ）

第二表 （令和四年分以降用）

○第二表は、第一表と一緒に提出してください。

○国民年金保険料や生命保険料の支払証明書など申告書に添付しなければならない書類は添付書類台紙などに貼ってください。

第 5 章　その他の証券税制

今年差し引いた過去の年分の損失

令和 **04** 年分の 所得税及び復興特別所得税 の 確定 申告書（分離課税用）

FA2401

第三表 （令和四年分以降用）

整理番号 ／ 一連番号

住所 屋号　中央区銀座X-X-X
フリガナ　ゼイケン サブロウ
氏名　税研 三郎

特　例　適　用　条　文
法 ／ 条 ／ 項 ／ 号
所法 措法 震法　条の　項　号
所法 措法 震法　条の　項　号
所法 措法 震法　条の　項　号

（単位は円）

収入金額	分離課税	短期譲渡	一般分	シ	
			軽減分	ス	
		長期譲渡	一般分	セ	
			特定分	ソ	
			軽課分	タ	
		一般株式等の譲渡		チ	
		上場株式等の譲渡		ツ	
		上場株式等の配当等		テ	
		先物取引		ト	2000000
	山林			ナ	
	退職			ニ	

所得金額	分離課税	短期譲渡	一般分	66	
			軽減分	67	
		長期譲渡	一般分	68	
			特定分	69	
			軽課分	70	
		一般株式等の譲渡		71	
		上場株式等の譲渡		72	
		上場株式等の配当等		73	
		先物取引		74	1865000
	山林			75	
	退職			76	

税金の計算	総合課税の合計額（申告書第一表の⑫）	12	4849700
	所得から差し引かれる金額（申告書第一表の㉙）	29	2120000
課税される所得金額	⑫ 対応分	77	2729000
	66 67 対応分	78	000
	68 69 70 対応分	79	000
	71 72 対応分	80	000
	73 対応分	81	000
	74 対応分	82	000
	75 対応分	83	000
	76 対応分	84	000

税金の計算	税額	77 対応分	85	175400
		78 対応分	86	
		79 対応分	87	
		80 対応分	88	
		81 対応分	89	
		82 対応分	90	0
		83 対応分	91	
		84 対応分	92	
	85から92までの合計（申告書第一表の㉗に転記）	93	175400

その他	株式等	本年分の71・72から差し引く繰越損失額	94	
		翌年以後に繰り越される損失の金額	95	
	配当等	本年分の73から差し引く繰越損失額	96	
	先物取引	本年分の74から差し引く繰越損失額	97	1865000
		翌年以後に繰り越される損失の金額	98	435000

○ 分離課税の短期・長期譲渡所得に関する事項

区分	所得の生ずる場所	必要経費	差引金額（収入金額－必要経費）	特別控除額
		円	円	円

| 差引金額の合計額 | 99 | |
| 特別控除額の合計額 | 100 | |

○ 上場株式等の譲渡所得等に関する事項

| 上場株式等の譲渡所得等の源泉徴収税額の合計額 | 101 | |

○ 退職所得に関する事項

区分	収　入　金　額	退職所得控除額
一般	円	円
短期		
特定役員		

整理欄	A	B	C	申告等年月日		
	D	E	F	通算		
取得期限			特例期間		
資産		入力	申告区分		

第三表は、申告書の第一表・第二表と一緒に提出してください。

翌年以後に繰り越される損失の金額

229

Point!

①所得の種類は、基本的には先物取引に係る雑所得等（分離課税）となります。

②たとえ事業として行い事業所得になったとしても、申告分離課税なので他の所得と損益通算できません。

③総合課税の雑所得（例えば、年金、原稿料等）とも損益通算できません。

④取引所取引と取引所外取引の損益通算ができます。

⑤確定申告に当たっては「先物取引に係る雑所得等の金額の計算明細書」、損失の繰越しに当たっては「確定申告書付表（先物取引に係る繰越損失用）」の提出が必要になります。

⑥損失の繰越しに当たっては、各年分の確定申告書等が、年分を前後せず年分順に提出されていることが必要です。

ご注意を！

1．確定申告書に、本人及び親族のマイナンバーの記載が必要です。

2．e-Tax（電子申告）する場合は本人確認書類は必要ありませんが、書面で提出する場合は添付が必要となります。

Q5-6 ストック・オプション

税制適格ストック・オプションと税制非適格ストック・オプションでは税制上、どのような違いがありますか。

一定の要件を満たす（税制適格）ストック・オプションは、権利行使時には課税は行われず、売却時まで課税が繰り延べられます。

1．ストック・オプションとは

会社が発行する株式を一定の期間内にあらかじめ定められた価格（権利行使価額）で購入できる権利（新株予約権〈P.15〉）を無償で付与された場合、その権利をストック・オプションといいます。

2．税制適格ストック・オプションの要件

〈ストック・オプションの権利が与えられる者〉

①その会社の役職員（取締役・使用人・執行役）

②株式の50％超を保有する関連会社の役職員

③ストック・オプションの権利を行使できる役職員の相続人を含み、大口株主等を除く

〈税制適格ストック・オプションの要件〉

①付与の決議の日から2年後～10年後までの間に権利行使すること

②権利行使価額の年間の合計額が1,200万円を超えないこと

③1株当たりの権利行使価額がストック・オプション契約締結時の株式の時価以上であること

④新株予約権は譲渡してはならないこと

⑤権利行使によって取得した株式は取得後直ちに、会社を通じて証券会社等に管理信託されるものであること

……等

3．税制適格・税制非適格ストック・オプションの比較

ストック・オプション	税制適格	税制非適格 （例えば、外国親会社から付与されるもの）
付　与　時	課税されない	
権利行使時	課税されない	$\left(\begin{array}{cc}権利行使 & 権利行使価額 \\ 時の株価 & 〈新株の発行価額等〉\end{array}\right)$ の経済的利益に対して総合課税（給与所得等）
譲　渡　時	（譲渡対価−権利行使価額） の利益に対して申告分離課税	（譲渡対価−権利行使時の株価） の利益に対して申告分離課税

第5章　その他の証券税制

Q5-7　外国親会社からの株式報酬の課税

私は外資系の会社に勤務しておりますが、ストック・オプションなど外国の親会社から直接もらう株式報酬の税金について教えてください。

代表的なものとしては、ストック・オプション（税制非適格）、リストリクテッド・ストック（RS）、リストリクテッド・ストック・ユニット（RSU）、エンプロイー・ストック・パーチェス・プラン（ESPP）、パフォーマンス・シェアなどがあります。

1．Stock Option（ストック・オプション）「税制非適格ストック・オプション」

株式会社が、一定の期間に一定の価額（権利行使価額）で一定の株数の自社株を購入する権利を与える制度。

|制度の流れ|

Grant（付与）→ Vesting period（権利行使制限期間）→ Exercise（権利行使）→ Sale（売却・譲渡）

|課税関係|

権利行使時に給与所得課税。譲渡時に株式譲渡所得課税。日本国内の子会社からもらう給与と合算した確定申告が必要。

【例】

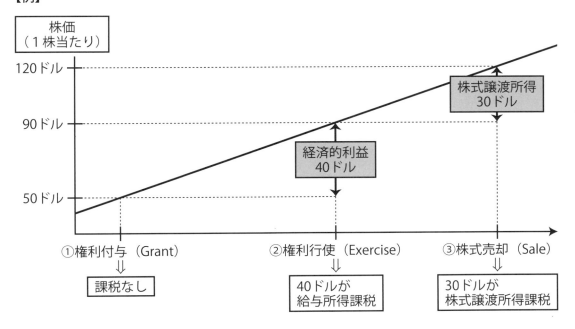

233

【解説】

① 1株50ドルで権利付与された。すなわち、将来、権利行使するときに、時価が50ドル以上に上がっていても、50ドルで購入できる権利を付与されたということ。権利を付与されただけで、この時は経済的利益を得ているわけではないので課税なし。

② 1株90ドルのときに権利行使した。すなわち、90ドルのものを50ドルで購入できるので、差額40ドルが経済的利益となり給与所得として課税される。

③ 1株120ドルのときに株式を譲渡した。すなわち、120ドルと90ドルの差額30ドルが株式譲渡所得として課税される。

※実際は②権利行使と③株式売却は同時に行われることが多い。その場合は、売却価額（90ドル）と取得価額（有償50ドル＋無償40ドル）は同額となり株式売却益は発生しない。

労働社会保険の取扱い

「ストック・オプション制度では、権利付与を受けた労働者が権利行使を行うか否か、また権利行使するとした場合において、その時期や株式売却時期をいつにするかを労働者が決定するものとしていることから、この制度から得られる利益は、それが発生する時期及び額ともに労働者の判断に委ねられているため、労働の対償ではなく、労働基準法第11条の賃金には当たらないものである。」（平成9年6月1日付基発第412号）よって、ストック・オプション制度から得られる利益は社会保険料の算定対象に含まれない。

2．Restricted Stock／RS（リストリクテッド・ストック／譲渡制限株式）

株式会社が、一定の期間経過後に一括してあるいは何年間かに分けて、自社株を無償で交付する制度。現物株式が付与されるため制度内容によっては制限期間中であっても、付与された従業員等は、議決権の行使や配当金を受ける権利を有することがある。ストック・オプションと異なり、権利行使しなくても期間が経過すれば利益を得ることができる。

制度の流れ

Grant（付与）→ Vesting period（譲渡制限期間）→ Vest（譲渡制限解除）→ Sale（売却・譲渡）
　　　　　　　　Dividend（配当）　　　　　　　　　　Dividend（配当）

課 税 関 係

制限期間経過時（制限期間解除時）の時価と取得価額（通常0）の差額に給与所得課税される。

【例】

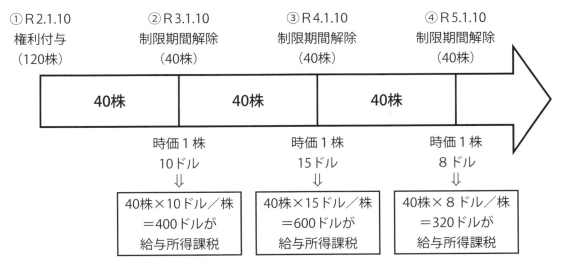

【解説】

① R 2.1.10　無償で120株を権利付与された。

1年経過ごとに毎年40株ずつ制限期間が解除されるという条件。

② R 3.1.10　1年経過し、40株が制限期間解除された。

時価10ドルの株式を無償で取得したので、40株×10ドル＝400ドルが、令和3年分の給与所得として課税される。

③ R 4.1.10　さらに1年経過し、40株が制限期間解除された。

時価15ドルの株式を無償で取得したので、40株×15ドル＝600ドルが、令和4年分の給与所得として課税される。

④ R 5.1.10　さらに1年経過し、40株が制限期間解除された。

時価8ドルの株式を無償で取得したので、40株×8ドル＝320ドルが、令和5年分の給与所得として課税される。

3. Restricted Stock Unit／RSU（リストリクテッド・ストック・ユニット／制限株式ユニット）

　株式会社が、期間経過後に一括してあるいは何年かに分けて、株式と等価のユニット（交換単位権）を無償で交付する制度。ユニットは現物株式ではないので直接の議決権はなく、配当相当額のユニットを受け取ることが多い。

　リストリクテッド・ストック（RS）とリストリクテッド・ストック・ユニット（RSU）は、良く似た制度ではあるが、RSは譲渡制限付きの株式現物の交付を受けるのに対して、RSUは株式現物ではなく株式と等価のユニットを取得するものである。

制度の流れ

Grant（付与）→ Vesting period（譲渡制限期間） → Vest（譲渡制限解除）

　　　　　　　　Deemed dividend（配当相当手当）　　Deemed dividend（配当相当手当）

→ Convert（転換／ストック・ユニットを株に換えることができる期間）→ Sale（売却・譲渡）

課 税 関 係

　制限期間経過時（制限期間解除時）の時価に給与所得課税される。配当金相当額のユニットも制限期間経過時の時価で給与所得課税される。日本国内の子会社から受け取る給与と合算した確定申告が必要。

▶配当相当額は、給与所得として課税される。

4. Employee Stock Purchase Plan／ESPP（エンプロイー・ストック・パーチェス・プラン／従業員持株購入制度）

　自社株を割引（通常15％引き）で購入できる制度。外国法人の国内子会社が、その役員・使用人の税引き後の給与から、毎月、役員・使用人が自ら定めた金額又は一定の率を基本給等に乗じて計算した金額を控除し、これを外国法人を経由して、外国法人と外国証券会社との契約に基づいて開設された役員・使用人の外国証券会社の個人口座に移動する。役員・使用人は毎年一定時期に、自らの個人口座に積み立てられた資金を基に、外国法人の株式を市場価格に対して割り引かれた金額で購入できる。アメリカ企業に多くみられる。

制度の流れ

ESPP deduction（給与控除）→ Pooling（積み立て）→ Discount purchase（割引購入）

→ Sale（売却）

課 税 関 係

・15％相当額を内国法人が支払った場合　⇒　給与所得として源泉徴収

・15％相当額を外国法人が支払った場合　⇒　株の時価と購入価額（給与天引額）の差額を確定申告（総合課税）

・株式売却時の時価と購入時の時価との差額が株式譲渡所得として課税。

【例】

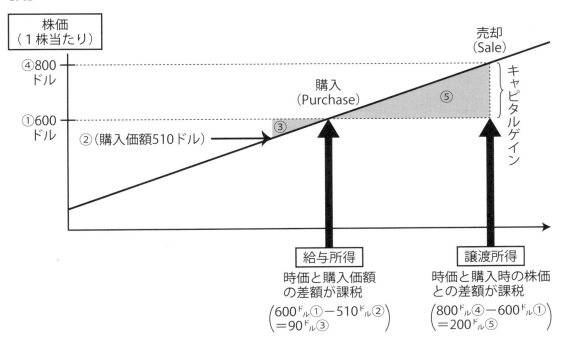

5．Performance Share（パフォーマンス・シェア）

　役員・使用人の勤務成績に応じて一定数の株式が当初付与（Initial grant）され、2～3年の制限期間（Vesting period）経過後に、制限期間中（Vesting period）の勤務成績に応じた株数が、最終付与（Final grant）される。当初付与（Initial grant）は、毎年されることが多い。

　当初付与された株数と最終付与された株数は同じ場合もあるが、制限期間中の成績が加味されるため、必ずしも付与された株数と同じ株数が最終付与されるとは限らない。制限期間中の業績を加味させることにより、役員・使用人のモチベーションを高めることができるので、インセンティブとしての効果がRSやRSUと比べて大きいといえる。

制度の流れ

Initial grant（当初付与）→ Vesting period（制限期間）→ Final grant（最終付与）→ Sale（譲渡）

課税関係

　制限期間が解除され、最終付与されたときの株式の時価で給与所得課税される。

【例】

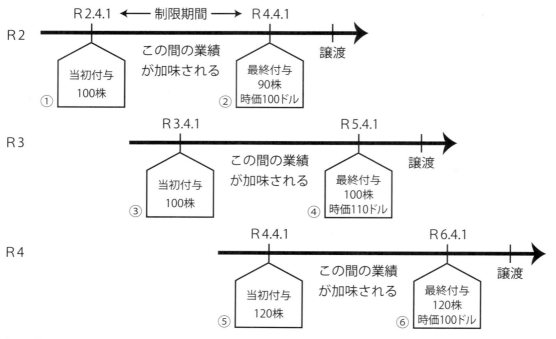

【解説】

① R2.4.1　100株が当初付与された。
② R4.4.1　R2.4.1～R4.3.31までの業績が加味され、当初付与より減らされた90株が最終付与された。90株×100ドル＝9,000ドル／株が、R4年分で給与所得課税。
③ R3.4.1　新たに100株が当初付与された。
④ R5.4.1　R3.4.1～R5.3.31までの業績が加味され、当初付与どおり100株が最終付与された。100株×110ドル／株＝11,000ドルが、R5年分で給与所得課税。
⑤ R4.4.1　新たに120株が当初付与された。
⑥ R6.4.1　R4.4.1～R6.4.1までの業績が加味され、当初付与どおり120株が最終付与された。120株×100ドル／株＝12,000ドルが、R6年分で給与所得課税。

6．Phantom Stock（ファントム・ストック）

　仮想株式（ファントム・ストック）を従業員に付与し、一定期間経過後、仮想株式の価値相当額を現金で支払う制度。仮想株式の価値として、自社株の時価、純資産価値、理論株価等がある。仮想株式には議決権はないが、配当相当額が支払われる。

課税関係

価値相当額、配当相当額が支払われた時点の給与所得として確定申告（総合課税）。

《コラム》

　外国親会社等からストックオプション等の経済的利益が供与等されると、「外国親会社等が国内の役員等に供与等をした経済的利益に関する調書」が、毎年3月末までに税務署に提出されます。税務署では、この調書と申告内容を照合し、疑義があるときは納税者に問い合わせがなされます。

（例）

※この法定調書をもとにした申告書の記載例は、次頁のとおりです。

【事例5-2】 外国親会社からの株式報酬（リストリクテッド・ストック／RS）

▶ 外資系証券会社勤務の会社員（45歳、役員ではない）
▶ 給与収入　タックス・ユニオン証券（株）
　　給与収入　6,000,000円（源泉徴収税額129,100円）
▶ リストリクテッド・ストック　タックス・ユニオンUSA（米国法人）
　　制限解除日　　　　　　令和4年3月29日　※前頁のコラム参照
　　解除された株数　　　　100株
　　制限解除日の時価　　　USD200
　　為替レート（TTM）　　USD1／JPY124.22
▶ 社会保険料控除　　　840,000円
　　生命保険料控除　　　 40,000円
　　配偶者控除　　　　　380,000円
　　扶養控除　　　　　　380,000円
　　基礎控除　　　　　　480,000円
　　所得控除合計　　　2,120,000円

（1）　タックス・ユニオン証券㈱からの給与収入6,000,000円は年末調整済み。
（2）　リストリクテッド・ストックは、外国親会社から直接付与されたものであり、源泉徴収はされていない。
（3）　リストリクテッド・ストックの課税年分は、制限期間が解除された日の属する令和4年分となる。
（4）　リストリクテッド・ストックの金額の算定に当たっては、制限解除された日のTTMレートを使う（P.207）。
　　USD200／株　×　100株　×　JPY124.22／USD　＝　JPY2,484,400
　　（注）使用する邦貨換算レートは、原則として本人の主たる取引金融機関のものによることとされているが、合理的なものを継続して使用している場合には、これが認められる（所基通57の3-2（注）1）。
　　　　ちなみに、三菱UFJリサーチ＆コンサルティングのホームページで、日々のレートを検索することができる。
（5）　給与収入6,000,000円と邦貨換算後のリストリクテッド・ストック収入2,484,400円を合算した申告書を作成する。

〈申告書の作成手順〉

①リストリクテッド・ストックの金額の邦貨換算
▼
②「所得税の確定申告書（第二表）」
▼
③「所得税の確定申告書（第一表）」

第5章 その他の証券税制

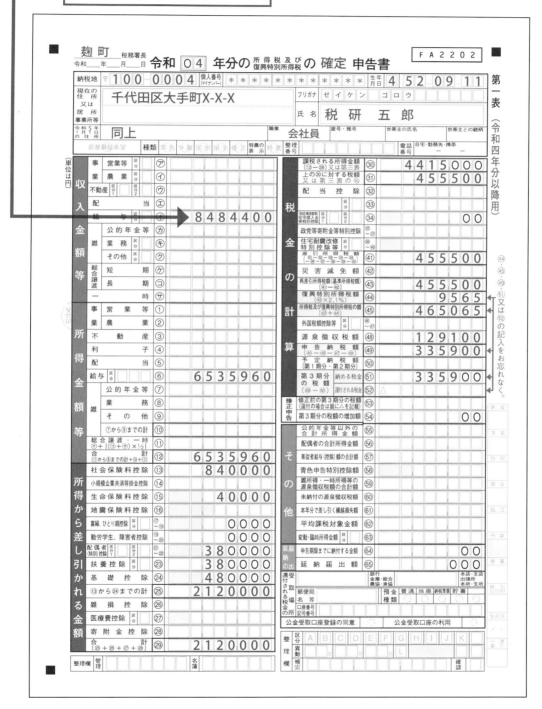

リストリクテッド・ストック

FA2302

整理番号

令和 04 年分の所得税及び復興特別所得税の確定申告書

第二表（令和四年分以降用）

○第二表は、第一表と一緒に提出してください。○国民年金保険料や生命保険料の支払証明書など申告書に添付しなければならない書類は添付書類台紙などに貼ってください。

住所 屋号 フリガナ 氏名

千代田区大手町X-X-X

ゼイケン　ゴロウ

税研 五郎

○ 所得の内訳（所得税及び復興特別所得税の源泉徴収税額）

所得の種類	種目	給与などの支払者の「名称」及び「法人番号又は所在地」等	収入金額	源泉徴収税額
給与		タックスユニオン証券株式会社	6,000,000円	129,100円
給与		タックスユニオンUSA	2,484,400	0
			㊽ 源泉徴収税額の合計額	129,100円

	保険料等の種類	支払保険料等の計	うち年末調整等以外
⑬⑭ 社会保険料控除 小規模企業共済等掛金控除	源泉徴収票のとおり	840,000円	円
⑮ 生命保険料控除	新生命保険料	200,000円	円
	旧生命保険料		
	新個人年金保険料		
	旧個人年金保険料		
	介護医療保険料		
⑯ 地震保険料控除	地震保険料	円	円
	旧長期損害保険料		

本人に関する事項（⑰～⑳）　寡婦　ひとり親　□死別 □生死不明 □離婚 □未帰還　勤労学生 □年調以外かつ専修学校等　障害者　特別障害者

○ 雑損控除に関する事項（㉖）

損害の原因	損害年月日	損害を受けた資産の種類など
	. .	

損害金額 円　保険金などで補塡される金額 円　差引損失額のうち災害関連支出の金額 円

○ 総合課税の譲渡所得、一時所得に関する事項（⑪）

所得の種類	収入金額	必要経費等	差引金額
	円	円	円

○ 寄附金控除に関する事項（㉘）

寄附先の名称等　寄附金 円

特例適用条文等

○ 配偶者や親族に関する事項（⑳～㉓）

氏名	個人番号	続柄	生年月日	障害者	国外居住	住民税	その他
税研雅子	＊＊＊＊＊＊＊＊＊＊＊＊	配偶者	昭 52. 6. 10	障 特障	国外 年調	同一 別居	調整
税研直子	＊＊＊＊＊＊＊＊＊＊＊＊	子	平 16. 3. 10	障 特障	国外 年調	16 別居	調整
			明・大 昭・平・令 . .	障 特障	国外 年調	16 別居	調整
			明・大 昭・平・令 . .	障 特障	国外 年調	16 別居	調整
			明・大 昭・平・令 . .	障 特障	国外 年調	16 別居	調整

○ 事業専従者に関する事項（(57)）

事業専従者の氏名	個人番号	続柄	生年月日	従事月数・程度・仕事の内容	専従者給与（控除）額
			明・大 昭・平 . .		円
			明・大 昭・平 . .		

○ 住民税・事業税に関する事項

住民税	非上場株式の少額配当等	非居住者の特例	配当割額控除額	株式等譲渡所得割額控除額	特定配当等・特定株式等譲渡所得の全部の申告不要	給与、公的年金等以外の所得に係る住民税の徴収方法 特別徴収	自分で納付	都道府県、市区町村への寄附（特例控除対象）	共同募金、日赤その他の寄附	都道府県条例指定寄附	市区町村条例指定寄附
	円	円	円	円				円	円	円	円

退職所得のある配偶者・親族の氏名　個人番号　続柄　生年月日（明・大 昭・平 . .）　退職所得を除く所得金額 円　障害者（障 特障）　その他（調整）　寡婦・ひとり親（寡婦 ひとり親）

事業税　非課税所得など　番号　所得金額 円　損益通算の特例適用前の不動産所得 円　前年中の開(廃)業　開始・廃止　月日

不動産所得から差し引いた青色申告特別控除額　事業用資産の譲渡損失など　他都道府県の事務所等

上記の配偶者・親族・事業専従者のうち別居の者の氏名・住所　氏名　住所　国外　所得税で控除対象配偶者などとした専従者　氏名　給与 円　一連番号

整理欄　申告区分　申告等年月日　所得種類　特例適用条文　法　申告期限

税理士法書面提出　30条　33条の2

税理士署名・電話番号

（ Z会計事務所 ）

第5章　その他の証券税制

Point!

①課税年分は、制限期間が解除された日の属する年分となります。

②所得の種類は、原則給与所得となります。

③金額の計算に当たり、邦貨換算レートは原則その取引を計上すべき日のTTMを使います（所基通57の3−2）。

④非居住者の場合は、国内源泉所得のみ申告対象となります。国内・国外源泉所得の区分は、勤務した期間により按分計算します（所基通161−41）。なお、内国法人の役員の場合は、すべて国内源泉所得とされます。

ご注意を！

1．確定申告書に、本人及び親族のマイナンバーの記載が必要です。

2．e-Tax（電子申告）する場合は本人確認書類は必要ありませんが、書面で提出する場合は必要となります。

Q5-8　一般NISA

平成26年から一般NISAが導入されましたが、どのような制度なのでしょうか。

証券会社、銀行などの金融機関の営業所に開設された非課税口座内の上場株式、公募株式投資信託などの配当・譲渡益に対して、毎年の新規投資額120万円（平成28年以後。平成27年以前は100万円）を上限として非課税とする制度です。平成29年度税制改正で、非課税期間終了後の移管（ロールオーバー）の上限額が撤廃されています。令和元年開設の非課税口座に移管されるものから適用になります。
一般NISAは令和5年12月31日で投資可能期間が終了しますが、令和2年度税制改正で、新NISAが創設されました（P.4）。

制度の概要

平成26年1月1日から、上場株式等の軽減税率が廃止されたのに伴い、日本版ISA（少額上場株式等に係る配当所得及び譲渡所得等の非課税制度）が開始されました。証券会社、銀行などの金融機関の営業所に開設した非課税口座内の上場株式、公募株式投資信託などの配当・分配金・譲渡益について、毎年の新規投資額120万円を上限として非課税とする制度です。

①非課税対象　　　：上場株式・公募株式投信等の配当等・譲渡益
②非課税投資額　　：毎年、新規投資額で120万円（平成27年以前は100万円）を上限（未使用枠の翌年以後の繰越不可）
③非課税投資総額　：最大560万円〜600万円（100万円又は120万円×5年間）
④非課税期間　　　：5年間
⑤途中売却　　　　：自由（ただし、売却部分の枠は再利用不可）
⑥口座開設数　　　：1口座のみ
⑦開設者　　　　　：口座開設の年の1月1日時点で20歳以上[※]の居住者等
　　　　　　　　　　※令和5年1月1日から、開設することができる年齢は18歳以上になります。
⑧導入時期　　　　：平成26年1月（20%の原則税率化にあわせて導入）
⑨口座開設可能期間：令和5年の投資分までの10年間

⑩損益通算等　　　：特定口座等、他の口座で生じた譲渡益・配当等との損益通算は不可、譲渡損の3年間の繰越控除の適用なし

(注) 1. 平成31年1月1日以後は、口座開設申込時から即日買付けできるようになりました。
2. 海外転勤命令などやむを得ない事由により一時的に出国した場合、引き続き口座を保有できるようになりました（最長5年）。出国前に継続適用届出書、帰国時に帰国届出書の提出が必要です。非居住者期間中に取得した上場株式等は、非課税口座に受け入れることはできません。平成31年4月1日以後出国する場合適用されます。

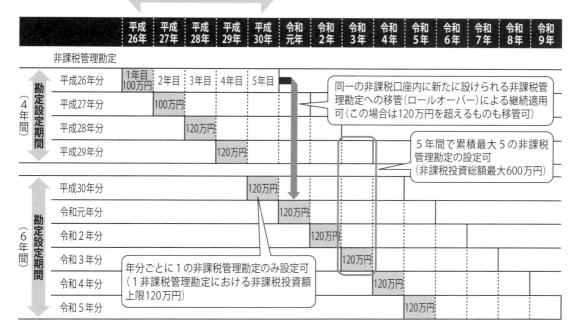

（参照：国税庁ホームページ）

Q5-9 ジュニアNISA

平成28年4月からジュニアNISAが導入されましたが、どのような制度なのでしょうか。

NISAの未成年者版で、未成年者口座内の少額上場株式等の配当、譲渡益に対して、毎年80万円を上限として非課税とする制度です。平成29年度税制改正で、非課税期間終了後の移管（ロールオーバー）の上限額が撤廃されています。令和3年開設の非課税口座に移管されるものから適用になります。
令和2年度税制改正により、ジュニアNISAは、令和5年12月31日で終了することとされました。

制度の概要

平成28年4月から開始され（口座開設申込みは平成28年1月から）、20歳未満の者を対象とした非課税制度です。

①非課税対象　　　：上場株式・公募株式投信等の配当等・譲渡益
②非課税投資額　　：毎年、新規投資額で80万円を上限（未使用枠の翌年以後の繰越不可）
③非課税投資総額　：最大400万円（80万円×5年間）
④非課税期間　　　：5年間
⑤途中売却　　　　：自由（ただし、売却部分の枠は再利用不可）
⑥口座開設数　　　：1口座のみ
⑦開設者　　　　　：口座開設の年の1月1日時点で20歳未満又はその年に出生した居住者等※

※令和5年1月1日から、開設することができる年齢は18歳未満になります。

⑧導入時期　　　　：平成28年4月
⑨口座開設可能期間：令和5年の投資分までの8年間
⑩損益通算等　　　：特定口座等、他の口座で生じた譲渡益・配当等との損益通算は不可、譲渡損の3年間の繰越控除の適用なし
⑪払出制限　　　　：その年の3月31日において18歳である年（基準年）の前年12月31日までは、原則として未成年者口座及び課税未成年者口座からの払出は不可

第5章 その他の証券税制

〔非課税措置の終了（令和5年12月31日）前に20歳になる場合〕

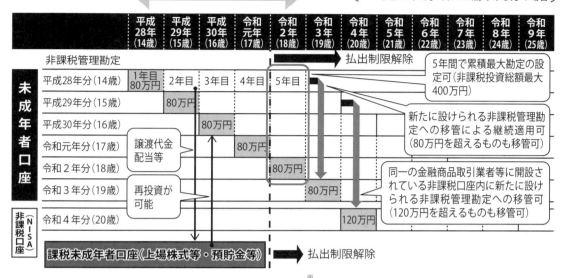

〔非課税措置の終了（令和5年12月31日）前に20歳にならない場合〕

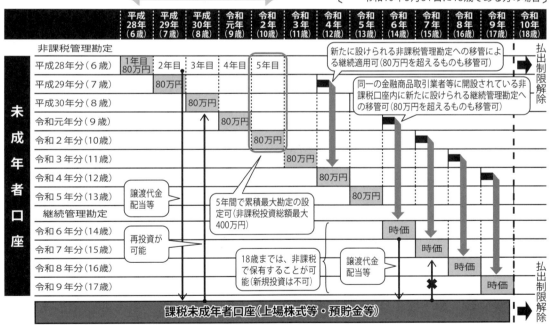

※令和元年度税制改正に伴い、令和4年4月1日以後は18歳となり、継続管理勘定についても、未成年者口座の開設者が各年1月1日において18歳である年に限って設定されます。したがって、上記の図の設例では、令和10年1月1日において18歳ですので、令和10年に継続管理勘定を設定することはできません。

（参照：国税庁ホームページ）

Q5-10 つみたてNISA

つみたてNISAが導入されたとのことですが、どのような制度なのでしょうか。

一般NISAが積立型の投資に利用しにくいことを踏まえ、家計の安定的な資産形成を支援する観点から、少額からの積立・分散投資を促進するために、つみたてNISAが創設されました。年間の投資上限額は40万円で、非課税期間は20年間、投資上限額は総額800万円です。投資対象商品は、積立・分散投資に適した一定の公募等株式投資信託になります。

つみたてNISAは、一般NISAとのいずれか選択になります。

令和2年度税制改正で、つみたてNISAは令和19年12月31日までとされている投資可能期間が、令和24年12月31日まで延長されました。

	つみたてNISA いずれかを選択	一般NISA
年間の投資上限額	40万円	120万円（平成26・27年は100万円）
非課税期間	20年間	5年間
口座開設可能期間	20年間（平成30年〜令和19年）	10年間（平成26年〜令和5年）
投資対象商品	積立・分散投資に達した一定の公募等株式投資信託	上場株式・公募株式投資信託の受益権等
投資方法	契約に基づき、定期かつ継続的な方法で投資	制限なし

(注) 1. 平成31年1月1日以後は、口座開設申込時から即日買付けできるようになりました。
2. 海外転勤命令などやむを得ない事由により一時的に出国した場合、引き続き口座を保有するための手続は一般NISAと同様です（P.245）。

第5章　その他の証券税制

非課税期間　最長20年間

非課税管理勘定	平成30年	令和元年	令和2年	令和3年	令和4年	令和15年	令和16年	令和17年	令和18年	令和19年	令和20年	令和21年	令和22年	令和23年	…
平成30年分	1年目 40万円	2年目	3年目	4年目	5年目	16年目	17年目	18年目	19年目	20年目					
令和元年分		40万円													
令和2年分			40万円												
令和3年分				40万円											
…										…					
令和16年分							40万円								
令和17年分								40万円							…
令和18年分									40万円						
令和19年分										40万円					

勘定設定期間20年

20年間で累積最大20の累積投資勘定の設定可（非課税投資総額最大800万円）

年分ごとに1の累積投資勘定のみ設定可（1累積投資勘定における非課税投資額上限40万円）

（参照：国税庁ホームページ）

Q5-11 国外転出時課税

国外転出時課税について教えてください。

平成27年7月1日以後に、国外転出をする居住者で1億円以上の対象資産を所有している場合、国外転出をするときに所得税・復興特別所得税が課税されます。

1．以下の①②の両方に該当する者は、国外転出（国内に住所及び居所を有しなくなること）の時に、対象資産※の含み益に課税されるという制度です。

①居住者（国外転出前10年以内に国内に5年超、住所又は居所を有している者。一定の在留資格をもって在留していた外国人も含みます。）

②1億円以上の有価証券（株式、投資信託等）、匿名組合契約の出資の持分、未決済の信用取引・発行日取引・デリバティブ取引を有している者

※対象資産とは、②のものをいいます（1億円以下のものも含みます。）。また、国外で所有しているものも含みます。

国外に居住する親族等へ②の全部又は一部を贈与した場合、及び国外に居住する相続人等が②の全部又は一部を相続などした場合も課税されます。

→申告期限及び納期限は、納税管理人の届出を国外転出するまでに行うか否かにより下図のとおり異なります。

2．申告期限及び納期限は、納税管理人の届出を国外転出までに行うか否かにより、大きく異なるので注意が必要です。納税管理人の届出を提出しないで国外転出した場合は、国外転出時までに確定申告することが必要です。

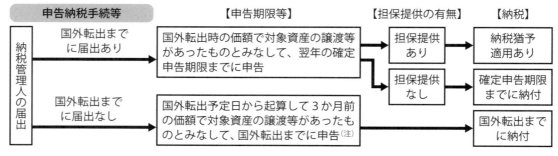

（注）国外転出後に納税管理人の届出をし、申告をするときは、国外転出時の価額で対象資産の含み益について譲渡所得等の申告をする必要があります。この場合には、原則として納税猶予の適用はありません。

第6章

その他の金融商品に
かかる税金

Q6-1 金売却の税金

金を売却したときの税金について教えてください。

金を売却し利益が出たときは、譲渡所得（総合課税）として、他の所得と合算して税金の計算を行います。

所有期間が5年超の場合は、長期譲渡所得（総合課税）として、譲渡所得（収入－取得価額）から50万円を特別控除して、その2分の1が長期譲渡所得の金額となります（所有期間が5年以下の場合は、2分の1できません）。

第6章　その他の金融商品にかかる税金

【事例6】金を売却し利益が出たときの申告

- ▶会社員税研太郎
- ▶X商事　　給与収入　　　　　6,000,000円　　（源泉徴収税額）
　　　　　　社会保険料控除　　　840,000円　　　 129,100円
　　　　　　生命保険料控除　　　 40,000円
　　　　　　配偶者控除　　　　　380,000円
　　　　　　扶養控除　　　　　　380,000円
　　　　　　基礎控除　　　　　　480,000円
　　　　　　所得控除合計　　 2,120,000円
- ▶金売却収入　2,700,000円（R4.7.8売却）
　　金取得価額　1,000,000円（H26.6.6取得）

〈申告書の作成手順〉

①「譲渡所得の内訳書（確定申告書付表）【総合譲渡用】」

②「所得税の確定申告書（第二表）」

③「所得税の確定申告書（第一表）」

253

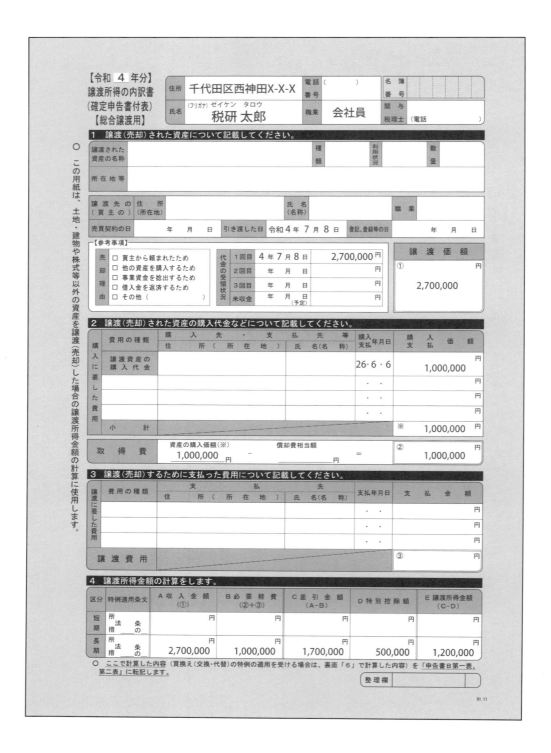

第6章 その他の金融商品にかかる税金

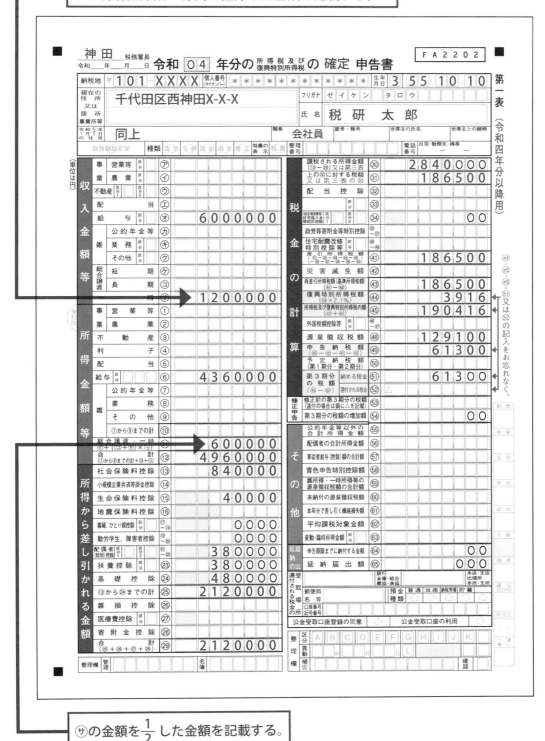

令和 04 年分の 所得税及び復興特別所得税 の確定申告書

整理番号 [_____]　FA2302

第二表 （令和四年分以降用）

	保険料等の種類	支払保険料等の計	うち年末調整等以外
⑬⑭ 社会保険料控除 小規模企業共済等掛金控除	源泉徴収票のとおり	840,000円	

住所　千代田区西神田X-X-X
屋号
フリガナ　ゼイケン　タロウ
氏名　税研 太郎

⑮ 生命保険料控除	新生命保険料	200,000円	
	旧生命保険料		
	新個人年金保険料		
	旧個人年金保険料		
	介護医療保険料		
⑯ 地震保険料控除	地震保険料	円	円
	旧長期損害保険料		

○ 所得の内訳（所得税及び復興特別所得税の源泉徴収税額）

所得の種類	種目	給与などの支払者の「名称」及び「法人番号又は所在地」等	収入金額	源泉徴収税額
給与	給料	X商事	6,000,000円	129,100円
		㊽ 源泉徴収税額の合計額		129,100

本人に関する事項 (⑰〜⑳)	寡婦	ひとり親	勤労学生	障害者	特別障害者
	□死別 □生死不明 □離婚 □未帰還		□年調以外かつ 専修学校等		

○ 総合課税の譲渡所得、一時所得に関する事項 (⑪)

所得の種類	収入金額	必要経費等	差引金額
譲渡（長期）	2,700,000円	1,000,000円	1,700,000円

○ 雑損控除に関する事項 (㉖)

損害の原因	損害年月日	損害を受けた資産の種類など
損害金額 円	保険金などで補塡される金額 円	差引損失額のうち災害関連支出の金額 円

○ 寄附金控除に関する事項 (㉘)

寄附先の名称等		寄附金 円

特例適用条文等

○ 配偶者や親族に関する事項 (⑳〜㉓)

氏名	個人番号	続柄	生年月日	障害者	国外居住	住民税	その他
税研花子	＊＊＊＊＊＊＊＊＊＊＊＊	配偶者 明大昭平令	57.12.12	障 特障	国外 年調	同一 別居	調整
税研恭平	＊＊＊＊＊＊＊＊＊＊＊＊	子 明大昭平令	17.6.8	障 特障	国外 年調	16 別居	調整
		明大昭平令		障 特障	国外 年調	16 別居	調整
		明大昭平令		障 特障	国外 年調	16 別居	調整

○ 事業専従者に関する事項 (57)

事業専従者の氏名	個人番号	続柄	生年月日	従事月数・程度・仕事の内容	専従者給与（控除）額
			明大昭平		
			明大昭平		

○ 住民税・事業税に関する事項

住民税	非上場株式の少額配当等	非居住者の特例	配当割額控除額	株式等譲渡所得割額控除額	特定配当等・特定株式等譲渡所得の全部の申告不要	給与、公的年金等以外の所得に係る住民税の徴収方法 特別徴収 / 自分で納付	都道府県、市区町村への寄附（特例控除対象）	共同募金、日赤 その他の寄附	都道府県 条例指定寄附	市区町村 条例指定寄附
	円		円	円			円	円	円	円

退職所得のある配偶者・親族の氏名	個人番号	続柄	生年月日	退職所得を除く所得金額	障害者	その他	寡婦・ひとり親
			明大昭平	円	障 特障	調整	寡婦 ひとり親

事業税	非課税所得など	番号	所得金額 円	損益通算の特例適用前の不動産所得 円	前年中の開（廃）業 開始・廃止 月日
	不動産所得から差し引いた青色申告特別控除額 円			事業用資産の譲渡損失など	他都道府県の事務所等

上記の配偶者・親族・事業専従者のうち別居の者の氏名・住所	氏名	住所		所得税で控除対象配偶者などとした専従者	氏名	給与 円	一連番号
			国外				

整理欄	申告区分	特例適用条文	法	申告年月日	所得種類	申告期限

税理士署名・電話番号
（ Z会計事務所 ）

第6章　その他の金融商品にかかる税金

Point!

①所有期間が5年超の場合は、長期譲渡所得（総合課税）として、譲渡益（収入金額－取得費－譲渡費用）から特別控除50万円を差し引き、さらに50万円控除後の金額を2分の1できます。

②所有期間が5年以下の場合は、短期譲渡所得（総合課税）として、譲渡益から特別控除50万円を差し引くことはできますが、さらに2分の1することはできません。

③同一人に対する1回の金地金等の譲渡の対価が200万円超の場合は、法定調書である「金地金等の譲渡の対価の支払調書」が税務署に提出されます。金、白金の地金又は金貨、白金貨の譲渡対価が該当します。

ご注意を！

1．確定申告書に、本人及び親族のマイナンバーの記載が必要です。

2．e-Tax（電子申告）する場合は本人確認書類は必要ありませんが、書面で提出する場合は添付が必要となります。

Q6-2 暗号資産の税金

ビットコインをはじめとする暗号資産の仕組みと税金の取扱いについて教えてください。

所得税の課税対象となるのは、①暗号資産を売却した場合　②暗号資産で商品を購入した場合　③暗号資産を他の暗号資産と交換した場合　④マイニングで暗号資産を取得した場合で、原則として雑所得として課税されます。

1．暗号資産の現状と仕組み

(1)　呼称

　仮想通貨が決済手段として普及が進まない中、円やドルなど法定通貨との混同を防ぐため、20か国・地域（G20）会議などで使われる国際標準に表現を統一しようとのことから、令和元年5月31日に改正資金決済法が可決・成立し、仮想通貨の呼び名を「暗号資産（Crypto assets／クリプト・アセッツ）」に変えることとされました。令和2年5月に施行されています。

(2)　暗号資産の取引の概要

▶取引交換業者は令和4年9月30日現在、国内には32社あります。

▶取引は現物の通貨があるわけではなく、すべてクラウド上で行われます。

【取引の概要（例）】

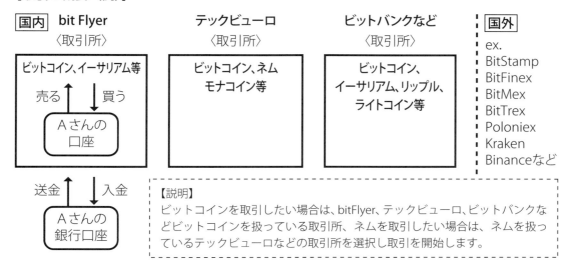

▶ブロックチェーンとは

① 円は中央銀行（日銀）が発行し、通貨の量をコントロールしますが、暗号資産は中央銀行がなく参加者が相互に監視する（取引の正しさを承認する。）仕組みになっています。

② 取引を10分ごとにまとめ、一つのブロックとします。一つのブロックに数百〜数千の取引記録が格納されます。

③ 一つのブロックにされると、マイニング作業が始まります（ブロックに記録された取引が正しいかどうかの検証を行う。）。承認作業をする人が「マイナー（採掘者）」です。

④ 最後のブロックに付ける（チェーンでつなげる）には、規則にそった鍵が必要です。鍵を見つけるには、何億回、何兆回の試行錯誤が必要です。ブロックの前後を入れ替えることはできません。

⑤ 一番先に検証しカギを見つけた人は、例えば、12.5ビットコイン（１BTC10万円とすると125万円）もらえます。

2．暗号資産の税務

(1) 所得税の取扱い

① 暗号資産を売却した場合

保有する暗号資産を売却した場合、売却価額と暗号資産の取得価額の差額が所得金額とな

ります。

※以下、例１で簡単な事例、例２で国税庁HPに掲載されている事例を、一部修正の上紹介します。

【例１／著者作成】

《例》１ビットコイン（BTC）＝200,000円で購入し、１BTC＝1,000,000円に値上がりした
ときに売却した。

【計算式】1,000,000円－200,000円＝800,000円（所得金額）

【例２／国税庁HP掲載（一部修正）】

《例》・３月９日2,000,000円で４ビットコインを購入した。

・５月20日0.2ビットコインを110,000円で売却した。

（注）上記取引において暗号資産の売買手数料については勘案していない。

【計算式】110,000円－（2,000,000円÷４ビットコイン）×0.2ビットコイン

　　　　　［売却価額］　　　［１ビットコイン当たりの価額］　　　　［売却した数量］

　　　　　＝10,000円^(注)

　　　　　［所得金額］

（注）その他の必要経費がある場合には、その必要経費の額を差し引いた金額となります。

【関係法令等】

所法36、37、48の２、所令119の２、119の５

法法61、法令118の６

②暗号資産で商品を購入した場合

　保有する暗号資産を使用して商品を購入した場合、商品の購入価額と暗号資産の取得価額の差額が所得金額となります。

【例１／著者作成】

《例》１BTC＝200,000円で購入し、１BTC＝1,000,000円に値上がりしたときに1,000,000
円の家電製品を購入した。

　　　1,000,000円－200,000円＝800,000円（所得金額）

　少し見方を変えますと、保有する暗号資産で商品を購入した場合、保有する暗号資産を譲渡したことになりますので、この譲渡に係る所得金額は、その暗号資産の譲渡価額と譲渡した暗号資産の取得価額との差額となります。

第6章　その他の金融商品にかかる税金

【例2／国税庁HP掲載（一部修正）】

《例》・3月9日2,000,000円で4ビットコインを購入した。

　　　・9月28日162,000円（消費税等込）の商品を購入する際の決済に0.3ビットコインを支払った。なお、取引時における交換レートは1ビットコイン＝540,000円であった。

（注）上記取引において暗号資産の売買手数料については勘案していない。

【計算式】162,000円－（2,000,000円÷4ビットコイン）×0.3ビットコイン

　　　　　［商品価額(注2)］［1ビットコイン当たりの取得価額］　［支払った数量］

　　　　　＝12,000円(注1)

　　　　　［所得金額］

（注）1. その他の必要経費がある場合には、その必要経費の額を差し引いた金額となります。
　　　2. 上記の「商品価額」は、ビットコインの譲渡価額です。

【関係法令等】

所法36、37、48の2、所令119の2、119の5

法法61、法令118の6

> 【説明】（筆者追記）
>
> 162,000円の商品を買うために、時価540,000円×0.3＝162,000円のビットコインを売った。ビットコインの購入価額は500,000円（200万円÷4ビットコイン）だった。
>
> ∴162,000円－150,000円＝12,000円が所得。

③暗号資産を他の暗号資産と交換した場合

　保有する暗号資産を他の暗号資産に交換した場合、交換により取得した暗号資産の時価（購入価額）と交換に出した暗号資産の取得価額との差額が所得金額となります。

【例1／著者作成】

《例》1BTC＝200,000円で購入し、1BTC＝1,000,000円に値上がりしたときに、全額をモナコイン（MONA）の取得に使用した。

　　　1,000,000円－200,000円＝800,000円（所得金額）

　少し見方を変えますと、保有する暗号資産Aを他の暗号資産Bと交換した場合、暗号資産Aで暗号資産Bを購入したことになりますので、「②暗号資産で商品を購入した場合」と同

様に所得金額を計算することとなります。

【例2／国税庁HP掲載（一部修正）】

《例》・3月9日2,000,000円で4ビットコイン（A）を購入した。

・11月2日10リップル（B）を購入する際の決済に1ビットコインを支払った。

なお、取引時における交換レートは1リップル＝60,000円であった。

（注）上記取引において暗号資産の売買手数料については勘案していない。

【計算式】（60,000円×10リップル）－（2,000,000円÷4ビットコイン）

　　　　［Bの購入価額^(注2)］　　　　　　　　［Aの1単位当たりの取得価額］

　　　　×1ビットコイン＝100,000円^(注1)

　　　　［支払った数量］　　　　［所得金額］

（注）1．その他の必要経費がある場合には、その必要経費の額を差し引いた金額となります。

　　　2．上記の「Bの購入価額」とは、この取引と同じ時点で同じ数量の暗号資産Bを日本円で購入する場合の支払総額をいいます。

【関係法令等】

所法36、37、48の2、所令119の2、119の5

法法61、法令118の6

【説明】（筆者追記）

600,000円相当リップルを買うために、500,000円相当ビットコインを売却（使用）した。∴600,000円－500,000円＝100,000円が所得。

④マイニングで暗号資産を取得した場合

マイニングの報酬として受け取った金額（収入金額）から、マイニングを行うために要した費用（必要経費）を差し引いた金額が所得金額となります。

《例》マイニングした報酬として1BTC＝1,000,000円を受け取り、マイニングのための費用として電気代等に100,000円かかった。

　　　1,000,000円－100,000円＝900,000円（所得金額）

⑤暗号資産の取得価額

同一の暗号資産を2回以上にわたって取得した場合、取得価額の算定方法は、暗号資産の種類ごとに総平均法又は移動平均法のいずれかを選定する必要があります。選定しなかった

場合は総平均法となります。

《例》 1月1日に1,000,000円で4BTCを取得。さらに、2月1日に1,800,000円で6BTC
を取得。

【総平均法】

（1,000,000円＋1,800,000円）÷（4BTC＋6BTC）＝280,000円（1BTC）

---

⑥暗号資産の分裂（分岐）により暗号資産を取得した場合

暗号資産の分裂（分岐）により新たに誕生した暗号資産を取得した場合、課税対象となる所得は生じません。

所得税法上、経済的価値のあるものを取得した場合には、その取得時点における時価を基にして所得金額を計算します。

しかしながら、暗号資産の分裂（分岐）に伴い取得した新たな暗号資産については、分裂（分岐）時点において取引相場が存しておらず、同時点においては価値を有していなかったと考えられます。

したがって、その取得時点では所得が生じず、その新たな暗号資産を売却又は使用した時点において所得が生ずることとなります。

なお、その新たな暗号資産の取得価額は0円となります。　　　　（出典：国税庁ホームページ）

《分裂例》

ビットコイン ───→ ビットコインキャッシュ（H29.8.2）

　　　　　　　　→ ビットコインゴールド（H29.10.24〜11.頃）

　　　　　　　　→ ビットコインダイヤモンド（H29.11.24）

－　利便性を改善する目的などから分裂する。

－　マイナー（採掘者）主導で分裂させている。分裂させれば競合するマイナーが減るため、マイナー報酬を多く得られる可能性が高まる。

－　分裂時に情報はコピーされる。元の台帳の取引履歴は正当なものとして扱われる。

－　分裂しても、そもそも取引所で価値が付かない可能性もある。取引所で扱わない場合もある。

---

⑦暗号資産取引による所得の総収入金額の収入すべき時期

暗号資産取引により生じた損益については、原則として雑所得に区分されますが、雑所得に区分される所得の収入すべき時期は、その収入の態様に応じて、他の所得の取扱いに準じ

て判定することとされています。

　したがって、暗号資産取引により生じた所得の総収入金額の収入すべき時期は、資産の譲渡による所得の収入すべき時期に準じて判定しますが、原則として売却等をした暗号資産の引渡しがあった日の属する年分となり、選択により、契約をした日の属する年分とすることもできます。

（参照：国税庁ホームページ）

⑧暗号資産で得た利益の所得区分及び損益通算

　暗号資産を売却又は使用することにより生じる利益は、原則として雑所得になります。暗号資産取引により生じた損益（邦貨又は外貨との相対的な関係により認識される損益）は、イ．その暗号資産取引自体が事業と認められる場合[注1]、ロ．その暗号資産取引が事業所得等の基因となる行為に付随したものである場合[注2]を除き、雑所得に区分されます。

（注）1. 「暗号資産取引自体が事業と認められる場合」とは、例えば、暗号資産取引の収入によって生計を立てていることが客観的に明らかである場合などが該当し、この場合は事業所得に区分されます。
　　　2. 「暗号資産取引が事業所得等の基因となる行為に付随したものである場合」とは、例えば、事業所得者が、事業用資産として暗号資産を保有し、棚卸資産等の購入の際の決済手段として使用した場合が該当します。

（出典：国税庁ホームページ）

　なお、暗号資産で得た利益は総合課税の雑所得（その他）ですので、損失が生じた場合、公的年金等他の雑所得との損益通算はできますが、給与所得、不動産所得等他の所得と損益通算することはできません。また、FX取引のような申告分離課税の雑所得との損益通算もできません。暗号資産の取引を信用取引（証拠金取引）で行っていた場合も総合課税の雑所得とされ、申告分離課税の雑所得とされることはありません。

⑨暗号資産の必要経費

　暗号資産の売却による所得の計算上、必要経費となるものには、例えば次の費用があります。

・売却した暗号資産の取得価額
・売却の際に支払った手数料

　このほか、インターネットやスマートフォン等の回線利用料、パソコン等の購入費用などについても、暗号資産の売却のために必要な支出であると認められる部分の金額に限り、必要経費に算入することができます。

⑩暗号資産交換業者から暗号資産に代えて金銭の補償を受けた場合

　顧客から預かった暗号資産を返還できない場合に補償金が支払われた場合、その金銭は、暗号資産に代えて支払われるものであり、その補償金と同額で暗号資産を売却したことと同じと考えられるので、雑所得となります。非課税の損害賠償金にはなりません。

補償金の金額が、暗号資産の取得価額を上回る場合は雑所得となり、下回る場合はその損失を他の雑所得と通算することができます。

《コラム》

暗号資産の流出やトラブル

取引所名等	被害額
マウントゴックス（日本）H26.2	約480億円相当ビットコイン
ビットフィネックス（香港）H28	約66億円相当ビットコイン
THE DAO（ドイツ）H28	約52億円相当
ナイスハッシュ（スロベニア）H29	約72億円相当
コインチェック（日本）H30.1	約580億円相当ネム
ビットグレイル（イタリア）H30.2	184億円
ザイフ（日本）H30.9	約70億円相当ビットコインなど
バイナンス（モナコ）H31.5	約45億円相当ビットコイン
ビットポイント（日本）R元.7	約35億円相当ビットコインなど
ポリ・ネットワーク　R3.8	約660億円相当

---

⑪暗号資産を低額譲渡した場合の取扱い

　平成31年4月1日以降、個人が、時価よりも著しく低い価額の対価による譲渡[注1]により暗号資産を他の個人又は法人に移転させた場合には、その対価の額と譲渡の時の暗号資産の価額との差額のうち、実質的に贈与したと認められる金額[注2]を雑所得等の総収入金額に参入する必要があります。

（注）1．「時価よりも著しく低い価額の対価による譲渡」とは、時価の70％相当額未満で売却する場合をいいます。
　　　2．「実質的に贈与したと認められる金額」は、時価の70％相当額から、その対価の額を差し引いた金額として差し支えありません。
　　　　　　　　　　　　　　　　　　　　　　　　　　　　　　　　　（参照：国税庁ホームページ）

⑫暗号資産の信用取引

　暗号資産信用取引により、暗号資産の売付け（買付け）をし、その後にその暗号資産と種類の同じ暗号資産の買付け（売付け）をして決済した場合、所得金額は、暗号資産の譲渡により通常得るべき対価の額（売付け価額[注1]）と買付けに係る暗号資産の対価の額（買付け価額[注2]）との差額となります。

　なお、暗号資産信用取引を行った場合の所得は、その取引の決済の日の属する年分の所得となります。

（注）1．売付けを行った者が、暗号資産交換業者から支払を受ける金利は売付け価額に含め、暗号資産交換業者に支払う品貸料は、売付け価額から控除します。
　　　2．買付けを行った者が、暗号資産交換業者に支払う金利は買付け価額に含め、暗号資産交換業者から支払いを受ける品貸料は、買付け価額から控除します。
（参照：国税庁ホームページ）

⑬暗号資産の購入価額や売却価額が分からない場合

(1)　国内の暗号資産交換業者を通じた暗号資産取引

　平成30年1月1日以後の暗号資産取引については、国税庁から暗号資産交換業者に対して、「年間取引報告書」の交付をお願いしているので、それに基づいて計算します。

(2)　(1)以外の暗号資産取引（国外の暗号資産交換業者・個人間取引）

　個々の暗号資産の購入価額や売却価額について、例えば次の方法で確認します。

①暗号資産を購入した際に利用した銀行口座の出金状況や、暗号資産を売却した際に利用した銀行口座の入金状況から、暗号資産の購入価額や売却価額を確認します。

②暗号資産取引の履歴及び暗号資産交換業者が公表する取引相場を利用して、暗号資産の購入価額や売却価額を確認します。
（参照：国税庁ホームページ）

⑭国外財産調書及び財産債務調書への記載の要否

　暗号資産は、国外送金等調書規則第12条第3項第6号の規定により、財産を有する方の住所（住所を有しない方にあっては、居所）の所在により「国外にある」かどうかを判定する財産に該当します。また、国外財産調書は、居住者の方（国内に住所を有し、又は現在まで引き続いて1年以上居所を有する個人をいい、非永住者の方を除きます。）が提出することとされています。

　したがって、居住者の方が国外の暗号資産取引所に保有する暗号資産は、「国外にある財産」とはなりませんので、国外財産調書の対象にはなりません。

　財産債務調書については、暗号資産は、財産の区分のうち「その他の財産」に該当し、国内、国外の財産ともに記載する必要がありますので、暗号資産についても記載する必要があります。
（参照：国税庁ホームページ）

第6章　その他の金融商品にかかる税金

⑮年間取引報告書を活用した暗号資産の所得金額の計算

年間取引報告書

国税　太郎　様 　　　　　　　　　　　　　　　　　　　　　　A 交換所

《現物取引》

通貨名	①年始数量	②年中購入数量	③年中購入金額	④年中売却数量	⑤年中売却金額	⑥移入数量	⑦移出数量	⑧年末数量
ビットコイン		4.0	2,800,000	1.2	960,000			2.8

　　　　　　　　　　　　　1　　　　　　　　　　2

年間取引報告書

国税　太郎　様 　　　　　　　　　　　　　　　　　　　　　　B 交換所

《現物取引》

通貨名	①年始数量	②年中購入数量	③年中購入金額	④年中売却数量	⑤年中売却金額	⑥移入数量	⑦移出数量	⑧年末数量
ビットコイン		2.0	1,640,000	1.0	1,000,000			1.0

　　　　　　　　　　　　　3　　　　　　　　　　4

【入力例】

令和 4 年分　暗号資産の計算書（総平均法用）

氏名　国税　太郎

1　暗号資産の名称　　ビットコイン

2　年間取引報告書に関する事項

取引所の名称	購入		売却	
	数量	金額	数量	金額
A交換所	[1] 4.0	2,800,000	[2] 1.2	960,000
B交換所	[3] 2.0	1,640,000	[4] 1.0	1,000,000
合計	[5] 6.0	4,440,000	[6] 2.2	1,960,000

3　上記2以外の取引に関する事項

月	日	取引先	摘要	購入等		売却等	
				数量	金額	数量	金額
合計				0	0	0	0

4　暗号資産の売却原価の計算

	年始残高（※）	購入等	総平均単価	売却原価（※）	年末残高・翌年繰越
数量	(A)	(C) [5] 6.0	－	(F) [6] 2.2	(H) 3.8
金額	(B)	(D) 4,440,000	(E) 740,000	(G) 1,628,000	(I) 2,812,000

※前年の(H)(I)を記載　　　　　　　　　　　　　　　　　　　　※売却した暗号資産の取得価額

[7] 4,440,000÷6.0　　[8] 740,000×2.2

5　暗号資産の所得金額の計算

収入金額		必要経費			所得金額
売却価額	証拠金（差益）	売却原価（※）	手数料等	証拠金（差損）	
[9] 1,960,000		[8] 1,628,000			[10] 332,000

※売却した暗号資産の取得価額

【参考】
収入金額計　1,960,000
必要経費計　1,628,000

※　前年以前から暗号資産取引を行っていた方は、前年末の暗号資産の数量・金額を「年始残高」の欄に入力します。前年末の暗号資産の数量・金額が分からない場合には、ご自身で前年分の暗号資産の計算書を作成し、前年末の暗号資産の数量・金額を計算してください。

※　支払手数料などの必要経費がある場合には、「手数料等」の欄にその額を入力して計算します。

（出典：国税庁ホームページ）

（注）「暗号資産取引等に係る申告等の環境整備に関する研究会」（国税庁、金融庁、暗号資産団体で構成）において、暗号資産取引に関して正確な所得計算のために、「年間取引報告書」などを交換業者から顧客へ提供することが検討されてきています（平成30年分から実施）。

(2) 消費税の取扱い

　平成29年度税制改正で、暗号資産の譲渡は消費税が非課税とされました。すなわち、消費税法上、支払手段及びこれに類するものの譲渡は非課税とされており、国内の暗号資産交換業者を通じた暗号資産の譲渡は、この支払手段等の譲渡に該当し、消費税は非課税となります。また、課税売上割合の計算上、非課税売上高に含めないものとされました。

　この取り扱いは、平成29年7月1日以後に行うものについて適用されます。

　また、平成29年7月1日以後の課税期間において、基準期間が平成29年7月1日前であるときは、暗号資産は非課税として取り扱われることとされています（平29政109附則3）。したがって、平成30年分の納税義務の判定において、平成28年分の暗号資産売上は含めないで判定することとなります。

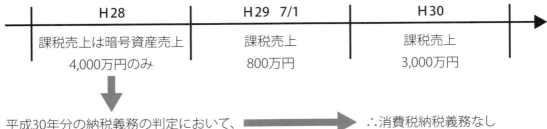

(3) 源泉所得税の取扱い

問　10月10日従業員の9月分給与について、200,000円を現金で支払い、一部を当社が保有する暗号資産（給与支給時の取引価格は50,000円）で支払った。

答　従業員の給与の支給額は、現金200,000円と暗号資産の価額50,000円を合計した250,000円となりますので、250,000円を給与の支給額（月額）として源泉徴収税額を計算することになります。

　給与は、金銭で支給されるのが一般的ですが、お尋ねのケースのように、労働協約で別段の定めを設け給与の一部を暗号資産で支給する場合、その暗号資産による支給分も給与所得の収入金額に該当します。

　したがって、源泉徴収義務者である貴社は、給与の支払の際、暗号資産の支給分も合わせて源泉徴収税額の計算を行うことになります。

　なお、現金以外の現物給与については、その経済的利益を評価する必要がありますが、暗号資産の場合は、その支給時の価額で評価することになります。

（出典：国税庁ホームページ）

(4) 相続税・贈与税の取扱い

被相続人等から暗号資産を相続若しくは遺贈又は贈与により取得した場合には、相続税又は贈与税が課税されます。

評価方法は、活発な市場が存在する暗号資産は、相続人等の納税義務者が取引を行っている暗号資産交換業者が公表する課税時期における取引価格によって評価します。活発な市場が存在しない暗号資産は、客観的な交換価値を示す一定の相場が成立していないため、その暗号資産の内容や性質、取引実態等を勘案し、個別に評価します。

※相続人からの請求により暗号資産交換業者は、「残高証明書」等を交付します。また、被相続人の確定申告の関係から、被相続人の生前の「取引明細書」も交付します。

(5) 財務大臣への報告

外為法により、日本と外国との間又は居住者と非居住者との間で、3,000万円相当額を超える暗号資産を用いて行った取引があった場合、「支払又は支払の受領に関する報告書」により財務大臣への報告が必要になります。

実務上は、該当する場合は、送金する際に金融機関の窓口で報告書の様式を渡されますので、その様式に記載の上、提出することになります。

3,000万円を超えるかどうか判断する際の換算方法について、外為法省令及び通達が改正され、平成30年6月1日から施行・適用されています。

(6) 税務当局による照会手続きの整備（情報照会手続き）（令和元年度税制改正）

暗号資産取引やインターネット取引の普及に伴う納税環境の変化に対応して、適正・公平な課税を推進する観点から、国税当局の情報収集体制を強化することとされました。具体的には次のような対策が講じられます。

高額・悪質な無申告者等を特定するため、次の要件の全てを満たす場合は、所轄国税局長は、60日を超えない範囲内で、その準備に通常要する日数を勘案して定める日までに、報告を求めることができるとされました。

①特定取引者の国税について、更正決定等をすべきこととなる相当程度の可能性がある場合
②この報告の求めによらなければ、特定取引者を特定することが困難である場合

　イ　特定取引者とは、事業者等との取引（事業者等を介して行われる取引を含む。）を行う不特定の者をいいます。

　ロ　更正決定等をすべきこととなる相当程度の可能性がある場合とは、次のいずれかに該当する場合をいいます。

　　(イ)　特定取引と同種の取引を行う者（その取引に係る課税標準等が年間1,000万円を超

える者に限る）に対する国税調査で、その半数以上の者について、更正決定等すべきと認められる場合

㈹　特定取引に係る物品又は役務を用いることにより、当該特定取引に係る課税標準等・税額等について国税に関する法律の規定に違反すると認められる場合

㈬　特定取引が経済的観点から見て、通常であれば採られないような不合理な取引態様であることにより、違法行為の存在を推認させる場合

　なお、所轄国税局長は、報告の求めを行う場合には、事業者等の事務負担に配慮するとともに、報告を求める事項を書面で事業者等に通知しなければならないこととされています。また、報告の求めに対する拒否又は虚偽報告については、罰則が設けられています。さらに、報告の求めについては、不服申し立て又は訴訟の対象とするほか、所要の措置が講じられます。

※照会する情報は「氏名等」に限定されます。ただし、「氏名等」とは、氏名並びに（保有している場合には）住所及び番号（個人／法人）をいうとされており、いわゆるマイナンバーによる照会も可能とされています。

※適用関係令和2年1月1日以後に行う協力又は国税庁長官の承認を受けてする報告の求めについて適用されます。

索　　引

〔あ〕

暗号資産… 258
暗号資産デリバティブ取引… 5

〔い〕

ETF（上場投資信託）… 149
一時払い養老保険… 116
一般株式等… 19
一般公社債… 19、105、122
一般NISA… 244

〔え〕

FX取引… 221
MRF（マネー・リザーブ・ファンド）… 142
MMF（マネー・マネージメント・ファンド）
　　　… 142
エンジェル税制… 218、220
エンプロイー・ストック・パーチェス・プラン
　　　… 236

〔お〕

大口株主… 2、95
オープン・エンド型… 148
オプション取引… 216、217

〔か〕

外国親会社等が国内の役員等に供与等をした経
　　済的利益に関する調書… 239
外国株式投資信託の利子等… 172
外国株式の譲渡益（譲渡損）… 169

外国株式の配当… 168
外国公社債投資信託の利子等… 170
外国公社債の利子等… 169
外国債券… 162
外国債券の譲渡益… 162
外国債券の利子… 154
外国上場株式… 10
外国税額控除… 157、161
外国投資信託… 164
外国預金の利子… 168
概算取得費… 84
会社型外国投信… 164、165、166
会社型投資信託… 148、149
カバードワラント… 221
株価指数等先物取引… 216、221
株価指数連動型上場投信（ETF）… 15
株式移転… 85
株式交換… 85
株式等… 10
株式投資信託… 130
株式報酬… 233
株式ミニ投資… 214
株式累積投資… 214
為替差損益… 204
元本払戻金（特別分配金）… 143、144

〔き〕

期中分配金（普通分配金）… 143
給付補てん金… 115
共通報告基準（CRS）… 211
金貯蓄口座… 115
金投資口座… 115
金売却… 252
金融先物… 221

273

〔く〕

くりっく365… 221
クローズド・エンド型… 148

〔け〕

経過利子… 125
契約型投資信託… 148

〔こ〕

公社債投資信託… 128
公募・オープンエンド型投資法人… 15
公募株式投資信託… 15、18、130
公募株式投資信託の受益権… 10
公募契約型外国株式投信… 164
公募契約型投資信託… 142
公募公社債投資信託… 10、18、128
公募公社債投資信託の受益権… 10
公募投資信託等… 7
公募特定受益証券発行信託の受益権… 10
公募特定目的信託の社債的受益権… 10
国外財産調書制度… 210
国外証券移管等調書制度… 210
国外送金等調書制度… 209
国外転出時課税… 250
個別元本… 144
コマーシャル・ペーパー（CP）… 17

〔さ〕

財形貯蓄… 118
財産債務調書制度… 211
差額徴収方式… 154
先物為替予約付外貨建預金… 117
先物取引に係る雑所得等… 216、221
差金決済取引（CFD）… 222

〔し〕

CRS（共通報告基準）… 211
CFD（差金決済取引）… 222
CD（譲渡性預金証書）… 17
CP（コマーシャル・ペーパー）… 17
J-REIT（不動産投資法人の投資口）… 15、149
支払調書… 96
私募株式投資信託… 19、131
私募公社債投資信託… 19、129
私募投信… 147
住民税… 96
取得価額の計算方法… 81
取得請求権付株式… 85
ジュニアNISA… 246
証券投資信託… 141
証券投資信託以外の公募投資信託の受益権
… 10
上場株式等… 10、18
上場株式等の譲渡損失… 21
上場新株予約権… 10、15
上場不動産投資法人の投資口（J-REIT）
… 15、149
譲渡性預金証書（CD）… 17
譲渡損失の繰越控除… 21
少人数私募投資信託（一般投資家私募）… 147
商品先物… 221
情報照会手続き… 270
新株予約権… 15
新株予約権付社債… 16、122
信金中金等の上場優先出資証券… 15
申告不要制度… 87
申告分離課税… 12
新NISA… 4
信用取引… 86

〔す〕

ストック・オプション… 231、233
ストリップス債… 122、124

〔せ〕

税制適格ストック・オプション… 231、232
税制非適格ストック・オプション… 232、233
世銀債等… 116
ゼロ・クーポン債… 122、123

〔そ〕

損益通算… 21

〔た〕

単位型（ユニット型）… 142

〔ち〕

中途換金… 145

〔つ〕

追加型（オープン型）… 142
つみたてNISA… 248

〔て〕

TTS（電信売相場）… 207
TTM（仲値）… 207
TTB（電信買相場）… 207
定期積金… 115
低クーポン債… 122、123
抵当証券… 115
ディファード・ペイメント債… 122、124
適格機関投資家限定私募投資信託（プロ私募）
　　… 147
デュアル・カレンシー債… 162
転換社債型新株予約権付社債… 16
電信売相場（TTS）… 207
電信買相場（TTB）… 207
店頭FX… 221

〔と〕

特定株式等譲渡所得… 97、98
特定管理口座… 99
特定口座… 87
特定公社債… 10、18、104、121
特定投資法人の投資口… 10
特定配当所得… 97、98
特別マル優… 118
取引所株価指数証拠金取引… 221
取引所為替証拠金取引… 221
ドルコスト平均法… 215

〔な〕

仲値（TTM）… 207

〔は〕

配当控除… 100
パフォーマンス・シェア… 237

〔ひ〕

非上場株式… 19

〔ふ〕

ファントム・ストック… 238
負債利子の控除… 100
普通分配金… 143
復興特別所得税… 90
ブロックチェーン… 259
分割型新設分割… 85
分社型新設分割… 85
分配時調整外国税相当額控除… 195
分離元本振替国債… 122

〔ほ〕

邦貨換算レート… 209

275

〔ま〕

マイニング… 259、262
マル優… 118

〔み〕

みなし配当… 102
ミニ株… 214

〔ゆ〕

有価証券オプション… 221
有価証券先物… 221
有価証券指数等先物… 221

〔り〕

リストリクテッド・ストック… 234
リストリクテッド・ストック・ユニット… 235
利付債… 121、122

〔る〕

るい投… 214

〔わ〕

割引債… 121、122
割引債券（割引国債・割引金融債）… 123
割引債の償還差益… 120